新版
黄色い星
Der gelbe Stern

ヨーロッパのユダヤ人迫害
1933○1945

ゲルハルト・シェーンベルナー
Gerhard Schoenberner

松柏社

DER GELBE STERN: DIE JUDENVERFOLGUNG IN EUROPA 1933 BIS 1945
by Gerhard Schoenberner
Copyright ©1960 by Gerhard Schoenberner
Copyright © 1978 , 1987 by C. Bertelsmann Verlag, München
Japanese translation rights arranged with Gerhard Schoenberner
through Japan UNI Agency, Inc., Tokyo.

新版
黄色い星
ヨーロッパのユダヤ人迫害
1933・1945

目次

まえがき ——— 003

I　ヒトラーのドイツ　011
II　実験場ポーランド　047
III　ゲットー　073
IV　集団銃殺　119
V　移　送　149
VI　絶滅収容所　193
VII　抵　抗　241
VIII　解　放　267

日本の読者へのあとがき ——— 305
ドイツ語改訂版の発刊によせて ——— 307
訳者あとがき ——— 309
謝辞 ——— 315

年表 ——— 317
出典一覧 ——— 324
写真・図版出典 ——— 330
参考文献 ——— 332
地図 ——— 338

訳注 ——— 342
索引 ——— 348

まえがき

　　　　ドイツよ、殺された人たちを、そして殺した者たちを忘れるな！
　　　　　　　　　　　　　　　　　　　　　　　クラブント[訳注]

　商店が略奪され、シナゴーグ[訳注]は炎に包まれる。ウッジの町外れでは、雪が降りしきる中を何百というそりがゲットー[訳注]に吸い込まれていき、一人の年老いた男が息子の腕につかまって、よろよろと移送列車の方へ歩いて行く。ロシアのある村の広場では、死を宣告された人たちが大勢集められている。アムステルダムでは、小さな男の子が木馬を横に置いて登録の順番を待っている。そしてアウシュヴィッツの積み降ろしホームでは、軍服を着た医者がガス室に送る人間を選んでいる。
　ここで何が起きているのか。
　人々を死の収容所に送り込むことを彼らは「移住」と言い、犠牲者たちから最後の財産を取り上げることを「押収」と呼んでいた。そして「特別措置[訳注]」とは殺人のことであった。
　この本が示しているのは、私たち自身がしたことである。たとえ私たちがみずから手を下したのではないとしても、私たちをとおしておこなわれたのである。私たちはこれを黙認した。だから私たちの問題である。そのために私たちはこの事実を前にしてとまどい、できることなら認めたくないと思っている。
　ユダヤ人迫害は、ナチが犯した数多くの犯罪の一つに過ぎないが、その中でも最も恐ろしいものであった。これを見れば、彼らのイデオロギーの本質が非人間的であり、彼らのやり口が犯罪的な性格のものであることがはっきりとわかる。彼らは何百万という罪のない人たちを殺害したが、これは国民社会主義[訳注]が道を外れたからではなく、その基本思想を実践した結果に過ぎない。
　反ユダヤ思想という現象についても、それを恐ろしい形で実行に移し、国の施策としてガス室を作ったナチ政権についてもすでに多

くの文献が存在する。この本は、第三帝国によるユダヤ人迫害の歴史を写真によって語ろうという試みである。これは死者の本である。ここに写っている人たちは、特に運が良かった人たちを除いて、みな殺されてしまった。彼らを死に追いやった者たちだけが、とりわけて不運に見舞われていなければ、生き延びている。

　犠牲者たちが実際に味わった、激しさを増す一方の、終わりの見えない苦しみは、この本では一つのドラマに凝縮されている。屈辱と空腹、不安と死の年月を写真によって再現することなどできない。こうしたことは視覚的には捉えられないのである。写真によって私たちは、何があったのかおぼろげに想像するだけである。これらの写真は、彼らがどんな仕打ちを受け、そして死んだのかを語ろうとしている。しかし、私たち自身がそれを追体験し、理解することはできない。

　戦後、私たちの生活は慌ただしく復旧した。そのせわしない日常の中で、暗い過去を伝えるこれらの写真は私たちの心を動かすことができるだろうか。ここにあるのは印刷され、きれいに製本された写真である。現実から取り出したものではあるが、そこにあるはずの汚れも血痕も見えないし、不安に満ちた悲鳴も聞こえない。これもまた嘘ではないのか。暴力と恐怖によって毒された空気が作り出すあの雰囲気や道に響く軍靴の硬い音、ドイツ語で命令を怒鳴り、けだもののように振る舞う征服者の横柄な声。それは彼らが、相手は人ではないと教えられたからである。そういったものを私たちは想像力で補わなければならない。ここからは銃声も、母親のスカートに顔を隠した子どもたちの押し殺した泣き声も聞こえてこない。焼却炉では人間を焼いている。そこから立ちのぼり収容所を覆う、喉を締めつけるような臭い。囚人達が毎朝、隊列を組んで作業に向かうときや、死の移送列車で運ばれてきた人たちがガス室へ連れて行かれるときに明るいオペレッタの音楽が流されるというシュールな対比。そうしたものもここにはない。

　聖書に書かれている最後の審判の予言と、カフカの不安が生み出した空想世界は現実のものとなった。ヒエロニムス・ボスの描いた化け物が人間の姿をとって現れた。彼らの顔はガマガエルではなかったし、牙が生えていたり脚が馬だったわけでもない。きれいに髭

を剃り、髪をきちんと分けていた。家庭ではよき父親であり、車や飛行機で移動し、電信や毒薬を使って人を殺した。ダンテの描いた地獄が現代世界に出現したのである。ナチのプロパガンダは余りにでたらめで、こんな突拍子もない嘘があるはずがないとみんなが思ったので、かえって本当らしく見えた。その反面、ナチが犯した犯罪の真実の姿については、それが余りに想像を絶するものだったので、その首謀者たちは、ドイツ国民は誰もこれを信用せず、外国の宣伝だと思って真に受けないだろうと気楽に構えていられたのである。

　初めてこの目でアウシュヴィッツの記念館を見たときのことを覚えている。天井まで衣類と靴が積み上げられたいくつもの保管庫。大きなガラス窓の向こう側には貨車何輛分もの女性の髪の毛や歯ブラシ、メガネ、義足や義手そしてトランクが展示されていた。そのとき私は無意識に、これは悪夢なのだ、案内係が教えてくれる天文学的な数は計算間違いで、押しつぶされそうな証拠資料の山、この物言わぬ、しかし有無を言わさぬ目撃証人は、ガラスの反射でこんなにたくさんに見えるだけだ、と必死に思い込もうとしていた。私にはしかし、そこに展示されているのは犠牲者たちの所持品のごく一部で、戦争が終わったときに搬出が間にあわずに残ってしまったものであることはわかっていたのだ。そして、普通の工場が商品を生産するように、貨車単位で機械的に人間を殺害し、焼却していた死の工場は他にもあり、アウシュヴィッツはその一つに過ぎなかった。

　写真雑誌の影響で私たちは、火事や地震、洪水やコースを飛び出すレーシング・カー、橋の上から死に向かってダイブする人間といった恐ろしい映像に慣れてしまった。カメラは遠慮のない好奇心をむき出しにして棺桶の中、遺族の泣きはらした顔に向けられる。しかし、こうしたものはたいていの場合、記者がたまたまそこに居合わせて目撃した自然災害や不幸な事件である。この本に収められている写真の恐ろしいところは、これらが国家によって計画された何百万件もの犯罪の段階を追った記録だということである。そして、最も驚愕すべきは、この犯罪の現場を写しているのが人殺し連中自身だということである。

　プロの強盗殺人犯が殺す相手を選び、おびき寄せ、そして殺害するところを友人に頼んで撮影してもらい、さらに、そうやってでき

た写真を思い出として自分のアルバムに貼るなどということを想像してみて欲しい。まさにそういうことがおこなわれているのである。写真はほとんどがドイツ側の資料である。大多数は政府の公式報道カメラマンによるもので、ごく一部がドイツの軍服を着たアマチュアによるものである。

事実、写真はアルバムとして整理されていて、まるでバルト海やリーゼン山地へ休暇旅行で行ったときのアルバムと同じように、追放や処刑についての記録になっている。昔よくあった家族アルバムのぞっとするような真似事であるが、今でも多くの研究機関で見ることができる。その中には第三帝国の公文書館か、あるいはヒムラー[訳注]のような人間のために作られたのではないかと思われる公式のものもあるし、ヒトラーの兵隊たちが手柄話の思い出として持ち帰るつもりだった個人的なアルバムもある。このような特別の戦功に対しては、酒やタバコが余分に支給されたり、勲章が与えられたりした。そうした勲章を人前で身に付ける人が今ではまた出てきている。

ここに写っているのは、下っ端のお先棒担ぎ、手先、人殺しといった連中ばかりである。理論家や組織の責任者、狂信的人種差別を煽ったり、それで大儲けをした連中といった大物については、彼らのしたことをはっきりと示す写真はない。彼らはオフィスにいて、自分たちが作成した計画が実行に移される現場には姿を見せなかったのである。

これらの写真には誇張したところは何もない。迫害された人たちの視点から、彼らの苦難や加害者たちの残虐行為を写したものであれば、印象は違ったものになっていただろうし、この「支配人種」なるものを、ヨーロッパが身をもって体験し、胸に刻みつけているものとして、つまり加害者として見ておくことは、多くのドイツ人にとって有用なことであろう。

ここに写っている人たちは、彼らの意志とは関係なく写真に撮られてしまった。彼らはこの後、間違いなく殺されてしまったのだが、この時には大抵、死ななければならないことがわかっていて、自分たちに向けられた敵のカメラを見ていたのである。レンズを見つめる彼らの視線は、今これらの写真を見ている私たちに向けられ、私たちを殺人者の立場に置く。それは彼らを待ち受けるものに対する

怯えと限りない絶望、恐怖感そして運命に対する諦めの眼差しである。多くの顔は不信感に満ちて自己を閉ざした表情をしている。そうでなければ、ドイツ人さまの機嫌を取るために、不安気で惨めな笑顔を作ろうとしている。ああ、何ということだろう。情けをかけてもらおうと、跪いてドクロ隊[訳注]の制服を着た見知らぬ男の手にキスをしている人たちもいる。この男たちが人間で、その心を動かすことができるとまだ信じているのだ。しかし彼らは、軍隊や騎士団の城[訳注]で教えられたとおり、哀訴しているのは虫けらだと自分で自分に言い聞かせ、上からの命令を実行したのである。

　撮影者が誰かということが、これらの写真を二重に偏ったものにしている。人殺したちは思い上がりから、竜を退治するジークフリートのつもりになっている。自分は英雄で、無抵抗の犠牲者は下等人間だと思っている。彼らの撮った写真は、両者のこの関係を記録しようとするものである。撮影者は、被写体をできる限り不利な状況で写すためにたっぷりと時間をとった。怯え、虐待され、睡眠が足りない人間は、一見したところ嫌悪感を抱かせるような表情になりやすい。この単純な人間心理を利用したのである。さらに、彼らはいつも、彼らから見て特に好感が持てず、ナチによる反ユダヤの宣伝が植え付けたユダヤ人の歪んだイメージに最も近い顔を意図的に選び出した。

　それでもなお、これらの写真のあちこちに真実が浮き出してくるのを見るのは胸を打つ。犠牲者たちはこの上ない屈辱と無力感の中にありながら、なんと人間的品格を保っていることか。それに引き替え、思い上がって尊大に振る舞う粗野と暴力はなんと情けなく卑劣なことか。幼い子どもたちであろうと、くたびれ果てた年寄りであろうと、彼らが殺されてしまったのだということを考えると、この迫害された人々は私たちにとって身近な存在になり、誰にも生きる権利があるのだと私たちは考える。残忍さを露わにした厳しいしかめ面もあれば、あどけない少年の顔もあるが、そこに写っている状況とそこでおこなわれたことから私たちには、制服を着た者たちが人殺しであることがわかる。

　他方またこれらの写真は、それを見る者が人間的な同情心を起こさないよう、そこでおこなわれていることが野蛮で血なまぐさいことであるのを隠そうともしている。したがって、ワルシャワのゲッ

トーでの生活やゲットーの破壊を写した写真も死の収容所の写真も、公的・私的な報告や極秘の映像からわかっていることをもとに考えれば、ほとんど嘘と言えるような撮り方をしている。現実はその分もっと酷いのである。しかし、こうした自己検閲にも拘わらず、多くのことが写っている。それは、処刑部隊の武装した男たちの前で女性たちが裸にさせられ、母親たちが赤ん坊をガス室に抱いていき、そして、子どもたちに両親が殺されるのを見せることが正しいことだと、彼らが思っているからである。ここに収録した写真に写っているのは、この殺人者たちが写しても構わないと判断したことなのである。

　この記録はやむを得ない理由により不完全である。欠けているものがいくつもある。殺された人たちの死体から石鹸を作る様子を写したもの、SS[訳注]の医者によって手足を切断された人たちの写真、刺青をした人間の皮膚で作ったランプシェード、そして首狩り族のやり方で加工した頭皮の写真は意図的に取り上げなかった。細部を精確に写したものもある。そのようなものは病理学的には興味深いかも知れないが、人類のこの悲劇を理解する役には立たない。地下に潜行したり逃げた人たちの生活を写したものは一枚もない。彼らは何ヶ月も屋根裏や地下室に隠れて、辛うじて命をつないだ後、ついには不注意あるいは密告によってゲシュタポ[訳注]の手に落ちてしまうことが多かった。自分の命を危険にさらして追われた人たちに援助の手を差し伸べた人たち、非人間的な体制に対する抵抗運動を組織した人たちのひそかな英雄的行為については、わずかな生存者の証言があるばかりである。

　ソ連領内の占領地域におけるユダヤ人住民の大量処刑を伝える写真で、手に入るものはほとんどない。すでに1941年には、銃殺の様子を撮影することは原則的に禁止された。それまでに撮影された写真も、俘虜となった兵隊から敵側に渡ることを恐れて回収しようとした。現存する写真からは、特定の住民グループを対象にしたこの虐殺の凄まじい残酷さと規模の大きさは十分には伝わらない。ガス室についても、カメラが捉えているのはその入口までである。大きな扉が閉じられた後にそこで起きたことを見たのは、徐々に窒息していくさまを小さな監視窓から覗いていたSSの隊員と、その後に死

体を片づけて焼却炉に運んでいかなければならなかった特別作業班の気の毒な囚人だけであった。

　この最後の様子がどうであったのか、私たちにはわからない。死ぬこと、死そのものは私たちの目には触れない。しかし、ドイツやヨーロッパの占領地域から移送され、延々と続く列をなす人たちの、ユダヤ人登録に始まり、一時収容所やゲットー、強制労働を経て、その終着点である死にいたる苦難の道のりは見ることができる。徒歩で、荷車に乗って、貨車やトラックに乗って無への、死への道を進んでいく何百万人もの長い列。人々が衣服を脱ぐ様子。彼らが消えていった焼却炉。そして後に残された服と靴。

　歳月は過ぎ、かつては人々の痛みと苦しみに充ちていたビルケナウのバラックは空っぽで、崩れかけている。かつて人間を焼いた穴には雨水がたまり、葦の茂る池になってしまった。灰白色に変色した地面が辛うじて、誰の灰がここに撒かれたのかを思い出させるばかりである。爆破されたガス室や焼却炉には、壊れたコンクリート板がまだいくつか残っていて、歪んだ鉄筋が錆びた指先を虚空に突き出している。バラックの間には野バラが高く伸び、花を咲かせている。そして、何千何万という木靴で踏み固められ、草も生えなかった地面は風に波打つ草原となり、夏には草刈りがおこなわれている。

　過去はそっとしておけ、と今要求するのは、過去を隠さなければならない人たちである。ドイツの名を汚すな、と叫んでいるのは、ドイツの名を血まみれの手で汚した者たちである。忘れ去られるままにしておけ、というのは人殺したちの意見である。そして、多くの人たちが何の考えもなくそれに同意する。彼らは忘れているのだろうが、ドイツの外では人々はこの時代のことをはるかに鮮明に記憶しており、我が国では依然として頑なに黙殺されるか、「まさかそんなことが」と驚かれることが多い事実がそもそも、すでに広く知れ渡っているのである。語るべき時に黙っていた人たちは、声高に和解について語る。善意の人たちでさえ、恥ずかしいと言うばかりである。しかし、共に負うべき責任は残る。金によってそれから逃れることはできないし、「償う」こともできない。死者を生き返らせることは誰にもできないし、起きたことをなかったことにすることもできない。

今になって道徳的に非難しても、人間として遺憾の意を表明しても十分ではない。歴史の事実を事実として認め、その社会的な原因を理解し、私たちの周辺で起きていることに対するみずからの責任を意識することが大切なのである。記憶から抹殺しても過去から逃れることはできない。過去と正面から向きあい、あの時代の教訓を理解することによってしか、ヒトラーによる野蛮行為の遺産から解放されない。政治は避けられない運命ではない。それは人間によって作られ、人間によって変えられるのである。　　　　（1960年）

I

ヒトラーのドイツ

反ユダヤ主義は、

反共産主義と同様、ヒトラーの政策を構成する基本的な要素であった。あらゆる社会問題の原因を説明し、政治的に方向を見失ってしまった大衆を味方につけるのに便利な魔法の呪文、それが反ユダヤ主義であった。反ユダヤ主義は、法秩序を破壊し、独裁体制を敷き、ドイツ民族を自分の犯罪に巻き込むための手段であった。

　1933年1月30日、ヒトラーは政権につく。考えを異にするすべての人々に対する抑圧が始まる。国会放火事件の後、多くの人たちが逮捕される。共産党員と社会民主党員が最初の犠牲者である。同時に、ユダヤ人に対する迫害も激しくなる。SA^{訳注}のシュプレヒコールは裁判官に審理を中断させ、大学教授たちは講義をすることができなくなる。道を歩いている人たちは公衆の面前で暴行を受ける。
　このような恐ろしいニュースが世界中に報道されると、それに対して政府はテロの強化で応える。「残虐行為というでっち上げの宣伝に対する対抗措置」と称して、すべてのユダヤ人医師、弁護士及び商店主に対して政府がボイコットを主導する。SAの監視が商店や事務所の前に立つ。こうした脅しを無視すれば、なぐられたり、公の場でつるしあげられることを覚悟しなければならない。このボイコットは間もなく文化の領域全体に拡大される。ハイネの詩やメンデルスゾーンの音楽、ジークムント・フロイトの著作やアインシュタインの定理、リーバーマンの絵やラインハルトの演劇はドイツではもはや受け入れられない。

　公立図書館をユダヤ人による著作から「浄化」、つまり排除することはドイツ現代文学を、そして自由な精神そのものを否定することになる。ユダヤ人も非ユダヤ人も含めた250人の作家が禁止処分の対象になる。その中にはトーマス・マン、ハインリヒ・マン、ベルトルト・ブレヒト、シュテファン・ツヴァイク、フーゴー・フォン・ホーフマンスタール、フランツ・ヴェルフェル、エーリッヒ・ケストナーおよびクルト・トゥホルスキーといったよく知られた名前が含まれている。すべてはユダヤ人のせいだ、というナンセンスな主張がナチの宣伝によって広まると、好ましくない思想やあらゆる反政府勢力の排除

とその同調者の弾圧は、ユダヤの影響を受けているという一言ですべて正当化された。この意味では、ナチにとってヒトラーの敵はすべてユダヤ人であり、ユダヤ人でなければ「ユダヤ人の手先」であった。民主的な政党、労働組合の禁止からキリスト教会に対する弾圧まで、すべての暴力的政策を反ユダヤのキャッチフレーズが正当化した。

　不法なテロ行為が無秩序におこなわれ、それが後から法律によって合法化されていく。ユダヤ人市民たちはさまざまな職業からつぎつぎに閉め出されていく。こうした措置と歩調を合わせて政府は、ユダヤ人を標的にした煽動的な宣伝を次第にエスカレートさせ、ばかげた犯罪の罪を彼らにかぶせる。その目的は、政府のやり方が正当なものであると人々に信じ込ませ、次のさらにひどい措置に対しても国民が不信感を抱かないようにしておくことである。1935年の夏には、NSDAP[訳注]の指示によりユダヤ人に対してレストランや公営プール、指定された多くの集落への立ち入りを禁止する旨の掲示板がドイツ中に立てられる。このようにして、ドイツの民衆が立法府に対して決断を迫っているかのような印象が社会の中に作られる。9月15日、議会は反ユダヤ的なニュルンベルク諸法、つまり公民法と純血保護法を議決する。前者はユダヤ人を二等国民におとしめ、後者はユダヤ人と非ユダヤ人の結婚を禁じるという、時代を中世に逆戻りさせるものである。この二つの法律にもとづいて次から次へと条例や新しい法律が作られ、ユダヤ人は最後の権利まで取り上げられてしまうのである。1938年、迫害はあからさまなポグロム[訳注]へとエスカレートする。シナゴーグは放火され、人々は追い回され、暴行を受け、住居や店は破壊、略奪される。政府はユダヤ人の財産を「アーリア化」し、外国へ移住する者から「国家逃亡税[訳注]」を徴収することによって大儲けを企む。
　何百年も前からドイツに暮らしてきた家族が国外へ逃れ、亡命生活の苦難が始まる。しかし、海を越えなければ、危険を脱したとは言えない。
　1939年1月30日、ヒトラーは、戦争が起きた場合にはヨーロッパ中のユダヤ人を皆殺しにすると脅す。この時、彼はその準備をすでに整えていたのである。

ある生徒の作文

　ゲルゼンキルヒェンに住むエルナちゃんが書いてくれた学校の作文は、われわれ『突撃兵[訳注]』編集部だけでなく読者諸氏も喜ばせてくれるだろう。『突撃兵』はエルナちゃんの希望を叶えることにした。

親愛なる『突撃兵』様

　大管区指導者シュトライヒャー[訳注]さんがユダヤ人のことをいろいろと教えてくれたので、わたしたちはユダヤ人がすっかり嫌いになりました。学校の授業で「ユダヤ人はわれらが不幸」という題で作文を書きました。どうかわたしの作文を掲載してください。

　ユダヤ人はわれらが不幸
　残念ながら今もまだ「ユダヤ人もまた神様の創り給うたものだから、君たちは彼らも尊重しなければならない」と言う人がたくさんいます。でもわたしたちの考えは「たしかに害虫も動物です。それでもやっぱり害虫は退治します」ということです。ユダヤ人は混血です。ユダヤ人はアーリア人、アジア人、黒人それにモンゴル人の遺伝子をもっています。混血では悪い要素が優勢になります。ユダヤ人の唯一の善い点は皮膚の白さです。南洋の島に住む人々の諺では「白人は神様から、黒人も神様から、でも混血は悪魔から来た」といいます。あるときイエス様はユダヤ人に「汝らの父は神にあらず、悪魔なり」と言いました。ユダヤの律法書は悪の書物です。タルムードです。ユダヤ人もわたしたちを動物と見なして、そう扱います。わたしたちをペテンにかけてお金や財産を取りあげます。ずっと昔、カール大帝の宮廷でもユダヤ人が実権を握っていました。だからローマ法が導入されたのです。でもこの法律はドイツの農民には合いませんでした。それはローマ帝国の農地もち市民のための法律でもなく、ユダヤ商人の法律だったのです。ユダヤ人はカール大帝の殺害にもまちがいなく関わっています。
　ゲルゼンキルヒェンではユダヤ人のグリューネブルクがクズ肉を売りつけました。ユダヤの律法書では許されているのです。ユダヤ人は人々をそそのかして暴動を起こし、戦争をけしかけました。ロシアが落ちぶれたのはユダヤ人のせいです。ドイツでは共産党に金を渡し、殺し屋を雇いました。わたしたちは破滅の瀬戸際にいたのです。そのときアドルフ・ヒトラーが現れました。いまユダヤ人は外国にいて、わたしたちに戦いを

けしかけています。でもわたしたちは惑わされず、総統に従います。ユダヤ人の店では何も買いません。わたしたちが払う1ペニヒのお金が同胞を殺すことになるからです。

　ハイル・ヒトラー！

エルナ・リスティング、ゲルゼンキルヒェン市オスヴァルト通り1

『突撃兵』紙、1935年1月

ニュルンベルク諸法

第1条　(1) 国籍保有者とは、ドイツ国の保護共同体に属し、ドイツ国に特別な義務を有する者をいう。(以下略)

第2条　(1) ドイツ国公民とは、ドイツ人あるいはその類縁の血をもつ国籍保有者のみをいい、ドイツの民族と国家に忠実に奉仕する意志と適性をもつことを行為によって証明する者である。(以下略)

第3条　内務大臣は総統代理と協議のうえ、当法律を執行し補完するために必要な法規および行政規則を公布する。

ドイツ国公民法、1935年9月15日

第1条　(1) ユダヤ人とドイツ民族ないし近縁民族の血を引く国籍保有者との間の婚姻は、これを禁ずる。本法に反して結ばれた婚姻は無効であり、本法を回避するため国外で結ばれた婚姻も無効である。

　　　　(2) 無効の提訴は検察官のみ起こすことができる。

第2条　ユダヤ人とドイツ民族ないし近縁民族の血を引く国籍保有者との婚外の交渉は、これを禁ずる。(以下略)

第3条　ユダヤ人は、ドイツ民族ないし近縁民族の血を引く45歳以下の女性国籍保有者をその世帯内で雇用してはならない。

第4条　(1) ユダヤ人には、国旗と国民旗の掲揚および旧国旗[訳注]の使用を禁ずる。

　　　　(2) それに対しユダヤ人にはユダヤ民族旗の使用は許可される。この資格の行使は国家によって保護される。

第5条　(1) 第1条の禁止に違反する者は、懲役刑に処す。

　　　　(2) 第2条の禁止に違反する男子は、禁固刑ないし懲役刑に処す。

(3) 第3条ないし第4条の規定に違反する者は、一年以下の禁固刑および罰金刑ないしは両刑のうちいずれかに処す。

第6条　内務大臣は、総統代理および法務大臣と協議のうえ、この法律を執行し補完するために必要とされる法規および行政規則を公布する。

ドイツ人の血と名誉保護法、1935年9月15日

その注釈では

　国民社会主義の国家指導部の試みは、個人の運命のみならず民族全体の運命をも支配し規定するところの生命と自然の永遠にして確固たる法則を、人間に与えられた不完全なる手段をもってして可能な限り、第三帝国の国家民族的な秩序のうちに再び表現しようとするものである。その試みは、全能なる創造者のご意志に従って行動しているという揺るぎない信念に支えられている。第三帝国の法秩序と国体は、ドイツ人の身体、精神および霊魂に永遠に妥当する自然法則たる生命の法則とふたたび調和せねばならない。すなわち現今の民族的、国家的新秩序において重要なることは、もっとも深甚なる意味で神意にかなった有機的な生命の秩序を、ドイツ民族とドイツ国家のうちに生きるなかで再認識し再建することを措いて他にない。(中略)

　血の保護法は、生物学的な観点からユダヤとドイツの血を分離する。大変革に先立つ10年間に血の純粋さに対する感覚が広く失われてゆき、それに伴って民族的な価値のすべてが解体してきた。そのことが法的な介入の必要性をとりわけ焦眉のものとしたのである。この点でドイツ民族を脅かす危険はただユダヤの側からのみさし迫っているため、この法律はまずユダヤ人との混血が進行することの防止を目的としている。(中略)

　国民社会主義革命の後に公布された法律のなかでも、ドイツ国公民法ほど完璧に前世紀の精神と国家観から方向転換したものはない。すべての人間の平等、ならびに国家に対する個人の自由は原則として制限されないとする理論に対して、国民社会主義は自然法則にもとづく人間の不平等と相異性という峻厳かつ必然的なる認識をこの法律において対置するものである。人種、民族および人間の相異性という事実から、個人の権利と義務に関する区別ということが必然的に生じる。ドイツ国

公民法は、生命の現実と不可変の自然法則に則った相異性をドイツ民族の政治的根本秩序のうちに貫徹するのである。

シュトゥッカート／グローブケ、ドイツ人種法への注釈

読者の手紙

　国民社会主義学生同盟より『突撃兵』編集部に、以下に紹介する手紙が届いた。
　ごく最近まで医科大学の小児科は、血と人種の認識に関わる事柄を拒否しつづけてきた。同所の赤十字看護婦らの大部分が科長で完全ユダヤ人のエクシュタイン教授に心からの共感を抱きつづけてきたのだ。この麗しき団結行動はひょっとしてあまり時代に合ってないのではないか、とあえて指摘する者があれば、哀れみをまじえた笑みに出会うばかりだった。それどころか看護婦たちは非ユダヤ人の同僚医師らが本当に科長の指示を実行しているかどうか、不動の忠誠心でもって監視までしていたのである。
　するとこの素晴らしき協調に突然、予期せぬ亀裂が入った。多くの悪い学生がかのユダヤ人の講義を聴こうとしなくなったのである。かくてエクシュタインは荷物をまとめるほかなくなった。
　師との別れの時が迫ってきたとき、彼に心酔していた看護婦の一団はなんと悲痛な思いを抱いたことか。ごく少数の例外を除いて、看護婦たちは彼の部屋にやって来て、感動的な別れを告げたのだ。
　ドイツ赤十字の看護婦たちにとって、これでことは収まらなかった。募金が始まった。心優しい看護婦さんのなかには10マルクもの金額を寄付する者まで現れた。読者諸氏は拍子ぬけして、こうおっしゃるかもしれない。「彼女らドイツの同胞が金を集めて何がわるい。だってそれは国民の福祉のためにちがいなかろう」ところが同志よ、そうではない。おっしゃることはまことにもっともだが、今回はまったく違うのだ。この金はたとえば貧しいドイツ人のために役立てられるのではない。聞いて驚くなかれ。看護婦たちはそれでもってぴかぴかの純金のメダルを買い、裏にデュッセルドルフ小児科病院の絵を彫らせた。そしてドイツ人看護婦たちはこの金のメダルをユダヤ人エクシュタインに永遠の思い出の品としてプレゼントしたのだ。

ところでこの手紙を書いているのは、1935年である。ついこの間、この健気な看護婦たちにも新しい徽章が支給された。そこにはドイツの鷲が胸に鉤十字をつけて描かれている。

『突撃兵』紙、1935年9月

『水晶の夜』[訳注]

ベルリン　No.234404　9.11.2355
全ての国家警察署および国家警察分署、署長または署長代理宛

このテレタイプは可及的速やかに周知すべし。
1. 近日中にドイツ全土でユダヤ人、とりわけシナゴーグに対する作戦行動が実施される予定である。作戦行動に妨害は許されない。しかしながら略奪その他、特段の逸脱行為を阻止しうるよう、公安警察と協議のうえ対処すること。
2. シナゴーグ内に重要な文書資料がある場合、それらを速やかに押収すること。
3. 全国でおよそ2万人か3万人のユダヤ人の逮捕に備えること。とりわけ資産のあるユダヤ人を選び出すこと。さらに詳細な指令が今夜中に発せられる。
4. 来るべき行動に際して、武器を携行するユダヤ人に遭遇することがあれば、断固たる措置を講ずべし。全作戦行動にSS機動部隊およびSS予備役を動員してよい。適切なる措置によって、作戦行動の指揮は必ず国家警察が掌握すること。

ゲシュタポⅡ、ミュラー。このテレタイプは極秘

ナチ党SA　　　　　　　　　　ダルムシュタット、1938年11月11日
クアプファルツ・マンハイムSA中隊宛

1938年11月10日3時、以下の命令を受けた。
「中将の命令にもとづき第50旅団管区内のユダヤ人シナゴーグをすべて速やかに爆破ないし放火せよ。アーリア人住民の居住する隣接家屋

には被害が及んではならない。作戦行動は私服にて遂行すべし。暴動ないし略奪は阻止すべし。任務完了報告は、8時30分までに旅団長または所轄本部宛てにおこなうこと」

第50旅団長（シュタルケンブルク）

SS中隊10／25　　　　　　　　　　　　　　ゲルデルン、1938年11月14日

対ユダヤ人作戦行動の件
1938年11月14日付けIII／25大隊への電話連絡に関して

SS大隊III／25宛
　ゲルデルン郡及びクサンテン市での作戦行動は、SS中隊10／25所属の隊員のみで遂行した。指令は1938年11月10日9時30分頃、SS大隊III／25より電話で発せられた。
　最初の措置は午前4時頃、ゲルデルン市内のシナゴーグに火を放つことであった。午前9時までに同シナゴーグは外壁を残して焼け落ちた。ヘブライ文字の聖書数冊を押収した。同時にクサンテン市内のシナゴーグ（個人住宅）の屋内設備を完全に破壊した。当中隊管区には2軒のユダヤ人商店が存在したが、その設備とわずかな在庫品は同じく完全に破壊した。
　その他の、以前は家畜商でありながら今では資産家のユダヤ人の住宅は、まずショーウィンドウと窓ガラスを叩き割った後、家具調度を完全に破壊し、使用不能とした。
　ユダヤ人の身には何の危害も加えていない。彼らの大部分は作戦行動中、概ね姿を隠していた。午前9時頃（11月10日）、作戦行動はすべて完遂した。11時頃までに15歳から70歳までのユダヤ人男子は全員、警察によって拘留し、さしあたり当該地区の拘置所に収容した。1938年11月11日のうちにSS中隊10／25所属の隊員は、ユダヤ人に対する数ヶ所の家宅捜査に加わり、証拠となる文書と武器を捜索した。武器その他の証拠品は発見されなかった。
　この示威行為に対する住民の反応は受動的だった。シナゴーグの火災にはかなりの見物人が集まり、この見せ物をながめていた。
　大型の店舗がなかったため、略奪行為には至らなかった。そこで警察と協力してパトロールする必要はなかった。

SA部隊を前に演説するヒトラー、ドルトムント、1933年

ナチ党大会、ベルリン・グルーネヴァルト競技場、1933年

今日、新しい信仰が目覚めつつある。それは血の神話であり、血を守るとともに人間の神的本質そのものをも守ろうとする信仰だ。北方人種の血こそ古い秘蹟にとって代わり、これを克服した神秘であり、この上なく明瞭なその認識によって具現化された信仰なのである。

アルフレート・ローゼンベルク^{訳注}

勾留された共産党員、1933年3月

1933年、ベルリン・グルーネヴァルト競技場ほかドイツ各地で多くの人がヒトラー式敬礼をして手をさし伸ばした。この人たちはSA隊員の前で両手を上げているが、これはSA本部に連行されたのである。ヒトラーの党（NSDAP）が権力を掌握すると、彼らに同調しないすべての人々へのテロが始まった。最初の犠牲者は共産党員、社会民主党員および労働組合メンバーだった。続いて、体制に反対する者はだれでも標的とされた。

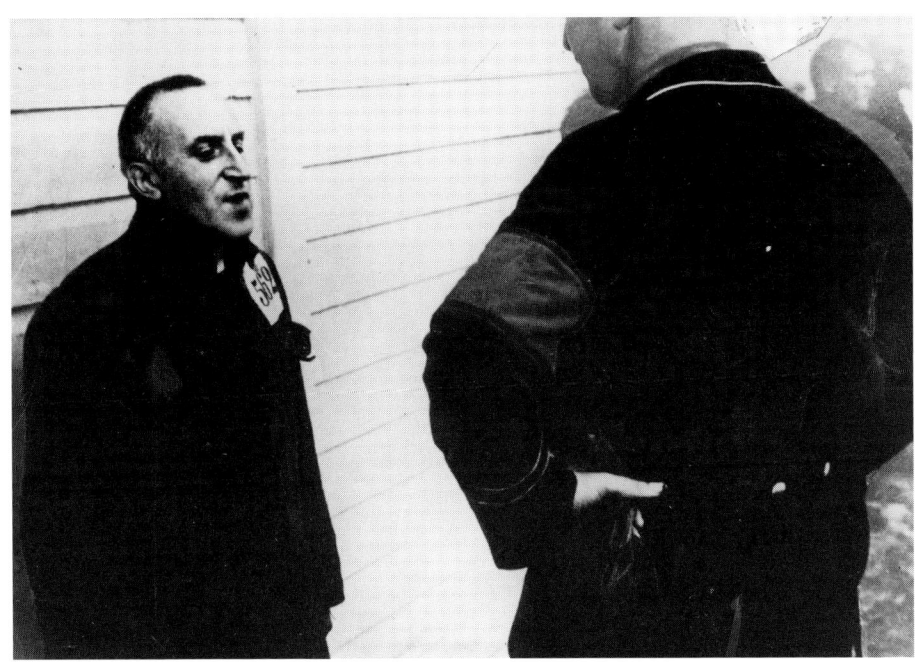

カール・フォン・オシエツキー
パーペンブルク・エスターヴェーゲン強制収容所

1933年2月27日の国会議事堂炎上事件のあと、大量逮捕がおこなわれた。その後まもなく最初の強制収容所が暫定的なものとして設置された。国会内の保守政党は全権委任法に賛成し、ヒトラーはこの法律によって12年間、支配を続けることになる。憲法は無効とされ、民主主義は解体された。5万人の逮捕者のなかに週刊『世界舞台』誌の編集長、カール・フォン・オシエツキーがいた。彼は1936年、ノーベル平和賞を受賞し、1938年、強制収容所から解放されたが、監禁の後遺症のためその後まもなく死亡した。ひとたび国民の知性と良心を沈黙させてしまえば、体制がどんな犯罪を犯そうと戦争をしようと、それを妨げるものはなかった。

「ユダ公、くたばれ」の落書き
デュッセルドルフのシナゴーグ

ミュンヘンでのナチのテロ行為、1933年（右）

　何年も前からヒトラー支持者たちは、ユダヤ人墓地やユダヤ教会の壁に憎しみをこめた落書きをしてきた。いまや彼らはその脅しを行動に移してきた。これらの写真は世界中に配信された。弁護士ジーゲル博士は、ある依頼人のためにSAのテロに対する保護を警察に求めた。ところが当のSAは「補助警察」に任じられていたのである。制服を着た男たちが博士を街頭にひっぱりだした。プラカードには「もう二度と警察に苦情を訴えません」と書かれている。

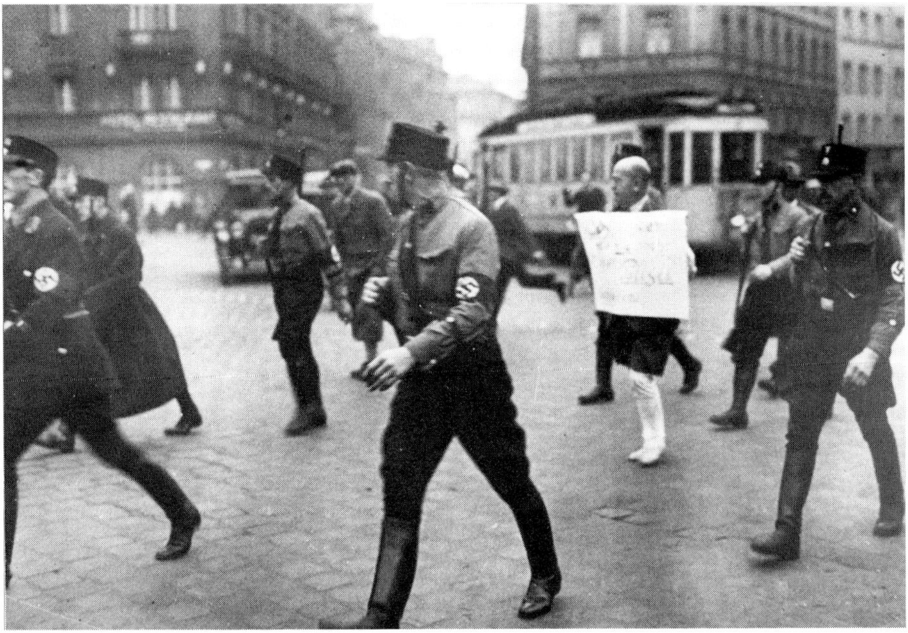

Ich werde
mich nie mehr
bei der Polizei
beschweren

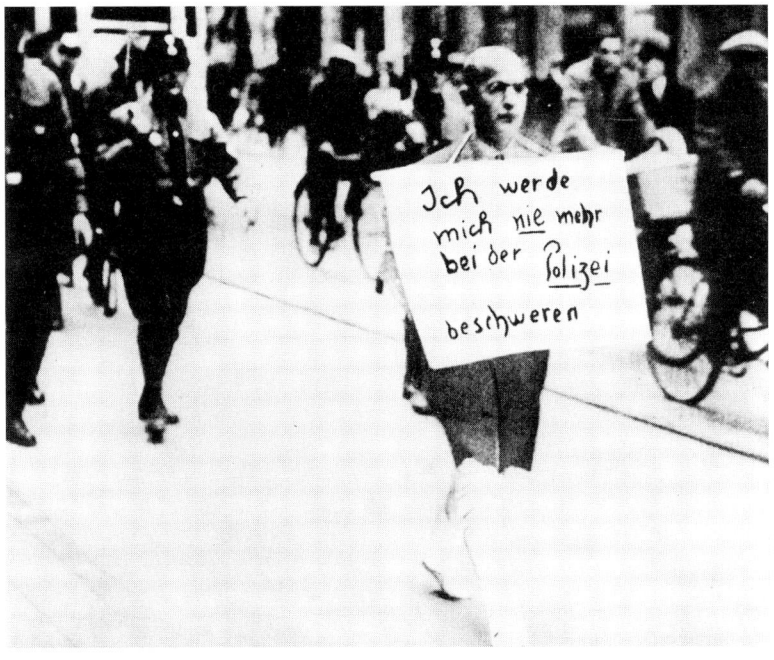

ユダヤ人商店、医師、弁護士に対するボイコット・デー
1933年4月1日、ベルリン

土曜日の午前10時までユダヤ人に猶予を与える。それから戦いは始まる。世界中のユダヤ人がドイツの破滅を狙っている。ドイツ人よ、自衛せよ。ユダヤ人商店で買うな。(ポスターの内容、前ページ)

土曜日の不買運動は、一連の措置の単なるリハーサルと見なすべきものである。目下のところ世界の世論はわれわれに批判的であるが、それが最終的に変わらなくとも、その措置は実行に移されよう。

『フェルキッシャー・ベオーバハター』紙、1933年4月3日

焚書、ベルリン、1933年5月10日

あれは序幕にすぎなかった。
本を焼くところ、
そこではついには
人間もまた焼くのだ。

　　　　　　ハインリヒ・ハイネ

1933年5月10日、大学都市の学生や図書館員らが図書館からすべての「好ましからざる」図書を「一掃し」ようと、それらの本を火の中に投げこんだ。教授たち、学生組織、鉄兜団、SAそしてヒトラー・ユーゲント[訳注]がこぞってこの一大イベントに参加した。後にブラックリストは拡張されていった。ヴォルテールとレッシング、マルクスとハイネ、フロイトとアインシュタイン、ハインリヒとトーマスのマン兄弟、ブレヒト、アンナ・ゼーガース、アルノルト・ツヴァイク、フランツ・ヴェルフェル、ケストナー、トゥホルスキーその他、多くの作家の著作が禁書とされた。ドイツ現代文学の作家のほとんど全部が亡命した。

ベルリン、8月16日。昨日、フランケン指導者で大管区指導者ユリウス・シュトライヒャーがベルリンのスポーツ宮殿で約1万6000人の聴衆を前に演説した。首都第二の巨大施設であるテニス・ホールにはさらに5000人のベルリン市民が集まり、スピーカーを通して党員シュトライヒャー氏の演説に耳を傾けた。両会場の入場券は数日前には完全に売り切れていた。

シュトライヒャー氏は以下のように言明した。「われわれが自分の家を掃除しよ

うとして、いったい誰に迷惑がかかるというのだ。(中略)ドイツ国内の路上で人種汚濁者どもを引きまわし、見せしめにしようと、とやかく言ってほしくない。(中略)ユダヤ人問題は、国民社会主義党が政権を掌握したことで解決したと思っている人もいる。だがそれは違う。もっとも困難な仕事は、むしろこれから始まるのである」

　　　　　　　　　　『ヴェストドイッチャー・ベオーバハター』紙

獄中の「人種汚濁者」

　新法は、後から追加的に布告された無数の行政命令や指令や措置の法的根拠となり、それらによってナチ政府は一歩一歩ドイツのユダヤ人からすべての権利を奪い、生活の基盤を掘り崩していった。「血の保護法」は密告の嵐を誘発した。ハンブルクだけで5000人近い人々が逮捕されたが、検察の捜査対象となったのは1150件だけであった。しかし有罪判決が下されたのはハンブルク、フランクフルト、ケルンを合わせて538件である。ドイツ全国での総数は今も明らかになっていない。『突撃兵』紙は、1936年に558件の有罪判決があったとしている。有罪の宣告を受けると、懲役刑を終えた後、自動的に強制収容所に入れられた。

「私は人種汚濁者です」ノルデン、1935年7月

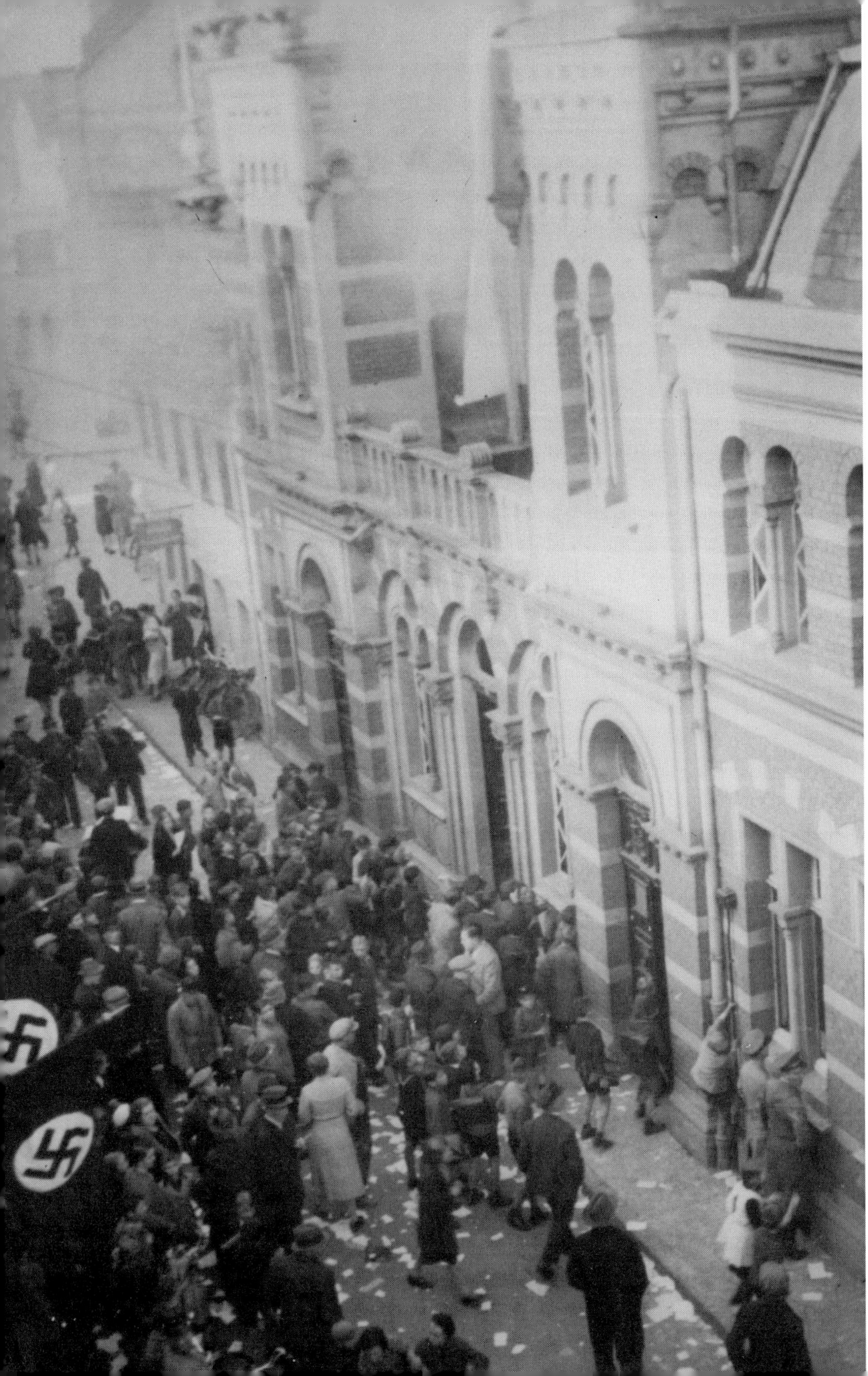

破壊された商店、ベルリン（上）
全国規模のポグロム、1938年11月9日（036〜039ページ）
炎上するオイスキルヘンのシナゴーグ（左）

ゲーリング^{訳注}　実際に焼け落ちたシナゴーグはいくつだ。
ハイドリヒ^{訳注}　全体では101のシナゴーグが炎上壊滅し、76が損壊し、全国で7500軒の商店が破壊されました。
ゲッベルス^{訳注}　その損害はユダヤ人が負担してしかるべきだ。
ハイドリヒ　物損、在庫品や商品の損害は数億マルクになると見積もっています。
ゲーリング　諸君がそんなに財貨を破壊しないで、200人ほどユダヤ人を殴り殺してくれた方が良かったのだが。
ハイドリヒ　死者は35名です。
ゲーリング　こんな文案にしよう。「卑劣な犯罪等々に対する罰金としてドイツのユダヤ人には全員で10億マルクが課金される」これでいけるだろう。

　　　　　　　　　　1938年11月12日の航空省における会議録

勾留されたユダヤ人、バーデン・バーデン

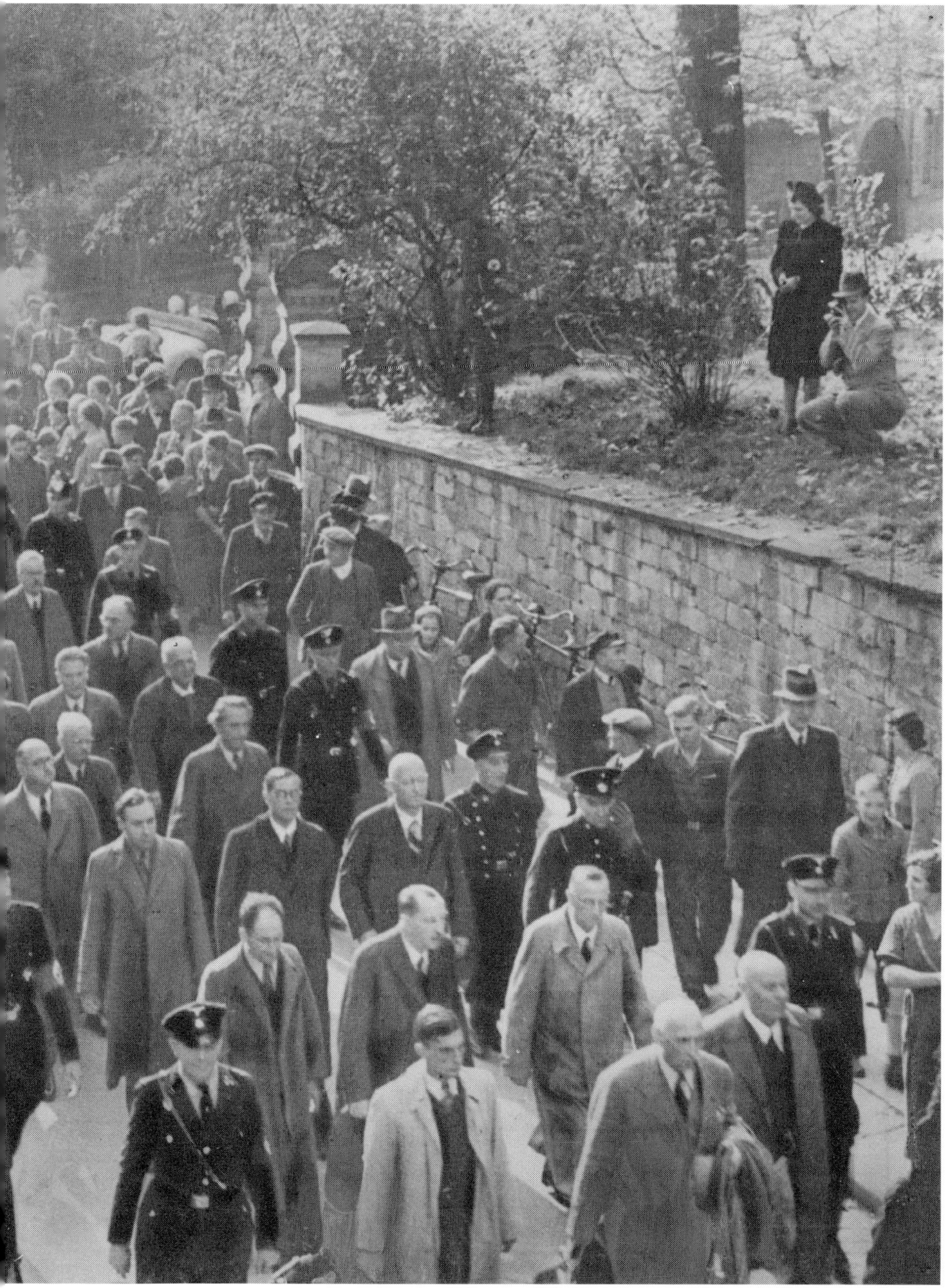

「アーリア人専用」と書かれたベンチ、ドイツ、1938年

　　　ポグロム被害の実数：267のシナゴーグと約1000ヶ所の礼拝所が破壊され、
　　7500軒の商店と事務所が略奪され、91人が殺された。自殺した人、虐待に
　　よって死んだ人の数は分からない。犯人ではなく、被害を受けた人々が逮捕
　　された。16歳から60歳までのユダヤ人2万6000人がダッハウ、ブーヘンヴァ
　　ルト、ザクセンハウゼンの強制収容所に連行され、金で自由を買い取り、亡命
　　するまでそこに勾留された。さらに次々と法令が出された。ユダヤ人は市立公
　　園と公共の場所への立ち入りを禁じられた。劇場、映画館、コンサートホール
　　そして博物館や美術館に入れなくなった。子どもたちは学校から追い出された。
　　ユダヤ人は借家人保護の権利を失い、ペットを飼うことが許されず、財産を申告
　　する義務を負い、ラジオや宝飾品を供出させられた。20時以降は外出が禁じ
　　られた。特別な印をつけた身分証明書が交付された。

メーメル、1939年3月23日

オーストリア、チェコスロヴァキアと同様、メーメルでもドイツ軍の侵攻直後に反ナチ派の人々とユダヤ人に対するテロが始まった。写真の家族のように何千もの人々がリトアニアに逃れた。怯えた子どもが両親に手を引かれ、SA隊員たちがならんでにやにや笑っているあいだを駅へ逃れて行く。この写真は、数日後にイギリスの新聞に掲載された。

ナチ政府はユダヤ人を国外へ移住させようと、あらゆる手を使った。しかしドイツのユダヤ人はナチの政策により窮乏化しており、政府が「国家逃亡税」をとりたてたこともあって移住は困難であった。必要な資金を工面できない人も多かった。そのうえたいていの国は移民割り当て数を制限し、貧しい避難民の受け入れを拒否した。1933年にドイツ在住のユダヤ人は50万人を数えた。

パレスチナへの子どもの移住、ベルリン、1936年9月2日

そのうちの36万人以上が移住できた。親が幼い子どもや少年少女を国外に送り出すこともしばしばおこなわれた。イギリスへ集団で子どもを送り出すこともあったし、若者を組織的にパレスティナへ移住させることもあった。1936年9月2日にはベルリンから臨時列車が出発し、ドイツ中から集められた650人の少年少女をマルセイユ行きの船まで運んだ。

旅行代理店、ベルリン、マイネッケ通り、1939年

1935年のニュルンベルク諸法の公布後、国外移住は増加の一途をたどっていたが、1938年11月のポグロム以降急増し、大脱出となった。戦争が勃発するまでの1年間に、11月ポグロムまでの5年間の合計よりも多くの人々が故国を離れた。入国ビザと船賃を工面できた人たちはみな、海外へ逃れた。そうでない人たちはヨーロッパの隣国に逃げ場を求めた。だが安全だったのはスウェーデン、スイスそしてイギリスだけだった。

上海を前にして

1939年10月以前、移民制限をしていない唯一の避難先が上海だった。戦争が勃発する前に1万4000人の避難民が上海にやって来たが、その大部分はドイツから逃れてきた人たちだった。1941年までにその数は1万7000人に増加した。その90パーセントはユダヤ人だった。仕事を見つけられた人はごくわずかだった。1943年から1945年まで、日本の占領軍がこれらの人々を抑留した。

ザクセンハウゼン強制収容所の点呼

　ヒトラーは諸外国への略奪戦争を始める前に、まずドイツ国民を屈服させる必要があった。旗と拳銃、行進曲と強制収容所、軍需産業における雇用の創出とユダヤ人同胞の資産などを用いて、彼は自国民を屈服させたのである。国民のうち最良の人々である真の愛国者たちは、この不正に対して立ち上がった。その数は少なくなかったけれど、それでもまだ足りなかった。なぜならその良心の声はファナティックな大衆の万歳の喚き声にかき消され、あるいは暴力によって沈黙させられてしまったからだ。戦争が勃発するまでに、約50万人のドイツ人が第三帝国の刑務所と強制収容所の門をくぐった。

II

実 験 場 ポ ー ラ ン ド

ユダヤ人に対する「下等人間」という誹謗と、世界を支配し、他の民族を抑圧する権利を本来的に持つ北方アーリア系の「支配人種」という考え方は一対のものである。自国において独裁制を樹立した後に来るのは、周到な計画にもとづいて準備された外へ向かっての拡大である。

オーストリア、チェコスロヴァキアそしてメーメル地方の併合はプロローグに過ぎない。第二次世界大戦によりヒトラーの支配地域はヨーロッパ全体に広がる。一国また一国とドイツ軍によって押しつぶされていく。ドイツの占領機関はいたるところで民主的な政治家を逮捕し、住民を弾圧し、何百万人もの人々をドイツへ連行して強制労働させるとともに、戦争経済のためにその国を容赦なく搾取する。

スラブ諸国に対する扱いは特に過酷である。ナチはこれらの民族をユダヤ人に次ぐ「劣等人種」と見なしており、絶滅させるという計画が実現不可能であるなら、せめてその数を減らし、奴隷状態に抑えつけておかなければならないと考えていたのである。

数百万にのぼるポーランド人、ユーゴスラヴィア人、ロシア人そしてさまざまな民族の何十万という人たちが戦争中ナチに殺される。その中で、ほとんど絶滅状態に追いやられた民族グループがある。ユダヤ人である。

1939年9月1日、ヒトラーの軍隊はポーランドに侵攻する。二百万人以上のユダヤ人がドイツの手に落ちる。戦闘部隊の後からハイドリヒ配下の者たちが乗り込んでくる。ドイツで「水晶の夜」を仕組んだ彼らは、ここでもまた、いたるところでポグロムを画策しようというのである。

征服者たちは、面白がって年老いた信心深いユダヤ人の髭を切り、「体操」させ、持ち物を奪い、暴力を振るう。彼らは「武器の捜索」と称してユダヤ人の商店や住居を家宅捜索し、家具を壊し、気に入ったものがあればポケットに入れる。ポーランド内では、暫定国境線の向こう側、ソヴィエト占領地域のユダヤ人だけが当面まだ安全である。

最初の数週間にテロと略奪がおこなわれた後、ドイツの行政機構がユダヤ人に対して布告、条例および告示という法的手段を使った戦争を開始する。

10歳以上のユダヤ人はすべてユダヤ人の印を、ユダヤ人商店もそれと分かるように印を付けなければならない。資産の届け出が義務づけられ、強制的な労働奉仕も導入される。市内特定地域や公園および公共の広場へ立入ることは禁止され、交通機関からも締め出される。これらはしかし、それに続く一連の措置の始まりに過ぎない。その目的はただ一つ、人々から生活の経済的基盤と法律が保証する権利を奪うことである。ドイツ側の命令でユダヤ人評議会[訳注]がつくられ、初め人々は、それがドイツ側の横暴から自分たちを護り、利益を代表してくれるものと期待する。しかし、評議会は時が経つにつれて占領機関の手先におとしめられ、板挟みの中で、時として同胞の運命を左右するつらい役割を果たすことになる。
　大都市では、塀で囲まれた特定の住宅街に強制的に入れられる。こうしてゲットー[訳注]ができる。それは何十万もの人々を収容する刑務所であり、まもなく、生きてそこを出ることは不可能になる。
　1940年10月に総督フランク[訳注]は、ポーランド全土にゲットーの設置を命じる。地方の村や小さな集落のユダヤ人は「移住」させられる。彼らは家屋敷から追い出され、たいていはわずかな荷物しか持たず、監視されながら長い道のりを歩いて近隣の地方都市に作られたゲットーに移る。年寄りや病人は荷車に乗せられてその後に続く。しかし小さなゲットーは間もなく撤去され、そこに収容されていた人たちはもっと大きな町に集められる。またもや流浪が始まるのである。ふたたびポーランドの街道を、いつ果てるとも知れない人の列が行く。
　旅の目的地に着けば、そこには超満員の収容施設が待っている。多くの人はもう持ち物もすべてなくし、健康までも損ねている。一段また一段と彼らは悲惨に向かって沈んでいく。物乞いや生活保護受給者へと止めようもなく落ちぶれていくのである。この人たちが飢えや伝染病の最初の犠牲者になるのである。ガス室に向かう大規模な移送はまだ始まっていない。
　それでも彼らはまだ、それぞれの状況をそういうものとして受け入れ、そこでなんとかやっていこうと、またもや健気に努力する。これ以上事態が悪くなることはないだろう、自分だけはなんとか最悪の事態を免れるだろうと、はかない望みを抱いているからである。しかし、彼らが置かれた状況に希望はいっさい無く、確実なのは死だけである。

ハイドリヒの緊急書簡

ベルリン、1939年9月21日付
保安警察特別行動大隊^{訳注}長各位

件名：占領地域のユダヤ人問題
　本日ベルリンで開かれた会議を受け、本官はあらためて、計画中の包括的措置（すなわち最終目標）は極秘とされるよう注意を喚起する。

　以下の2点を区別されたし。
1. (比較的長期間を要する) 最終目標
2. (短期間で実施されるべき) 最終目標実現のための段階的措置
　予定の措置には、技術的観点からも経済的観点からも、周到な準備が必要である。
　遂行されるべき目前の任務の詳細をベルリンが決定できないことは、言うまでもない。すなわち、後述の指示および方針は、現地において実行すべき事柄に関し特別行動大隊長に熟慮を促すためのもの、とお考え願いたい。

Ⅰ
　最終目標に先行する第一の措置として、とりあえず地方のユダヤ人を比較的大きな都市へ集中させること。
　この措置は速やかに実施されたい。(中略)
　そのさい、集中化がおこなわれる場所としては、鉄道網の分岐点か、すくなくとも鉄道の沿線にある都市に限定することに留意されたい。
　原則として、人口500人以下のユダヤ人共同体^{訳注}は解体させ、集中地に選んだ近隣の都市に移すこととする。(中略)

Ⅱ
ユダヤ人長老会議^{訳注}
1. ユダヤ人共同体にはかならずユダヤ人長老会議を設置すること。
　(中略)
　すでに発令されたもの、および以後発令されるものを含め、すべての通達の厳密かつ期日厳守の実施は、長老会議が文字どおりその全責任を負うものとする。

2. 通達への妨害工作に対しては、もっとも厳しい処置を採る旨、長老会議に警告しておくこと。
3. ユダヤ人評議会に暫定的なユダヤ人の人口調査をおこなわせること。本調査により、できる限り性別、およびa) 16歳未満、b) 16歳から20歳まで、c) 20歳以上の (年齢層)、かつ当該地域のユダヤ人の主たる職種を明らかにすること。また、その結果は即刻通知すること。
4. 居住地からの退去の期限と日数、退去の方法、ならびに退去時の通行路は、長老会議に通知すること。通知した時点で、当該地からのユダヤ人退去の責任は、同会議が負うこととする。

　都市部にユダヤ人を集中させる理由としては、反ドイツ・パルチザンによる襲撃と略奪行為に、ユダヤ人が加わった容疑がきわめて濃厚であることをあげることとする。(中略)

III

　必要な措置をとるにあたっては、いかなる場合も原則として常に、我が国の民政局、および当該地を所管する国軍当局との綿密な打ち合わせと緊密な共同作業によらなければならない。(中略)

IV

　特別行動大隊長は、本官に、継続的に以下の事項につき報告をおこなわれたし。

1. 大隊管轄地域に居住するユダヤ人の概数 (IIの3に記した区分に従っていただきたい) (中略)
2. 集中化をおこなう場所に指定した都市名
3. ユダヤ人に課した都市部への移動の期限
4. 大隊管轄地域のユダヤ系食品産業、軍事産業、ならびに四ヶ年計画上重要な産業および工場の一覧表 (中略)

V

　掲げた目標を到達するために、保安警察[訳注]ならびに保安情報部[訳注]は、全力を傾注し行動されんことを、本官は期待する。

　近隣に駐留する特別行動大隊の大隊長は、即刻相互に連絡を取り合い、該当すると思われる地域をもれなく掌握すること。

VI

　ドイツ陸軍総司令部、四ヶ年計画担当官 (ノイマン次官)、内務省 (シュトゥッカルト次官)、食糧・経済省 (ラントフリート次官) および占領地域の民政局の長に、本発令のコピーは送付済みである。

訳者による図版解説　1939年11月18日付で、クラカウ管区長官ヴェヒターの名前で出された行政命令の告示書。内容は大略、以下のとおりである。

　1939年12月1日より、管区内に居住もしくは滞在する12歳以上のユダヤ人は、全員、外出時にダビデの星[訳注]のマークが付いた腕章を衣服の右上腕につけ、つねに見えるようにすることを義務づけられる。

　1.と2.の番号がふられている箇所で、この命令に該当するユダヤ人が次のように定義されている。1.ユダヤ教共同体の一員であるか、一員であった者、2.両親の一方がユダヤ教共同体の一員であるか、一員であった者。

また、腕章の体裁が、以下のように詳細に規定されている。
　腕章は白地、幅は10センチ以上、その上のダビデの星は青色、直線で結ばれている角から角までの間隔は8センチ以上、さらに、星を形どる線の太さは1センチでなければならない。
　この行政命令の実施は、ユダヤ人長老会議が責任を負い、違反は厳罰に処される、と最後に書き添えられている。

陸軍総司令官のための公文書覚え書きから

3. 1937年11月23日、パジェフにおいて、警察隊中尉アルテンドルフの指揮で、「ユダヤ人作戦」がおこなわれた。彼の部隊(第102警察大隊)の隊員が相当数の商店を略奪し、打ち壊した。一般市民への暴行もおこなわれた。(中略)

7. 1939年12月31日、チェンストハウの約250人のユダヤ人は、夜、極寒のなか、道路に引き出され、数時間後、ある学校に連行された。隠している金製品の捜査ということだったらしい。女性も裸にさせられ、警察官により性器のなかも調べられた。

9. 1939年12月6日、チェンストハウの第72警察大隊所属の警察官が、一軒のユダヤ人商店を略奪した。警察官は、そのさい駐留部隊用の加工中の皮革を押収した。駐留部隊の調査によれば、店主の妻バルムヘルツィック夫人が、都合の悪い目撃者ということで警察に逮捕され、殺害された。

12. 1940年1月19日、第102警察大隊第1中隊隊長、ボック中尉はカジミェシュから移動する前に、隊員に命じ当地のユダヤ人男女住民に激しい暴行を加えた。中尉自身の説明によれば、「我々がかれらのいい思い出になるように」するためであった。

13. 1940年1月23日、管区警察大隊大尉エーハウス博士の命令により、ジェシュフの中央広場で警察官が、30〜40人のユダヤ人を公衆の面前でむち打ち刑に処した。

31. クリスマス直前に、ナシエルスクで1600人のユダヤ人が追放されることになっていた。警察はかれら全員をシナゴーグに閉じこめ、同所で犬用のむちで殴打した。何人かはシナゴーグの近くで即刻射殺されている。翌朝、大部分のユダヤ人を駅に連行したさい、むちで叩きながら特に汚い場所を選んで追いたて、そこを「紅海」にみたてた。(中略)

33. 1940年2月18日、ペトリカウに駐留する第182警察大隊第3部隊の曹長2名が、ピストルをつきつけて、18歳のユダヤ人少女マフマノヴィッツと17歳のユダヤ人少女サントフスカを、両親の住居から連れだしポーランド人墓地に連行して、そのうちの一人を陵辱した。(以下略)

ヨハネス・ブラスコヴィッツ将軍の文書からの抜粋

ある子どもの日記から

1940年3月21日
　朝早く、ぼくは村の道を歩いていました。遠くからも、お店の壁に貼られた告示が見えました。急いでそこに行って読みました。新しい告示でした。ユダヤ人は自動車に乗ってはいけないと書いてありました。(汽車に乗ることはもうとっくに禁止されています。)

1940年4月5日
　一晩中眠れませんでした。変な空想ばかりが頭に浮かびました。朝ご飯を食べてから家に帰りました。

1940年6月9日
　今日、ドイツ軍の演習がありました。ドイツ軍が大勢、畑のいたるところに陣取っていました。機関銃を置いて、お互いに撃ち合っていました。

1940年6月18日
　警察が来て、ぼくたちの家を家宅捜査しました。なにか武器がないかと探しているのです。警官が、どこに隠してあるのだと、ぼくにききました。ぼくの返事はいつも同じ、ありません、のひとことです。警官たちは結局なにも見つけられずに、いってしまいました。

1940年8月5日
　昨日、村長のところに教会堂の使用人が車でやって来ました。ユダヤ人は家族全員で、教会堂に登録に来るようにということでした。そのため朝7時には、もうぼくたちは教会堂に行っていました。数時間いたと思います。時間がかかったのは、大人たちがユダヤ人長老会議の評議員

を選ぶことになっていたからです。それが終わってから家に帰りました。

1940年8月12日
　戦争が始まってからこれまでずっと、ぼくは家で一人きりで勉強しています。学校に通えたときのことを思い出すと、涙が出てきます。今はここでじっとしていなければなりません。外に出ていくことが許されていないのです。この世の中でどんな戦争がおこなわれているのか、どれほどの人が銃弾や毒ガス、爆弾、伝染病、その他、人間に襲いかかってくるもののせいで死んでゆくのだろうかと思うと、何もする気がなくなってしまいます。

1940年9月1日
　戦争が始まって今日で丸1年になります。思えばこのわずかなあいだに、もうどれほどのことに耐えてきたでしょう。どれほどの苦しみを味わってきたでしょう。(中略)

1941年7月10日
　とんでもない状態になってしまいました。次の1時間を生き延びることがむずかしいのです。今までは、食べ物の蓄えも少しならありました。1ヶ月分ぐらいなら。今ではその日1日分の食料もなかなか買えません。誰かが物乞いにこない日などありません。くる人くる人、誰もみんな、食べ物をほしがります。食べ物を手に入れるのが一番むずかしいのです。

1941年11月1日
　今日、キエルツェの町のそこら中に告示が出されました。ユダヤ人地区から出てゆく者、立ち入る者は死刑に処すと書かれています。今までは出入りできたのです。とても悲しいニュースでした。悲しんだのはぼくだけではありません。このニュースを聞いて、イスラエルの民はみんな悲しみました。

1941年12月26日
　命令が出されました。ユダヤ人は、毛皮類を全部、供出しなければなりません。小物のようなものもです。隠している者がいれば、5人のユダヤ人にその責任をとらせるというのです。あとで毛皮類が見つかったりした家の人は、死刑になります。とても厳しい命令です。郡警察がつけ

た期限は、午後4時です。

1942年1月8日
　午後に聞いた話では、ボジェンティンでユダヤ人が2人、また犠牲になりました。1人は即死です。もう1人が負傷しました。負傷者は逮捕され、ビエリニィの派出所に連れて行かれました。この人もそこで殴り殺されてしまうでしょう。

1942年1月11日
　早朝からずっと吹雪です。厳しい寒さです。今日は零下20度まで下がっています。風が畑の上を吹き抜ける様子をながめていたら、教会堂の使用人が告示を貼っているのに気づきました。今度は何が書いてあるのだろうかと思い、すぐに見に行きました。特別変わったことは書いてありません。門番がひとこと、あいつは村長のところに、ユダヤ人は全員この辺の村全部から移住することになるという告示を持ってきたのさ、と言いました。家でそのことを話すと、みんなすっかり打ちひしがれてしまいました。こんな厳しい冬のさなかに、ぼくたちを移住させるというのです。どこへ行くのでしょう。どこへ連れていく気なのでしょう。いよいよぼくたちが、苦難に耐えなければならない番になったのです。いつまで耐えたらいいのでしょうか。

　　　　　　　　　　　　　　　ダヴィッド・ルビノヴィッチの手記から
　　　　　　　　この少年は14歳でトレブリンカのガス室で殺害された

1939年9月1日
ドイツ軍のポーランド侵攻、第二次大戦のはじまり

このようにして、われわれ国民社会主義者は、戦前までの外交が目指していた方向と、決然と袂を分かつ。600年前に終結したところから、われわれは開始する。われわれは、ヨーロッパの南方と西方を目指したゲルマン人の、止むことのない長征を終わらせ、その眼差しを東方の地に向けるのである。

アドルフ・ヒトラー

黄色い印の導入

ヴォツワヴェクは、ユダヤ人住民の識別標として中世以来の黄色い印が導入された最初のヨーロッパの町である。クラカウ市では黄色い星が使われ、胸と背中につけることが命じられた。1939年11月には総督府全土で青色のダビデの星のついた白地の腕章が義務づけられた。ユダヤ人の財産の登録と差し押さえはすでに9月に完了している。

面白半分にユダヤ人に屈辱をあたえる(061ページまで)

世界中のどこをさがしてもこれ以上格好のものはないと思われる宣伝材料を、敵に提供してしまっている。外国の放送局がこれまで流しているものは、実際に起こっていることのほんの一部にすぎない。外国からわれわれの耳に届く抗議の声は日に日に大きくなると予想され、決定的な政治的ダメージを引き起こすだろう。事実、残虐行為がおこなわれており、まったく否認し得ないことなのであるからなおさらである。

ヨハネス・ブラスコヴィッツ将軍の文書からの抜粋

無防備の者にあざけりをあびせ、苦痛をあたえる。その上で、思い出のアルバムにと、ポーズをとって写真におさまる。このページの写真の下に、ある兵士は「無線士グリーゼが棒を振り上げ、ルブリンのユダヤ人に訓戒をたれる」と書いた。のちには、このようなことではすまなかった。一斉捜査、逮捕、逮捕者の銃殺へとエスカレートしていった。

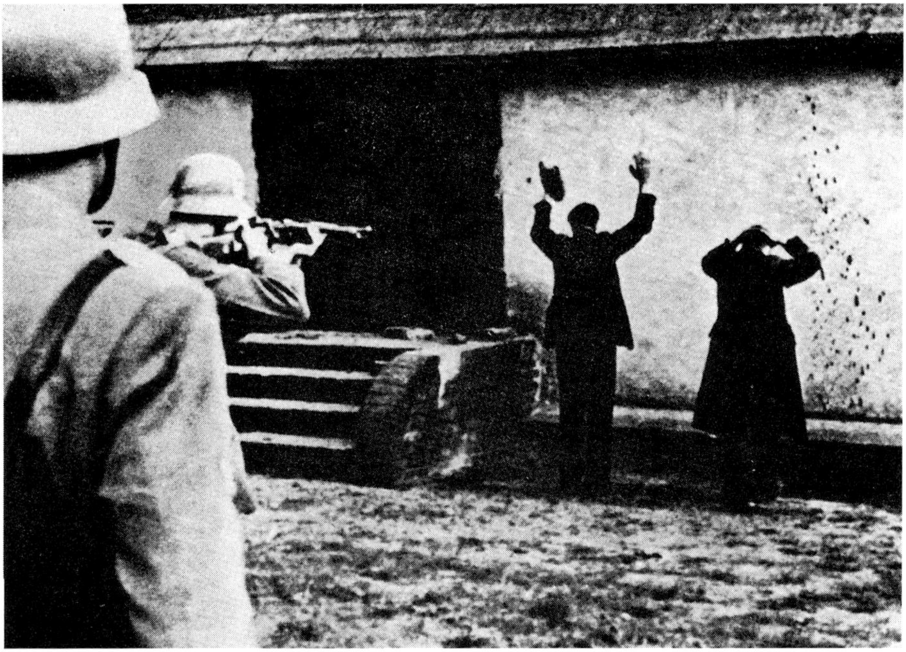

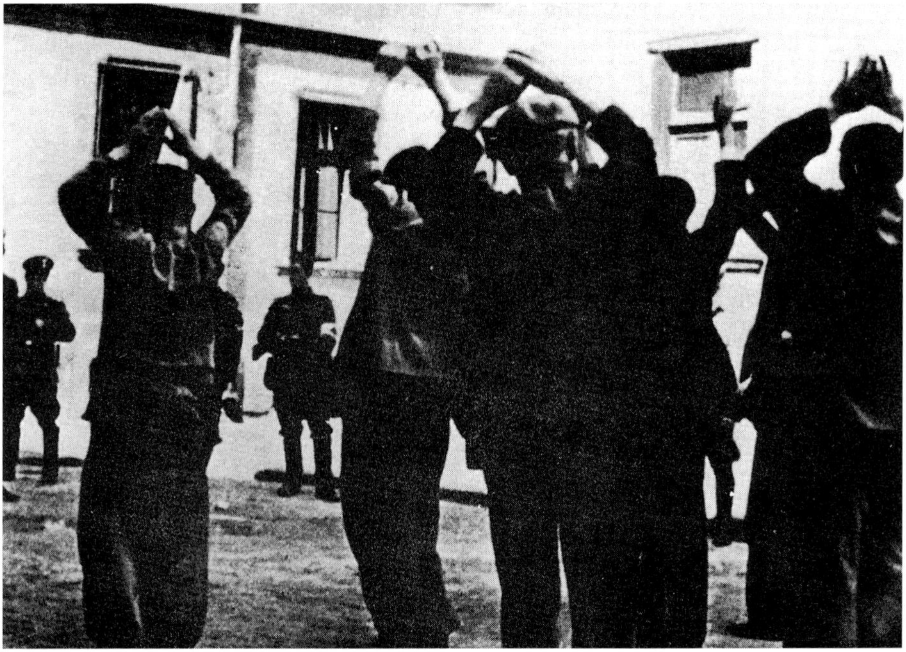

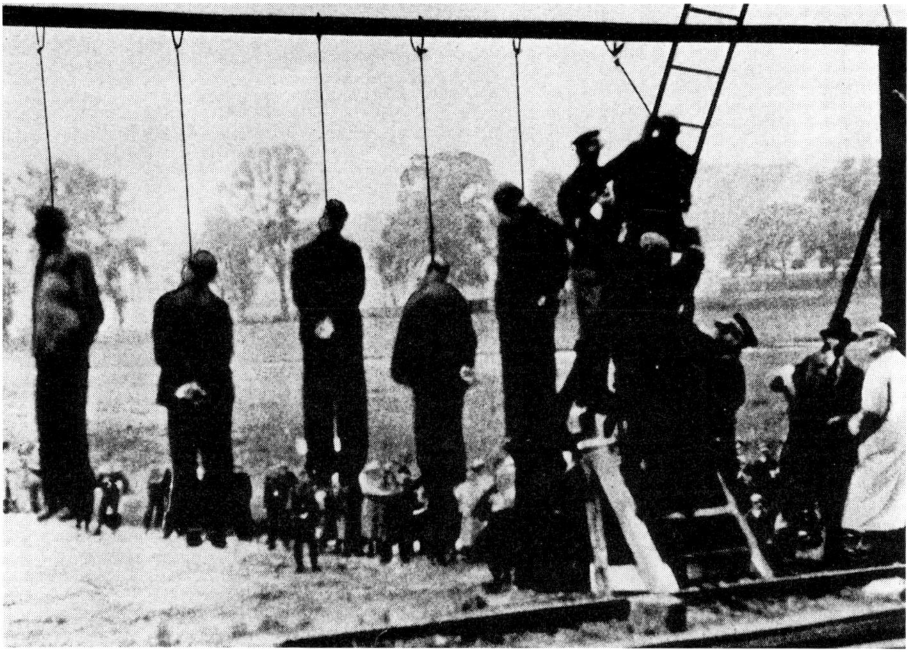

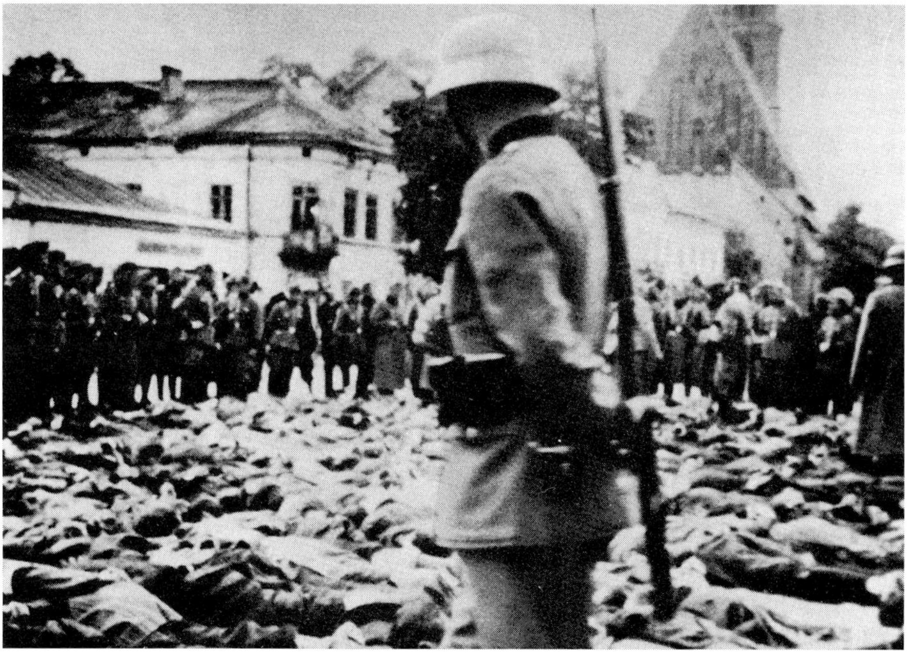

次の段階についた名称は「移住」であった。ユダヤ人たちは住まいから追い出され、路頭に迷い、連行された。かれらは「ヴァルテガウ」からウッジへ、あるいは総督府内へ、村々から近隣の町へ、小都市からもっと大きな都市へ、そして大都市の特別な「ユダヤ人居住区」へ強制移住させられた。こうしたユダヤ人居住区がゲットーである。ゲットーは後には封鎖され、武装警官の駐在所により監視された。

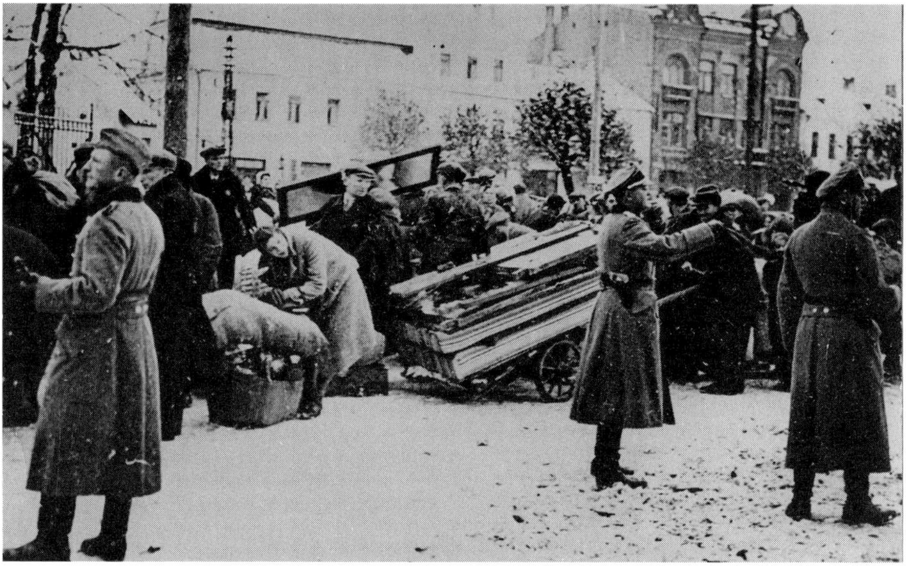

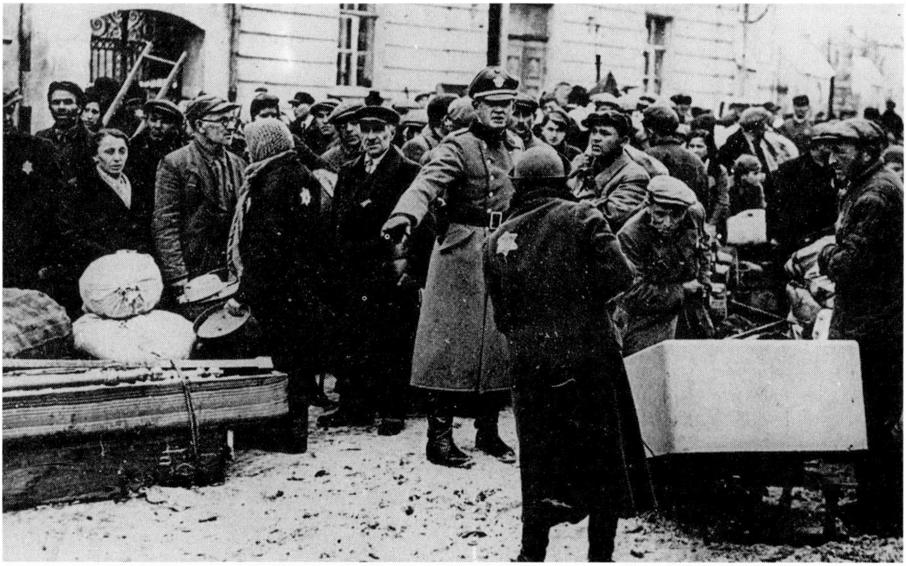

ミェレツでの移住

1942年3月11日に、ミェレツ発パジェフおよびミェンジジェツ行き、2000名のユダヤ人輸送列車出発。それぞれの目的地にて、1000名づつ積み荷を降ろします。パジェフ到着時刻は3月12日5時53分、停車時間は8時22分まで。ミェンジジェツ到着時刻は3月12日12時正午。次回の輸送列車の出発は金曜日を予定。運行計画は前もって通知いたします。

ルブリン管区長官気付、クラカウ担当ラガー少佐より、1942年3月10日付

1942年3月15日、日曜日に、ミェレツ発フルビェシュフおよびスシェツ行、2000名のユダヤ人輸送列車出発。ザモシチにて車輌の切り離しをおこないます。1500名のユダヤ人輸送列車のフルビェシュフ到着時刻は、1942年3月16日、月曜日、13時05分。500名のユダヤ人輸送列車のスシェツ到着時刻は、1942年3月16日、月曜日、13時12分。この輸送にてミェレツ発ユダヤ人移住作戦は完了します。

ルブリン管区長官気付、クラカウ担当ラガー少佐より、1942年3月13日付

路上に追い出されて

　　　クラカウ市内に、封鎖されたユダヤ人居住区を設置する。本件はただちに実施
　　のこと。市内在住のユダヤ人の居住地は、当該の居住区内にかぎる。ユダヤ
　　人居住区外にユダヤ人が居住することは、例外なくこれを禁止する。
　　　　　　　　　　　　　　　　　　　　　　　　クラカウ管区長官Dr. ヴェヒター

連行

1940年9月13日付、総督府内における居住制限に関する条例（条例V.BL.G.G.I.S. 288号）にもとづき、ワルシャワ市内にユダヤ人居住区を設置する。ワルシャワ市内在住のユダヤ人、および市内に転居するユダヤ人の住居は、当該の居住区内に限る。

ワルシャワ管区長官Dr. フィッシャー

ウッジ

新たにゲットーがつくられたかと思うと、最初につくられたいくつものゲットーが閉鎖され、近隣のもっと大きな地方都市のゲットーにまとめられていった。そして最後の旅が始まるのである。大都市のゲットーはしばらく存続していたが、地方ではすでにユダヤ人共同体が、そっくり、死の待つ強制収容所へ移送されていた。

いくつもの小都市に住んでいるユダヤ人たちが、一ヶ所にまとめられます。ユダヤ人家族は平坦地にそれぞれ家をかまえて住んでいますが、こうしてかれらの土地は無人となります。戦争が始まった年の瀬の、極寒のある晩のことでした。ある地方都市のユダヤ人住民が、いつ果てるとも知れない列をなして、

東に30キロメートルほど離れたところにある、有名なブジェジニの町に追われて行きました。その列に混じって農作業用の荷車がひかれていましたが、その上には老人、子供、病人と、それに混じって移住者の手荷物などが乗っていました。みな黙りこくって、身を切る寒さのなかを夜どおし歩いて行きました。見るのもつらく、悲しいことでした。ウッジの町でも、黙りこくったユダヤ人の列は、一週間やむことがありませんでした。持っているものといえば手荷物だけです。かれらは方々からやってきて、25万の人々の新たな居住地に指定された中核となるゲットーに入っていきました。特殊な部隊が徹底的に家宅捜索して自宅に居残ったユダヤ人を捜査したのは、やはり厳しい寒さの晩でした。すぐに自宅をあけわたさなかった人は撃ち殺されました。大勢です。戦闘がおこなわれているのかと思えるほど、たえまなく聞こえてきた銃声からそのことが分かります。開戦直後の数ヶ月は、例外なしに夜間の外出は禁止でした。ですから、夜の襲撃で何が起きたのかが分かるのは、朝になってからでした。

　　　　　　ヴュルツブルクのシェードラー司祭、(以前の任地はウッジ)

ワルシャワのスフィエトクリジスカ通り

この大きな壁はユダヤ人の資金によって作られた。ユダヤ人評議会はゲットーの壁の建材費と建設費を、工事を請け負ったドイツの建設会社に支払わなければならなかった。認可された壁はレンガ二枚を並べた厚さであった。モルタルには鋭いガラスの破片が埋め込まれた。よじ登れないようにするためだった。

I. ツルコフの報告

III

ゲットー

ゲットーは死への通過点であり、多くの人にとっては最期の地である。

　最初のうちはまだ、人々は町の「アーリア人」地区にある今までの勤め先へ出勤し、夕方、ゲットーに戻ってくる。ある日、ゲットーは有刺鉄線で封鎖され、出入り口には監視が立つようになる。

　外部世界と遮断されることによって経済が破たんする。ゲットー内の小さな工場で仕事にありつけるのはわずかな人である。何十万という人々が巨大な檻に閉じこめられ、確実に迫り来る死の手に委ねられたのである。それがヒトラーが彼らに下した宣告であった。そして、すでに収容能力を超えているゲットーにそれでもなお次々と新たな人間が押し込まれていく。

　差し押さえ、嫌がらせ、暴行、略奪、銃の乱射、そして公開処刑はここでもなくなるわけではない。しかし、そうしたことさえ色あせるほどに恐ろしい苦しみがある。空腹である。住む所もない家族とともに路上に座る物乞いは空腹を訴え、死にかけの乳呑み児を抱えた母たちはお腹が空いたと叫ぶ。人々は生のジャガイモひとつを取り合って血を流すまで殴り合い、子どもたちは命がけでわずかなカブをひそかに持ち込もうとする。家族みんながそれを待っているのだ。

　パン1キロ、砂糖250グラム、ジャム100グラムにラード50グラム。ワルシャワにおけるひと月の割り当ては最後にはこれだけである。国防軍が引き取りを拒否した腐った食糧が配給されることもよくある。この窮状を和らげようと人々は努力し、知恵を絞る。粗末な作業場では、手間のかかる手作業で「アーリア人」地区と交換するための物が作られる。木材の切れ端は便利な台所用品に、古いシーツはカラフルなプリント柄のスカーフになる。ゲットーにはまた、食料がトラック何台分もひそかに持ち込まれるが、それには見張りの男たちの協力が必要である。連中はその見返りにこの飢えた人々から法外な賄賂を脅し取る。それでも死者の数は増える一方である。劣悪な住環境で発疹チフスが発生する。死体を運ぶ荷車の来る回数が増える。それでも、死者を15分以上路上に放置しておいてはならない、というドイツ当局の指示を守ることは不可能である。体力をなくして死にかかっている者は

道端に横になり、まだ生きている者は見向きもせずに通り過ぎてゆく。

　ここで死ななかった者を待っているのは、もっと酷い最期である。1942年7月、すべてのゲットーで絶滅収容所[訳注]への輸送が始まる。飢えによる絶滅作戦の次はガスによる絶滅というわけである。ユダヤ人評議会が移送者のリストを作らされる。ワルシャワだけで3ヶ月に40万人がベウジェツとトレブリンカへ移送される。集団宿泊所、病院、養護施設がまず空っぽになる。次は軍事的に重要でない工場で働いている人たちの番である。最初のうちは、自分から申し出るホームレスも少なくない。道中の食料としてパン半斤とジャム一缶が全員に支給されることになっており、それが目当である。絶望のどん底にあって彼らは、強制収容所さえもはや恐ろしいと思わないのである。とにかく夜は板張りのベッドで寝られるし、少しは食べるものもあるだろうと期待しているのだ。

　しばらくしてガス室について最初の噂がゲットーに伝わると、人々は不安に駆られ、彼らを貨車に乗せるのに容赦ない暴力が必要になる。荒っぽい人間狩りがおこなわれ、数日の間、町はジャングルと化す。通りには警察官の罵声と犠牲者の叫び声が響き渡る。手足をばたつかせて抵抗する人たちが殴られ、血を流しながら「積み替え所」に引きずられていく。家畜運搬用の貨車に何百人と詰め込まれ、多くの人が途中で死ぬ。送り込む人の数がトレブリンカの受入れ能力を超えると、封印したままの列車を何日も線路上に野ざらしにしておき、全員を窒息死させる。
　1943年夏、「リッツマンシュタット」(ウッヂ)[訳注]以外のゲットーは撤去される。強制労働キャンプにいるいくつかの囚人部隊が残るだけであるが、彼らもまた遅かれ早かれ射殺されて穴に落ちるか、ガス室送りとなる。

「ゲットーの設置」——ウッジ

　私の見るところ、大都市ウッジには現在約32万人のユダヤ人が住んでいる。彼らをすぐさま強制疎開させることは不可能である。すべての関係部署による詳細な調査では、ユダヤ人全員を一ヶ所のゲットーにまとめることは可能である。(中略)
　これら準備作業を終え、充分な監視兵力をととのえてから、私が決定する期日に一挙にゲットーを設置しなければならない。すなわち決めた時刻に、予め確定したゲットー境界線に沿って、予定の監視部隊を配置し、道路は有刺鉄線つき防禦柵その他の遮断装置で閉鎖する。同時にゲットーで調達したユダヤ人労働力を用いて、境界線上の建物の開口部を壁で塞ぐなり、その他の遮蔽物で封鎖する。ゲットー内にはすぐさまユダヤ人の自治組織を置く。(以下略)

カリッシュ知事ユーベルヘアの回状

「ユダヤ人居住区の概略」——ワルシャワ

　ユダヤ人居住区の広さは約403ヘクタールであります。ユダヤ人評議会が実施したという人口調査のデータによりますと、この面積に約41万人のユダヤ人が居住していますが、種々の側面からおこなったわれわれの観察と推測によれば、住民数は47万人から59万人くらいであります。
　ユダヤ人評議会の統計をもとにしますと、建物が建っていない土地と墓地を差し引いた居住面積1ヘクタール当りの人口は1108人、すなわち1平方キロに11万800人が住んでいることになります。ワルシャワ市の人口密度は市の総面積で見ると、1平方キロ当たり1万4400人で、建物が建ち居住可能な面積で見れば、1平方キロ当たり3万8000人であります。
　なお、再び移住作戦が必要となりましたため、当該管区の西部から7万2000人のユダヤ人が流入し、この数はさらに増加することになります。強制疎開する6万2000人のポーランド人住民の場所も確保しなければなりません。
　ユダヤ人居住区には平均2.5室規模の住宅が約2万7000戸あります。これによると1戸当り15.1人、1部屋当り6人から7人の人間が住んでいることになります。

ユダヤ人居住区は防火壁や境界壁を利用したり、道路を袋小路にしたり、窓や戸口や空き地を壁で塞ぐことで他の市域から分離してあります。壁の高さは3メートルで、有刺鉄線をのせてさらに1メートル高くしてあります。
　その上、車輌および騎馬による警察のパトロールで監視しています。
ワルシャワ管区知事付き移住局長ヴァルデマル・シェーンの講演

　もしユダヤ人を労働徴発していっそう効果的に活用しようとするなら、食料供給を相当程度、高める必要がある。
　前述の食料供給の増加では、死亡者数の上昇を食い止められなかった。これは開戦以来、続いているユダヤ人の全般的な窮乏化に起因するものである。以下の数字が死亡者数の実態をはっきり示している。

　　41年1月…………893
　　41年2月…………1023
　　41年3月…………1608
　　41年4月…………2061
　　41年5月…………3821
　　41年6月…………4290
　　41年7月…………5550
　　41年8月…………5560

　死亡者数がこのように上昇した第2の理由は、ユダヤ人居住区における発疹チフスの流行である。発疹チフス阻止に懸命の努力を傾けているにもかかわらず、グラフの曲線は上昇し続けた。今年7月頃から発疹チフス発症の週間届け出数はほぼ一定レベルを推移している。すなわち新規罹病は320件から450件の間を上下している。最新の月間件数(8月)は1788人で、前月の1738人と比べてわずかに上回るだけである。
ワルシャワ・ユダヤ人居住区弁務官ハインツ・アウアースヴァルトの報告

死の町

　路上には人があふれ、前に進むことさえむつかしい。みなボロを着てみすぼらしい。シャツ1枚持っていない人が多い。いたるところ喧騒が溢れている。か細く哀れな子どもの声は騒音の中でもよく通る。「ベーグル、タバコにボンボンはいかが」
　こんな子どもの声はだれだって忘れられないだろう。
　歩道には糞便とゴミが積み重なり山をなしている。子どもが通行人の包みをひったくることがよくある。子どもは空腹のあまり包みの中に食べられるものがあれば、走って逃げながらもうそれにかぶりつく。もちろん大勢でその子を追いかける。だがたとえ捕まえて殴っても、その子は食べ物に食いついて離さない。
　ユダヤ人巡査に追い立てられている大勢の男や女や子どもたちがいる。近寄って、何事だと尋ねると、追い立てられているのは、風呂敷や枕カバー、ワラ袋ひとつにわずかに残った持ち物をつめ込み、それを担いだ難民なのだ。たった5分の間に家を追い出され、何かを持ち出すことも許されなかったという。この人々は周辺の小都市から来ていた。老人、不具、病人や虚弱な人たちはその場で殺された。ついて来られずに遅れた人は行進中に処分された。殺された父親のそばに息子が立ち止まると、すぐさま息子も殺された。この難民たちの受難の表情は、死の恐怖を見せている者、反対にあきらめきって無感覚な者とさまざまである。(中略)
　しばしば歩道に新聞紙で蔽われたものを見かける。たいていはその下から恐ろしいほどやせ細った手足とか病的にはれあがった脚などが覗いている。これは発疹チフスで亡くなった人の屍骸で、葬儀費用を惜しんだ同居人にあっさり放り出されたのである。通りで行き倒れた浮浪者のこともある。
　壁の出入り口には必ず監視所がある。見張っているのは、バカにしたようにこれらの群集をながめている数人のドイツ人とポーランド人警官それにユダヤ人巡査だが、ユダヤ人巡査は命令を完璧に実行しないと平手打ちを喰らう。
　ゲットーの内側にはいつもたくさんの子どもがいる。「アーリア人」側では、物見高い者たちがボロを着た子どもの群れの繰りひろげる哀れな情景を無表情に見つめている。この子どもたちの群れこそ、事実上ゲットー

を養っている。ドイツ兵が一瞬でも目を離すと、子どもはすばやく「アーリア人」側に駆けこむ。そこでパンやジャガイモなどを買って、ボロ服の下に隠す。それから同じようにすばやく帰ってこなければならない。

　ポーランド警察はたいてい目をつぶって見逃すが、ユダヤ人巡査の場合、自分自身と葛藤することになる。この子たちがゲットーを養っていること、この子たちなしでは多数の人が餓死せざるをえないことを知っているからだ。父親たちは仕事も財産も取りあげられ、最後のシャツまで取りあげられている。子どもが持ってくるジャガイモが一家の食いぶちなのだ。(中略)

　ドイツ人の歩哨がみな人殺しというわけではないが、残念ながらすぐ銃を掴んで子どもに発砲する者が多い。信じられないことに、毎日、撃たれた子どもが何人も病院に運びこまれる。

　ユダヤ人は全員ダビデの星のついた腕章をつけなければならないが、子どもは例外である。おかげで人目を盗んで食料を持ちこみやすい。ゲットーに沿って「アーリア人」側の道路を走る市電があるが、電車がゲットーの入り口を通り過ぎるその瞬間に子どもがゲットー内に包みを放りこみ、その後から自分も跳びこんでくることがよくある。

　壁をのり越える子もいる。だがこれは歩哨がふり向かないうちに、ほんとうにすばやくやらねばならない。歩哨は見つければ、すぐに撃つ。(中略)

　ボロを着た何千人もの乞食の姿は、飢えたインドを思い出させる。毎日、身の毛もよだつ光景に出会う。飢え死にしそうな母親が干からびた乳房を子どもにふくませようとしている。その傍らには、死んでしまったらしい年上の子が一人、横たわっている。瀕死の人が車道のまん中で両腕を広げ、両脚を伸ばして倒れている。脚ははれあがり、たいていは凍傷にやられ、顔は苦痛にゆがんでいる。聞くところによると、毎日、乞食の子どもが凍傷にかかった手指や足指、手や足の切断手術をされているという。(中略)

　あるとき私は小さな女の子に尋ねてみた。「君は何になりたいの」するとその子は答えた。「犬よ。だって歩哨の人は犬が好きだから」

　「アーリア人」地区で働いているユダヤ人は、職場に行くために通行証を交付される。哨所を通るときは、帽子を手にもち速足で通り過ぎなければならないが、ときどき歩哨は数人のグループを止めて全員に、服を脱いで泥のなかを転げまわれと命令することがある。膝を屈伸させるのも好きだ。ときには踊らせることさえある。歩哨どもはそばで笑いころげようというのだ。

Dr. ルドヴィク・ヒルシュフェルト教授

飢餓について

ゲットーの食糧事情について

　ゲットー住民の栄養状態は是認できる状態よりましである、という報告は的外れで、でたらめと言わざるを得ません。1940年には刑務所の基準で約20万人分の食料がユダヤ人に支給されました。ここ1年以上、食糧は受刑者に認められた量を下回っています。配給される食糧でゲットー住民が持続的に労働徴発可能な状態を維持できる、とはとうてい思えません。それどころか市場の状況が悪化し、書類上の割り当て量が実際には守られていないため、ユダヤ人の健康状態は日ごとに低下しています。さらにゲットーに搬入される食料は通例、低品質のもの(v.p.6)ばかりです。腐っていそうな食品類(野菜、脂、小麦粉など)はいつもゲットーに廻されてきますが、それも全量が割り当て分に算入されます。死亡者数が急速に上昇していることは、こうした栄養状態を示すもっとも明白な証拠です。

　　　　　　　　　　　　1942年3月4日付、リッツマンシュタットのゲシュタポ宛
　　　　　　　　　　　　　　　　　　　　　ゲットー管理局局長ビーボー

ユダヤ人の栄養状態について

　貴下にはすでに本官が口頭で説明いたしたとおり、ユダヤ人の栄養状態は現状ではもはや責任を負えるものではありません。このままでは業績の低下によって国防軍に不利益が生じかねないからであります。作業所や工場では技能工の不足から12時間労働(昼夜2交替制)を導入していますが、とりわけ立ち仕事をする労働者を中心に職場で倒れる者が出始めています。

　1942年9月におこなわれた先回の強制疎開の際、病気や衰弱したユダヤ人はすべて移住させました。それでも死亡者数はその時点から43年3月31日までに4658人にのぼります。

　　　　　　　　　　　　　　1943年4月19日付、リッツマンシュタット市長宛
　　　　　　　　　　　　　　　　　　　　　ゲットー管理局局長ビーボー

銃器使用に関する特別命令

リッツマンシュタット・ゲットーの監視要領

　ゲットーとの接触に関する警察本部長の特別指令（40年5月10日付け職務命令書1a）第9項に従い、ユダヤ人ゲットー居住者が何らかの方法で、許可なくゲットーを離れようとする場合、すぐさま銃器を使用すべし。警察本部長の同意のもと、本官は以下の指令を補足する。

1. 人どおりの多い路上では、銃器の使用により容易に第三者を負傷させかねないので、これは避けねばならない。
2. 外部よりゲットーの柵に近づく人物の挙動が単に不審であるにすぎない場合、「止まれ」と声をかけること。「止まれ」の声にその人物が立ち止まらないとき、ないしは逃げようとするとき、はじめて発砲すべし。
3. ゲットーの柵を潜りぬけ、ないしは乗り越え、またはその他の方法で正当な理由なくゲットーを離れようとするユダヤ人は、声をかけることなく射殺すべし。
4. なんらかの闇物資ないしは金銭を柵越しに投げ、ないしは柵越しに投げられた物品を受け取るユダヤ人は、現行犯の場合、声をかけることなく射殺すべし。
5. 外出禁止時刻（21時）を過ぎて柵のすぐそばをうろつくユダヤ人は、声をかけることなく射殺すべし。（中略）
21時以降に街路に出る場合、ゲットー内部であってもユダヤ人は通行証を携帯しなければならない。
6. 物品、金銭ないし類似の物を外部からゲットーに闇で持ち込む者ないしはそれを受け取る者は、現行犯の場合、声をかけることなく射殺すべし。
7. ゲットーの柵を外部から潜りぬける者、ないし乗り越える者は、現行犯の場合、声をかけることなく射殺すべし。
　ゲットー監視の任務に就く警察官全員に上記の銃器使用規定を周知徹底すべし。この命令の写しは、ゲットー哨所および支所の詰め所に各1部、掲示すべし。

　　　　　　　　　　　　　　1943年4月11日付、警察分遣隊隊長

盗みについて

　SS全国指導者^{訳注}の命令は以下のとおりである。ユダヤ人のもとで発見し押収した毛皮コート、毛皮と皮革、ならびに今後、総督管区のゲットーをはじめとしていまだ生存するユダヤ人からすみやかに押収すべき上記品目は、その種類を問わず、集めておくこと。数量は本官にテレタイプで絶えず報告すること。初回の報告は1941年12月29日18時までとする。全国指導者は、命令が可及的速やかに実行さるべく厳命した。(中略)
　ユダヤ人評議員に対しては、所定の期間が経過した後に毛皮類を所有していることが目撃されたユダヤ人だけでなく、評議員も射殺されると恫喝すべし。本件は公安警察司令官に通知ずみである。

1941年12月24日付、各管区SSおよび警察指揮官宛
保安警察司令官兼保安情報部司令官シェーンガルト

ピャスキにおけるユダヤ人作戦行動について
　ピャスキのゲットーから押収した物品のリスト2通を同封いたします。ヘッセンのユダヤ人から回収した物資の一部は新品同様ですが、その他の繊維製品は裁断機にかけるしかない使い古した汚れ物です。ヘッセンのユダヤ人の下着類はスーツケースにつめました。さらに今日までに8300ズウォティ(一部、マルクで)、85金ルーブルの現金ならびに結婚指輪五個を押収しました。
　保管場所が他の目的で緊急に必要であるため、早急に受け取りに来られたくお願い申し上げます。

1942年4月11日付、ルブリン保安警察司令官宛、保安警察ピャスキ中継所

パビャニツェ・ユダヤ人労働収容所について
　ヴァルトブリュッケン移住収容所および立ち退きを終えたゲットーから搬入された繊維製品、靴等々がたいへん多いため、保管場所をさらに追加する必要があります。
　秘密国家警察(ゲシュタポ)からは、この目的で当方にアレキサンダーホーフおよびエルツハウゼンのポーランド教会が提供されました。(以下略)

1942年6月8日付、リッツマンシュタット警察署長宛
ゲットー管理局

ゲットー管理局によるナチ国民福祉団（NSV）[訳注]への繊維製品の引渡しについて

　相当数の衣類にひどいしみがあり、一部は汚物や血痕だらけである。(中略)貨物はリッツマンシュタット市の郡庁本部から大管区内の各地の郡庁本部へ梱包したまま転送したため、例えばポーゼン市郡庁本部へ送られた200着の上着のうち51着にユダヤの星がついたままだったことなどが、荷解きした際にようやく判明した。郡庁倉庫では大部分がポーランド人の収容所労働者を使用せざるをえないため、冬季貧民救済事業（WHW）[訳注]で救援する予定の帰郷者たちが物品の出所を知り、そのためWHWに不信を抱くおそれがある。(以下略)

1943年1月9日付、リッツマンシュタット・ゲットー管理局宛
ポーゼンWHW大管区全権委員

ゲットー管理局による日用品の売却について

　強制移住作戦により生じた在庫のすべての商品および日用品（毛皮、下着類、宝飾品および家庭用品など）をリストアップし、本職に提出されたい。ここにいう日用品は、もっとも広い意味に理解されたい。新たに入手したものがあれば、リストはその都度、追加されたい。

1943年9月20日付、ゲットー管理局宛
リッツマンシュタット市長

　1942年4月1日から1943年12月15日までのルブリン「ラインハルト」作戦[訳注]の過程で以下の額の現金および物資が大ドイツ国の国庫に納められた。

現金（ズウォティおよびマルク）	73.852.080,74マルク
貴金属	8.973.651,60マルク
諸通貨紙幣	4.521.224,13マルク
諸通貨金貨	1.736.554,12マルク
宝石その他の有価物	43.662.450,00マルク
紡糸原料	46.000.000,00マルク
計	178.745.960,59マルク

1944年1月5日付、「ラインハルト」作戦の暫定的終了報告書

「強制移住」

　　1942年7月13日から14日にかけての夜、当時まだ5000人ほどいたロヴノのゲットー住民が全員、立ち退かされた。(中略)
　　22時少し過ぎ、大動員されたSSの部隊とその3倍ほどの数のウクライナ民兵がゲットーを包囲し、その直後、ゲットー内とその周囲に設置されたアーク灯が点灯された。4人から6人編成のSS隊員と民兵の小隊が家屋に侵入したり侵入を試みたりした。戸口や窓に鍵がかかっていて、住人が呼び声やノックに応じないと、SS隊員と民兵は窓を破り、ドアを角材やバールで壊して家の中に押し入った。住人は衣服を着ていようと、ベッドに寝ていようと、そのままの姿で通りに追い出された。ユダヤ人はたいていの場合、家から出ることを拒み抵抗したので、SS隊員と民兵は暴力をふるった。鞭で打ち、足で蹴り、銃床で殴って、彼らは結局、一人残らず家から追い出した。あまりに急なことだったので、ベッドに寝ていた小さな子どもが取り残されるケースもあった。通りでは女たちが子どもを探して、子どもは親を求めて泣き叫んだ。SSはこれにひるむことなく、人々を殴っては通りを駆け足で追いやり、待機している貨物列車へ駆りたてた。貨車はつぎつぎいっぱいになった。女や子どもの叫び声と鞭の音、銃声がたえまなく聞こえていた。特に立派な家に住んでいた数家族ないし数グループは家をバリケードで固めていて、ドアもバールや角材では壊せなかったので、手榴弾でドアを爆破した。ゲットーはロヴノの鉄道施設のすぐ近くにあったため、若い人たちは線路を横切り、小さな川を渡ってゲットー周辺から逃げ出そうとした。その近辺には照明が届かなかったので、照明弾が打ち上げられた。一晩中、照明で照らし出された通りには、殴られ、追われ、負傷した人々が列をなして歩いていた。女たちは死んだ子を腕に抱え、子どもたちは死んだ親を連れていこうと腕や脚をつかんで通りを引きずり、列車に向かった。ゲットー中に繰りかえし「ドアを開けろ、ドアを開けろ」という声が響いた。
　　　　　　　　　　　　　　　　　　　　　　　　フリードリヒ・グレーベ

　　門の前の通りから人殺しどもの聞きなれた物音が大きな呼び声や靴底に鋲を打った長靴の足音とともに響いてきた。サーチライトが中庭を照らした。私は開いていた門の中に駆け込み、階段を駆け上がった。下ではサーチライトの光が通ってきた通路を照らし、それから階段を照らしてそこで止まっ

た。私はさらに這っていった。鋲を打った長靴の音がもう階段から聞こえた。

　私は屋根裏にたどり着き、暗闇を手探りで進んだ。壊れたベッドの頭部が壁に立てかけてあった。その後ろにもぐり込むと、人の体にぶつかった。その体は温かく、ぶるぶる震えていた。誰かは知らないが、その人も生きていて私と同じく恐怖に震えていたのだ。そこには2人が入る余地はなかった。しかし戻って、別の場所を探すには遅すぎた。たとえそうしたいと思っても、できなかった。その人が恐怖に身を震わせて私にしがみついたからだ。それは女だった。彼女は苦しそうに息をし、懸命にあえぎ声を抑えていた。私たちは体をぎゅっと壁に押しつけた。彼女は私にぴったり身を寄りそわせ、私の肩に顎をうずめた。彼女の心臓は激しく鼓動していた。彼女はひと言も発しなかった。私に聞こえたのは、苦しげな窒息しそうなその人の息だけだった。

　何度も警官が屋根裏にやってきて、懐中電灯であたりを照らした。私たちは縮こまり震えながら、いつその光が私たちに当てられるか、と思っていた。引きずるような足音が階段に聞こえるたびに、その女は私にいっそう強くしがみついた。彼女が心臓発作を起こし、両腕で私にしがみついたまま死ぬのではないかと思って、恐怖が背すじを伝った。

　そしてまたもや忌まわしい長靴の音が近づいてきた。「そこには誰もいないぞ。そこはもう見た」ひとりが仲間に声をかけた。足音が遠のいていった。死の静寂が私たちをつつんだ。少なくともこの瞬間は助かったのだ。(以下略)

ベルナルト・ゴルドシュタイン

　8月の息がつまるように暑い日だった。ゲンシャ通りを移送者たちの大きな列が通る、という知らせが私たちの間に広まっていた。それは「小ゲットー」の住人で、抹殺されるのだと、あるユダヤ人警官から聞いていた。「小ゲットー」は何本かの通りからなり、大部分は金持ちとインテリが住んでいた。木工所の建物はゲンシャ通りにあった。

　私たち数人の仲間はその二階に上がり、ひそかに通りを観察することにした。私たちが目にしたのは異様な光景だった。道路は道幅いっぱいに人で溢れていた。ユダヤ人警官とドイツ人の護送隊が人々を見張っていた。護送隊にはごく少人数しか配置されていなかったので、時にはまるで姿が見えなかった。見張るまでもなかったのだ。捕らえられた人たちは

捕らえた者の慈悲に身を任せるほかなく、逃げるすべもなかった。わずかでも逃亡の疑いがあると、射殺されたのだ。たとえ脱走に成功しても、数日後にまた同じ隊列に入れられるのがおちだったろう。移送される人の列は見渡せないほどだった。犠牲者の数は数千にのぼると思われた。

　亡霊のようなこの行列の先頭を見ることはできたが、終わりを見渡すことはできなかった。この日のドイツ人たちは急がなかった。割り当てはもう充分満たしていた。だからいつものように行進をせかせることはなかった。ドイツ人にも暑かったし、通りは埃っぽかった。人々はゆっくりと進み、きちんと隊列を作らず、数人でかたまったり、1人で歩いたりしていた。小さな子どもの手を引く母親の姿も見えた。乳飲み子を腕に抱えた親たちもいた。小さな包みを持った人もいたが、たいていは不意に捕まったため荷物を持っていなかった。女たちはまるで散歩に出るときのように、薄手の服を着ていた。胸を締めつけられる思いで、私たちは群集を観察した。ときどきは知った顔を認めたし、知っている人のような気がしただけのこともあった。だが知った人がいるかどうかは、大して意味がない。彼らにはこれが地上での最後の旅であり、私たちが彼らを見るのも最後だったのだ。

　とても暑かった。人々はみな疲れはて、動きもとてもゆっくりだった。なかには数時間後に何が待っているか、知らない人もいただろう。だがその人たちにも暗い予感はあったはずだし、自分たちの身に起こることが避けがたいことはわかっていたはずだ。逃げ道はなかった。この受難者の群れから広がる落ち着き以上に不安をつのらせるものはなかった。私たちは壁の背後にいて、今のところ安全だったのに、落ち着いていられなかった。私たちにはわかっていた。1時間後、この大勢の人々は家畜みたいに貨車に積み込まれ、百キロほど行ったトレブリンカで服を脱がされ、ガス室に放り込まれ、その15分後には死体となって別の側から取り出されるだろうことが。

ミヒェル・マズル

Bekanntmachung Nr. 428.

Betr.: Verkleinerung des Gettos.

Zusätzlich zu den bisher gesperrten Wohngebieten der Juden lt. Bekanntmachung Nr. 427 v. 17. August 1944 sind mit sofortiger Wirkung

bis spätestens 24. August 1944, 7 Uhr früh

nachstehend bezeichnete Gebiete restlos zu r ä u m e n.
Die in diesen Gebieten wohnenden Personen haben ihre Wohnungen bis zum genannten Termin zu verlassen und dürfen die geräumten Gebiete

NICHT MEHR BETRETEN.

Wer dieser Aufforderung nicht Folge leistet und am Donnerstag, . 24. August 1944, nach 7 Uhr früh in diesen Gebieten sowie in den bereits geräumten noch angetroffen wird, wird

mit dem Tode bestraft.

Es handelt sich
um das Gebiet begrenzt; im Westen längs der Siegfriedstrasse von Nr. 7 — Nr. 65 also von der Ecke Sulzfelderstrasse—Siegfriedstrasse bis Ecke Siegfriedstrasse—Robertstrasse.

begrenzt: im Norden längs der Robertstrasse ungerade Nummern also von der Ecke Siegfriedstrasse—Robertstrasse bis zur Ecke Robertstrasse—Maxstrasse. (Polenjugendverwahrlager).

begrenzt: im Osten längs der Maxstrasse also von der Ecke Robertstrasse — Maxstrasse bis zur Ecke Maxstrasse—Ewaldstrasse (längs des Westzaunes des Polenjugendverwahrlagers).
Von dieser Ecke weiter nach Osten längs der Ewaldstrasse bis zum Gettozaun.

begrenzt: im Osten längs der Gewerbestrasse also längs des Gettozaunes.

begrenzt: im Süden durch die Winfriedstrasse also längs des Gettozaunes.

begrenzt: im Osten durch die Konradstrasse also längs des Gettozaunes bis zur Sulzfelderstr.

und im Süden längs der Sulzfelderstrasse also von der Ecke Siegfriedstrasse—Sulzfelderstrasse bis zur Ecke Sulzfelderstrasse — Konradstrasse (also Sulzfelderstrasse von Nr. 70–100 — Schluss der Sulzfelderstrasse).

Zur besonderen Beachtung:

Die in diesen Gebieten in geschlossenen Betrieben kasernierten Arbeiter können an ihrem Arbeitsplatz verbleiben und dürfen in Ausübung ihrer Dienstpflichten die Gebiete betreten.
Dasselbe gilt für das Krankenhaus.

GEHEIME STAATSPOLIZEI.

Litzmannstadt,
d. 22. 8. 1944.

訳者による図版解説　リッツマンシュタットでゲシュタポが出した1944年8月22日付け告示。内容はゲットーの縮小すなわちゲットーからの退去命令である。期限は告示の2日後、8月24日早朝7時、違反者への処罰は死刑。命令の適用される地域が詳細に規定されている。

手紙

　ワルシャワでの「作戦行動」の10日目にお母さんはトレブリンカへ行った。それはこんなふうだった。金曜日のこと、お母さんが朝早くナレフキ通りにやって来た。僕がツィヴャやイザクと一緒に住んでいたところだ。お母さんは食べ物を持ってきてくれた。僕たちに会いたかったのだ。それからお母さんが一人で家に帰ることになると、僕は心配になった。いつも7時ころに人間狩りが始まるからだ。僕は門までお母さんと一緒に行き、それから町で少し買い物をして家に戻った。まだ朝食を終えないうちに「キブツ」アルニムの仲間が駆け込んできて、大声で言った。「モルデハイ、お母さんが捕まった」

　僕は急いでレシュノ通りへ駆け出したが、お母さんを乗せたバスはもう出た後だった。そこで「積み替え所」まで駆けて行き、そこにいた警官にお母さんを捜してくれたら金を出すと約束した。だがお母さんは見つからなかった。たぶん不安から名のり出なかったのだろう。バスに乗せられ席に座ってからやっと、「ジェルナ通り34番に行って、知らせて」と言ったそうだ。

　この知らせは届けてもらえた。だけどそれが何の役に立つ。正直言って、お母さんを連れ戻すために何でもやったとは言えない。やっぱりいつかお母さんは捕まっただろう。明日か一週間後か、一ヶ月後か。もちろんお母さんはありったけの労働許可証や身分証明書を携帯していた。だがそんなものは何の役にも立たなかった。お母さんはいつか捕まったにちがいないのだ。僕たちみんな、いつかそう思うようになる。そう思わざるをえない。どっちみち、こうなるのだ。毎日、何千人もの母親が、父親が、子どもが連れ去られる。どうして僕たちのお母さんが例外でいられるのだ。(以下略)

1943年7月付、パレスティナ在住の姉妹宛
M. テネンバウムの最後の知らせ

アピール

　ワルシャワ・ゲットーを外界と分かつ壁の向こうで、数十万人もの人々が死を待っている。彼らに救いの望みはない。どこからも助けは来ない。死刑執行人たちが通りを行き来し、自分の家から外に出ようとする人がいれば見さかいなく撃ってくる。窓辺に姿を見せただけで撃つのだ。埋葬されないままの死体が通りのあちこちに転がっている。
　1日分の犠牲者の数は8000人から1万人と決められている。ユダヤ人警官はこの人数をドイツ人の死刑執行人に引き渡す義務を負わされている。その割り当て義務を果たさなければ、自分が連れていかれる。歩く力もない子どもは荷車に積み込まれる。それも非常に乱暴なやり方でのせるので、荷役ホームに着いたとき、生きている子どもはほとんどいない。(中略)
　貨車が荷役ホームに待っている。死刑執行人は犠牲者たちを1輌に150人も詰め込む。貨車の床には石灰と塩素がたっぷり撒かれ、そこに水がかけられる。貨車の扉は封印されている。列車はときには積み込みが終わるとすぐに発車するが、ときにはどこかの線路に何日も停車したままのこともある。そんなことはもう誰にもどうでもよくなっている。死んだ人も倒れることなく、生きている人と肩と肩を押しつけ合って立ったままでいるほどぎっしり詰め込まれた人々、石灰と塩素の蒸気にあたってゆっくり死んでいく人々。息もできず、一滴の水もなく、食べ物もない。彼らのなかで生き残る人は一人もいない。(中略)
　このような苦しみの中では、早く死ぬことだけが救いになるだろう。人殺しどもはこれにも先に手を打っていた。毒薬を売らないように、ゲットーの薬局はみな閉鎖されていたのだ。(中略)
　今ワルシャワのゲットーで起きていることは、この6ヶ月間に数百もの大小さまざまなポーランドの町で繰りひろげられた。殺されたユダヤ人の総数は今の時点ですでに100万を超え、その数は1日ごとに増えている。ユダヤ人の全員が破滅に向かっている。金持ちも、貧乏人も老人も女も男も若者や子どもたちも。(中略)ユダヤ民族に生まれたという罪のため、みんなヒトラーによって絶滅の宣告を受けたのである。
　私たちはピラトのようになりたくない。私たちはドイツの人殺しどもに

刃向かうことができない。私たちは何もできない。誰も救えない。しかし同情と憎悪と驚愕でいっぱいになったこの心の底から、私たちは抗議する。殺すなかれと言われた神は、私たちに抗議せよ、と求めていられる。キリスト者の良心がこの抗議を求めているのだ。自らを人間と呼ぶ生き物は、誰もが隣人を愛する権利をもっている。無力な者の血は復讐を求め、天に向かって叫んでいる。この抗議を支援しない者はカトリック教徒ではない。(以下略)

「ポーランド革新戦線」の非合法ビラ

ゲットーの入り口、ウッジ

ゲットーの設置はむろん過渡的な措置にすぎない。どの時点で、どんな手段でゲットーおよびウッジの町からユダヤ人を一掃するのか、それは私が決める。いずれにしろ最終目標は、この病毒を残らず焼き尽くすことである。

カリッシュ知事ユーベルヘアの回状

やむをえず外出する場合にそなえて、通行許可証を発行する。本国ドイツ人、ドイツ系住民およびポーランド人には黄色い証明書、ユダヤ人には青い横線入りの黄色い証明書である。この通行証は、写真つき身分証明書を所持する場合のみ、有効である。

ワルシャワ移住局局長ヴァルデマル・シェーン

通行証の検査

銃器使用の件
1941年12月1日、14時から16時の間、ホルシュタイン通りにある4番哨所で歩哨に立った。15時にひとりのユダヤ女がゲットーの柵によじ登り、柵のあいだから顔を出し、通りかかった荷車からカブを盗もうとしているのを見つけた。自分は銃を使用した。ユダヤ女は2発で致命傷を負った。銃の種類は、98カービン銃。発砲した銃弾は、2発。

1941年12月1日付、リッツマンシュタット、ナウマン巡査

093

ストリート・チルドレン

「リキシャ」車夫、ワルシャワ

荷車をひく馬はほぼ完全にゲットーの通りから姿を消した。たいていの馬はドイツ人に押収され、残りは食料になった。どのみち運送業者にはもう飼葉がなく、以前は一緒に働いて生計を立てていた馬に餌をやれなかったのだ。燕麦は人間が食べるスープに使われた。こんなご馳走を馬にやろうなどと、誰が考えただろうか。(中略)ゲットーには1000台ぐらいリキシャがあったが、たいてい以前は御者や運転手、大学生だった人たちが引いていた。とはいえ、それができたのは、死んだ馬の代役を引き受けるだけの体力がある者だけだった。

ベルナルト・ゴルドシュタインの報告

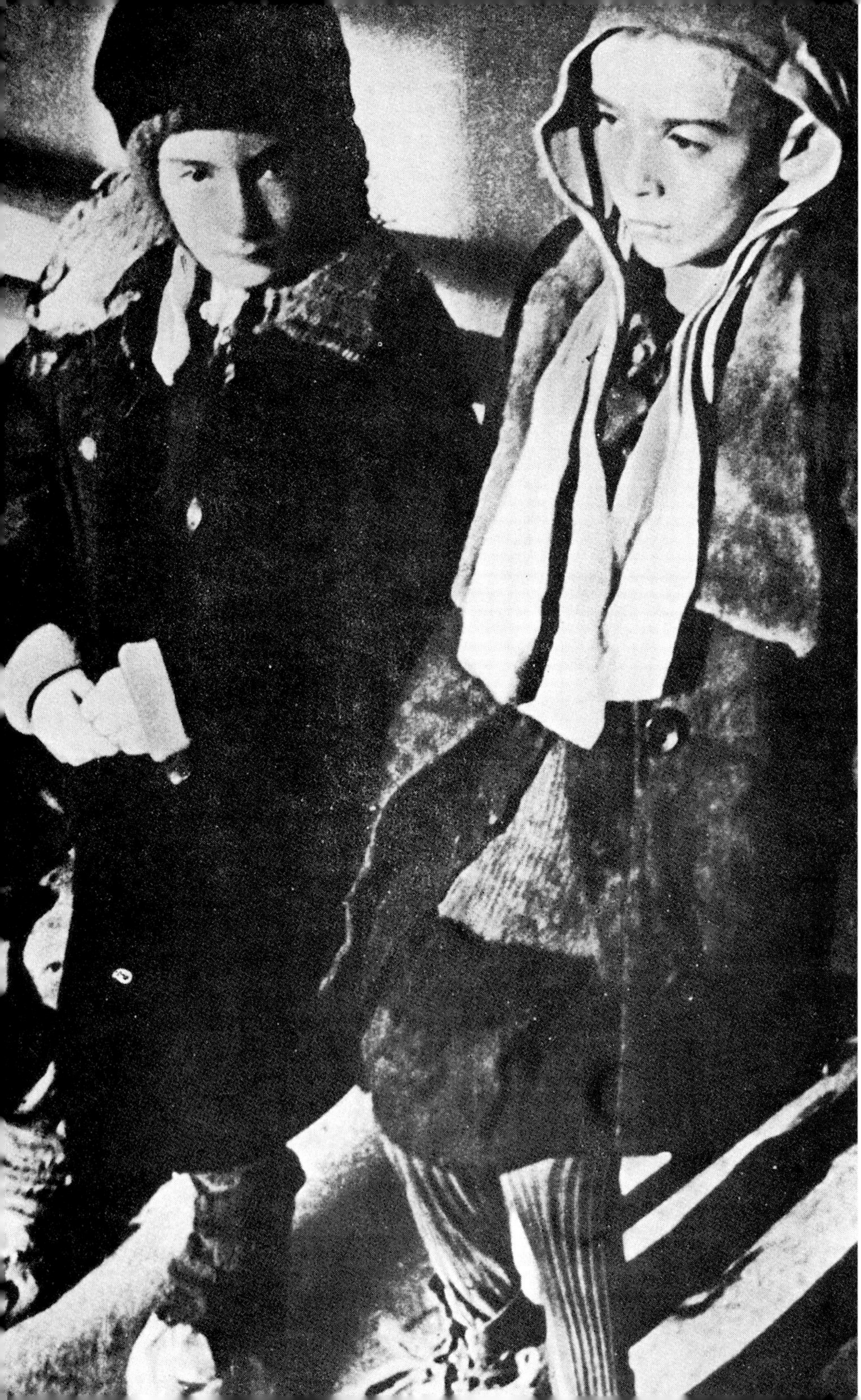

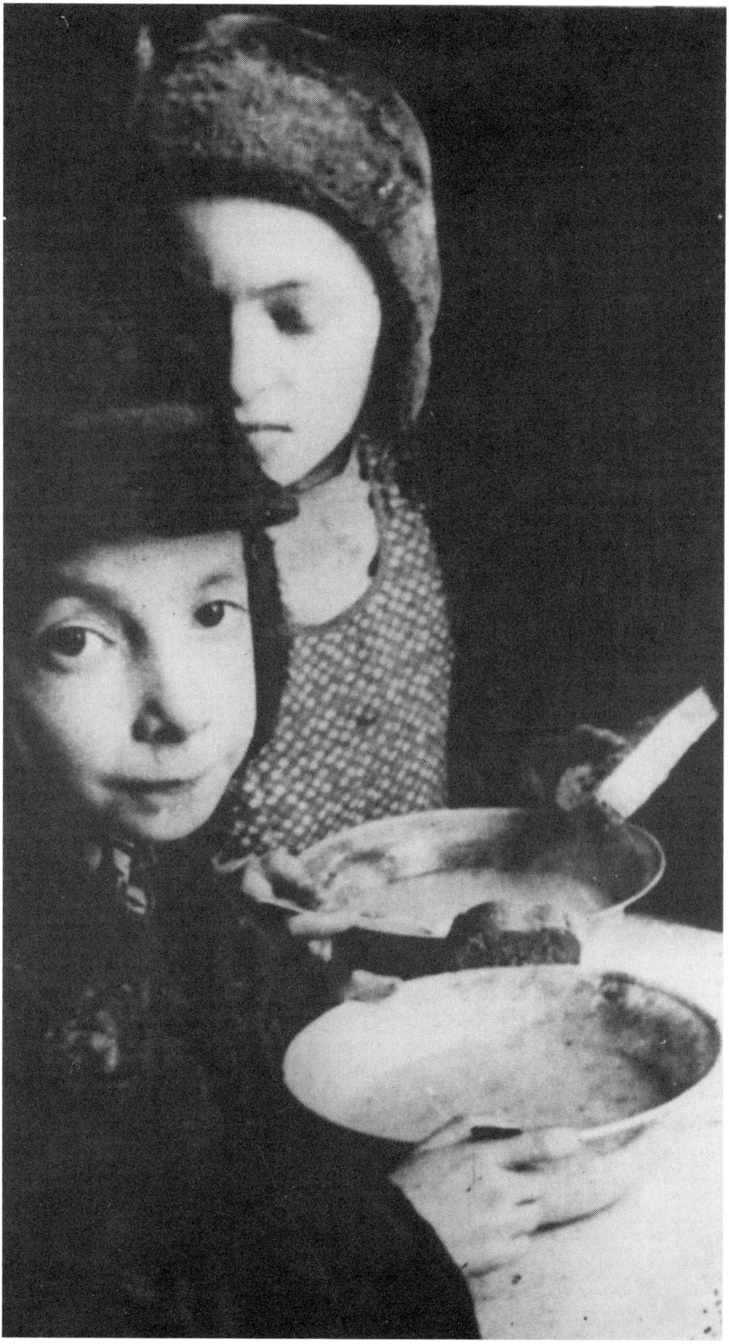

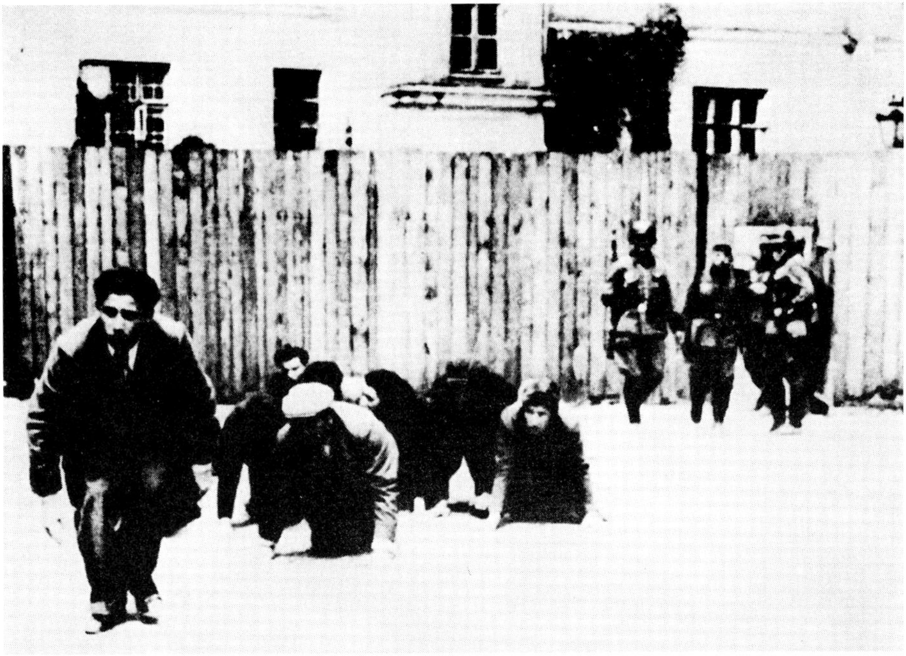

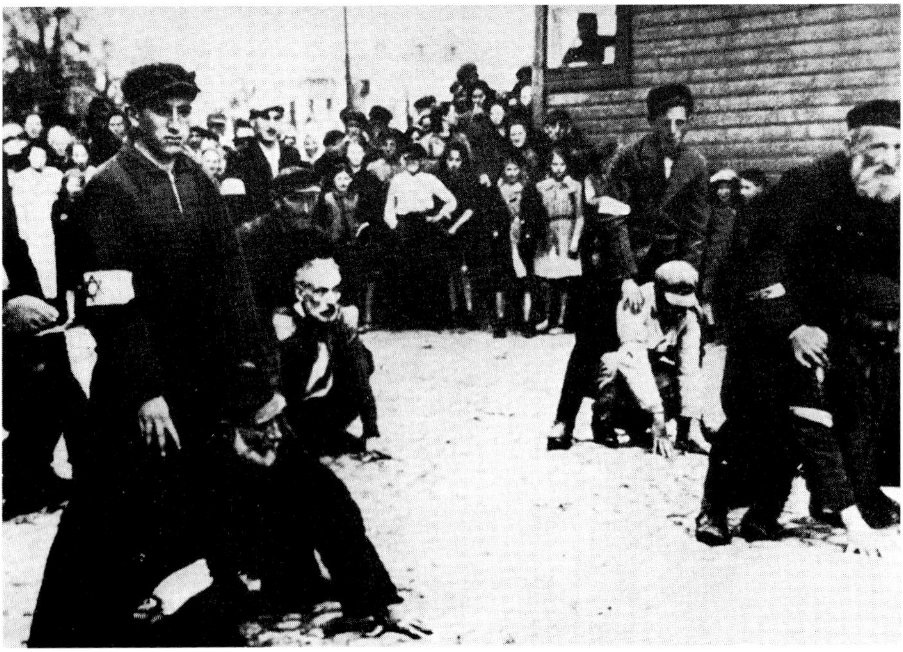

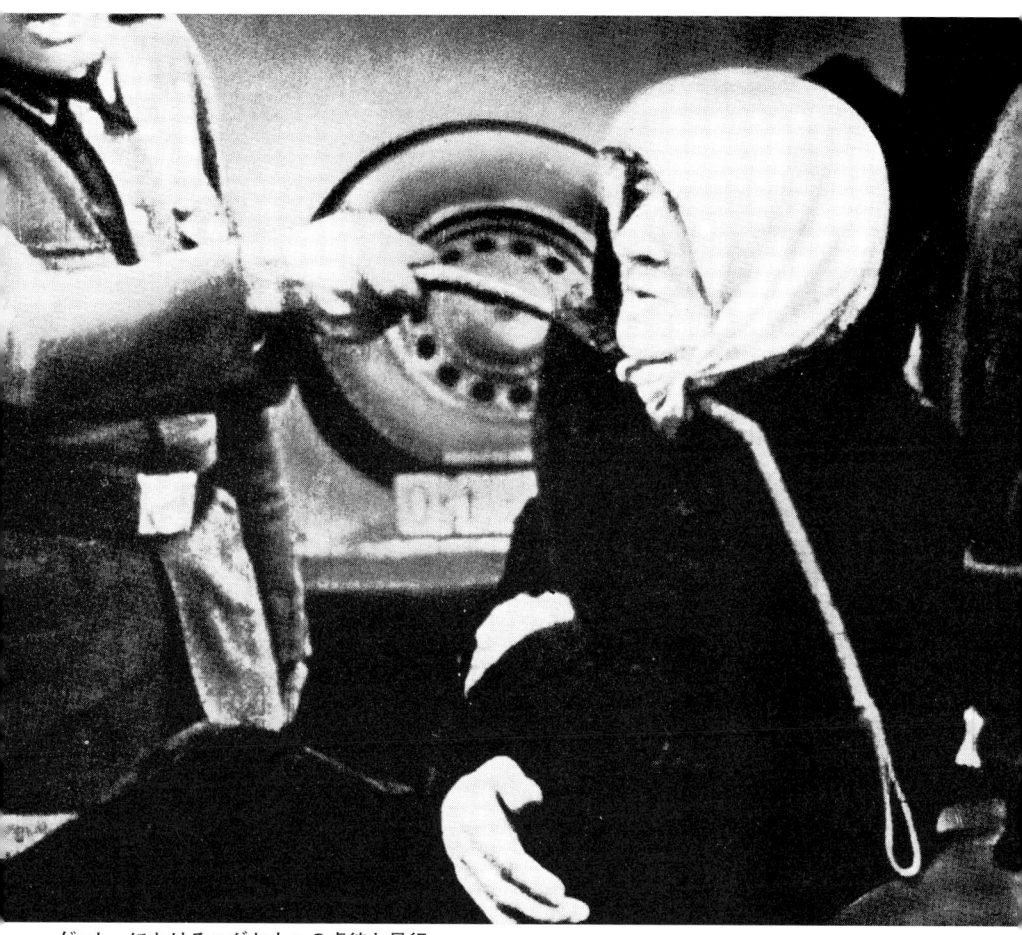

ゲットーにおけるユダヤ人への虐待と暴行
レンベルクとミンスク（左）およびワルシャワ（上）

ドイツ東方地域では、いうところの野蛮なユダヤ人迫害がおこなわれていると、しょっちゅうデマを書いている外国の煽動ジャーナリストたちには、ドイツ行政当局がどれほど寛大にユダヤ人に自由な生活を許しているか、みずから現場を見て納得するよう、切に勧める。

Dr.マックス・ドゥ・プレル男爵

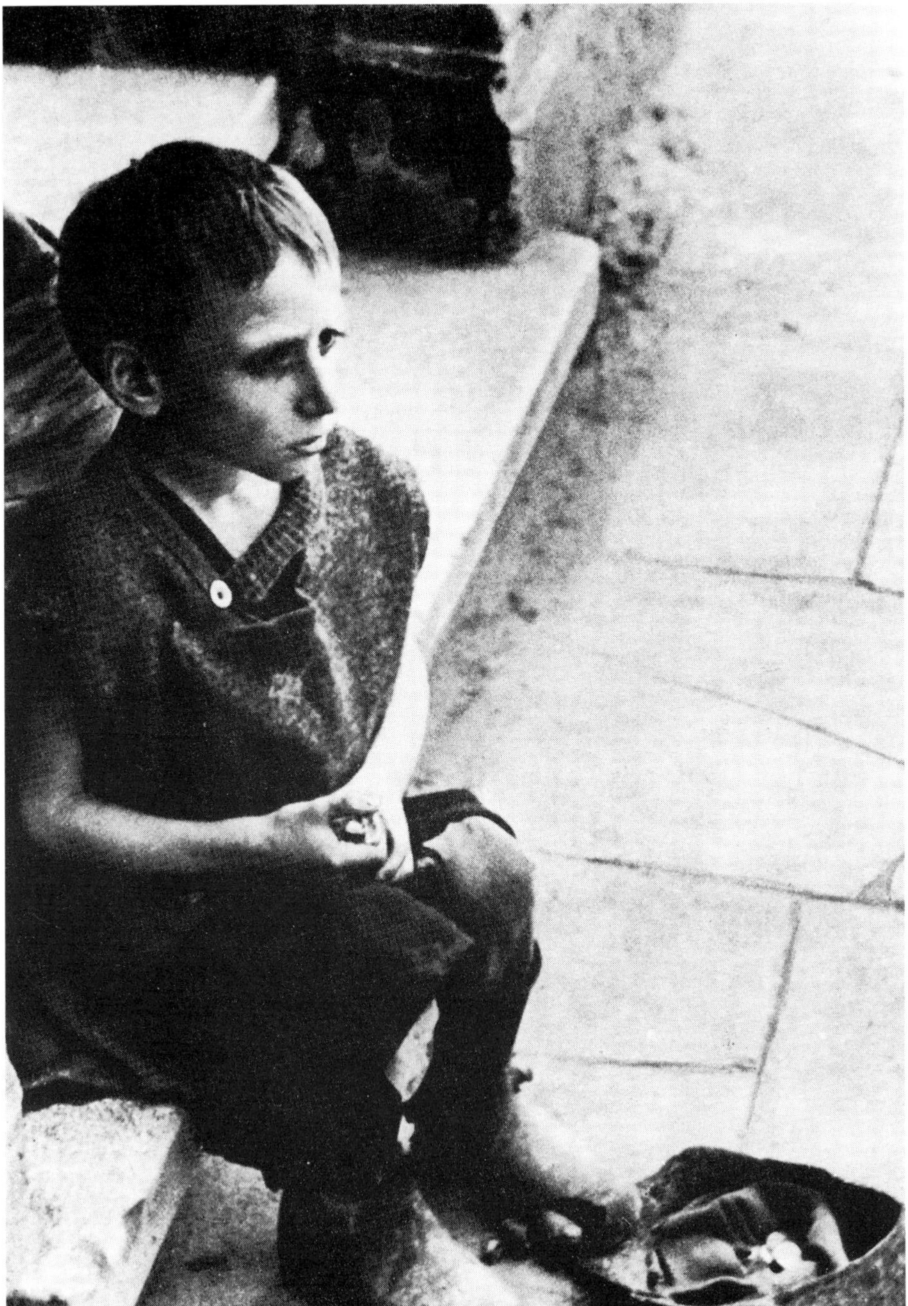

子どもをかかえた物乞いをする母親

子どもたちの密輸作戦（未公開写真）

　あるとき私が壁に沿って歩いていると、子どもたちの「密輸作戦」に出くわした。明らかに本来の「作戦」はもう終わっていた。ほんの少し仕事が残っていた。壁の向こう側にいたユダヤ人の小さな男の子が残りの獲物を持って穴を潜り、ゲットーに戻ってこなければならなかったのだ。その子が喚きだしたときには、小さな体はもう半分見えていた。同時に「アーリア人」側からドイツ語で罵る大声が響いた。私は急いで子どもを助けに走り、穴から引き出そうとした。ところが運悪くその子の尻が隙間に挟まってしまった。私は両手で思い切り子どもを引っ張り出そうとした。その子はもの凄い声で叫び続けた。壁の向こう側で警官たちが力いっぱい叩く音が聞こえた。ようやく少年を穴から引きずり出したときには、その子はもう虫の息だった。背骨がぐしゃぐしゃだった。

W.シュピルマン^{訳注}の報告

ゲットー内の居住環境（未公開写真）

強制労働への輸送

ユダヤ人民生自助会は窮乏を緩和しようと、できるだけのことをした。貧しい人々の中でもとくに貧しい人々に毎日1回、温かいスープを配ったのである。この食事しかとれない人が10万人にのぼっていた。飢えた人の群れは増える一方で、スープの方はどんどん薄くなり、ついにはお湯の中に藁が入っているだけになった。

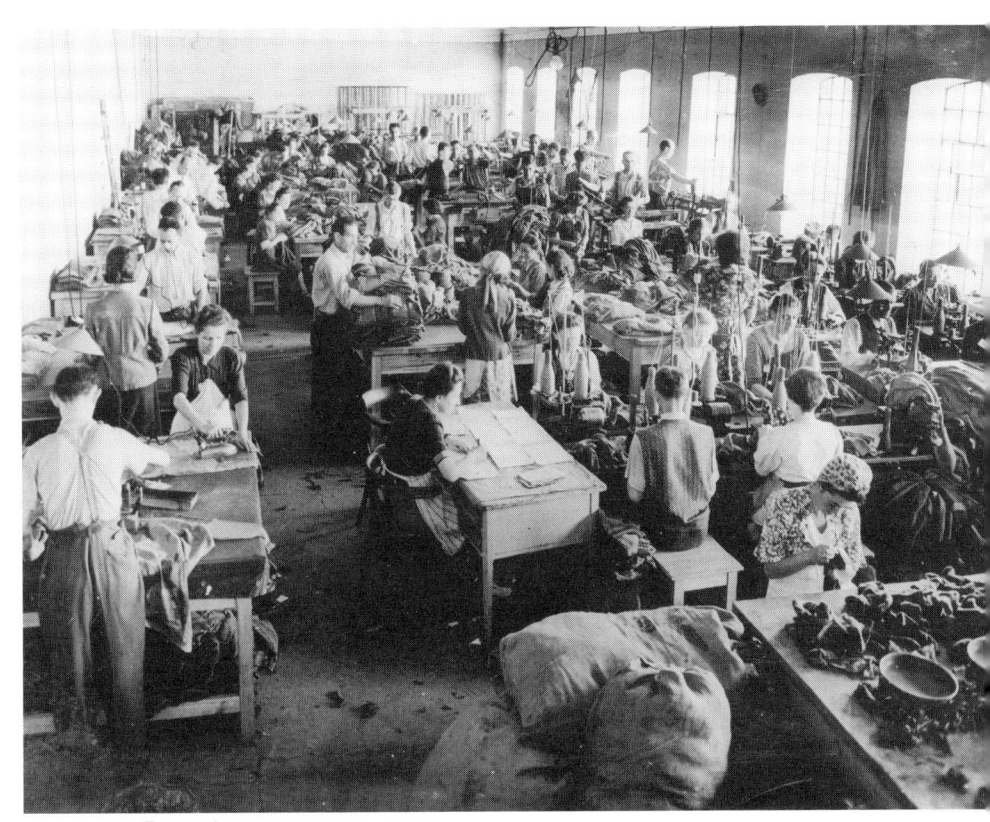

ゲットーの工場、ワルシャワ

　この生活条件のもとでは、12時間の強制労働も恩恵だった。毎朝、「アーリア人」地区へ行進する労働者は、少なくとも食べ物にありつけたからである。ところが苛酷な肉体労働に耐える体力をもつ人はどんどん減っていった。遅かれ早かれ彼らも疲れきって倒れていった。結局、仕事のない老人や飢えた子どもと同じだった。そんな人たちの死体が毎日、路上で拾い集められ、大きな荷車で墓地に運ばれた。

SYMFONICZNA
MELODY PALMA
Rymarska 12
SYMFONICZNY
SZYMON
PULLMAN
MELODYSTY
Ogród
DYREKCJA I ART
GORA
NOWY TEATR KAMERA

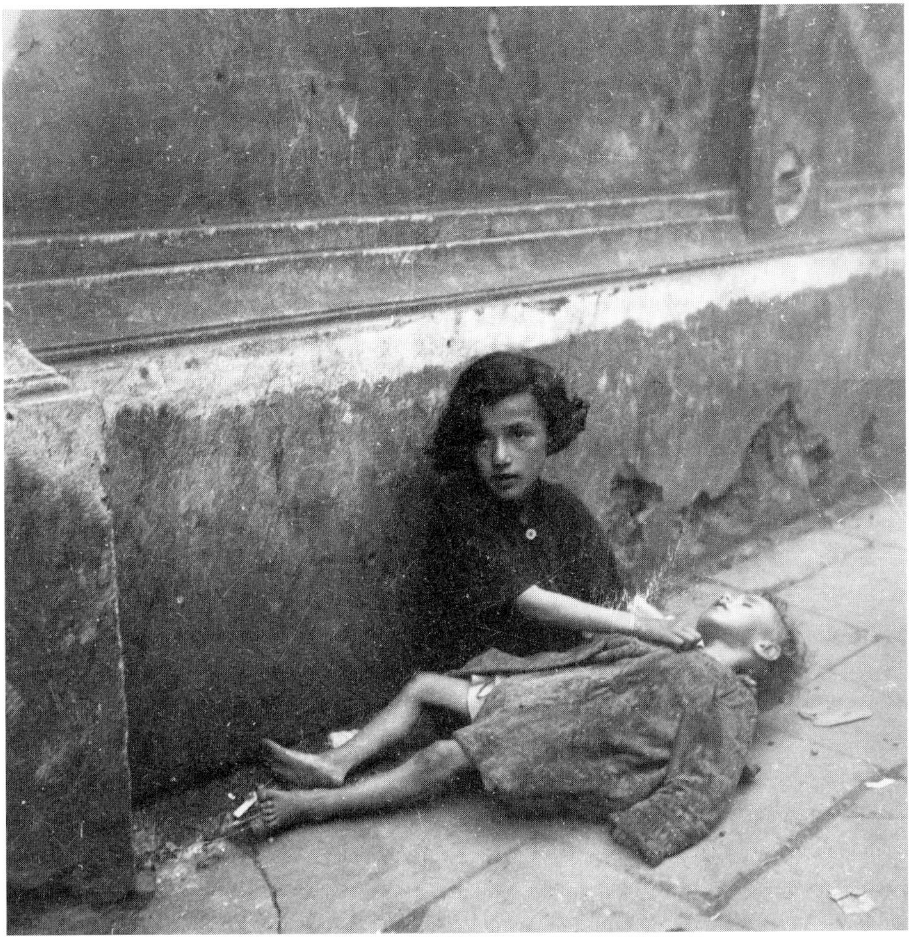

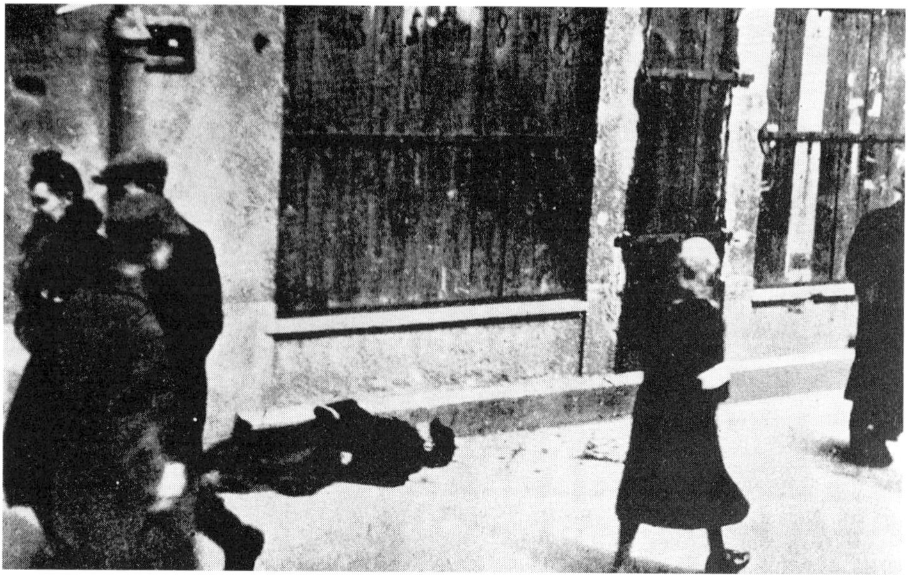

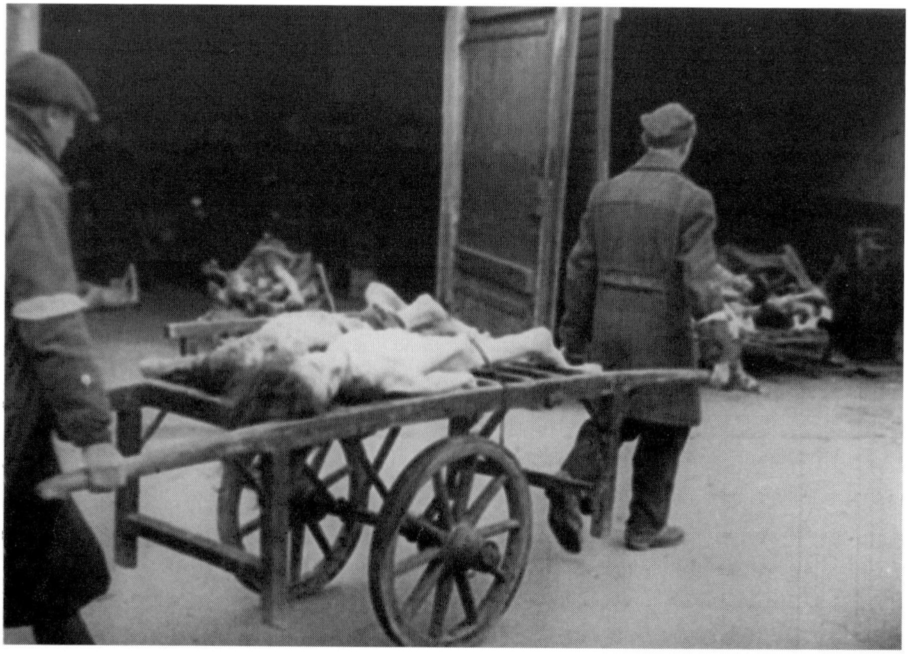

プラハ近郊テレージエンシュタットのゲットー収容所、別名「全国老人ホーム」は、8万4000人以上の人々にとってガス室への通過駅となった。ここでは多くの老人と子どもを含む3万3000人以上の収容者が栄養失調や欠乏症によって死んでいった。ところが体裁だけは繕い、死者の遺骨をボール紙の骨壷に入れていた。1941年夏、ワルシャワのゲットーでは毎月5000人が死んだ。歩道の死体が毎日拾い集められ、荷車に積まれ、数百体づつ集団墓地に放り込まれた。葬式をあげられたのは、金持ちだけだった。絶滅収容所への移送が始まった1942年までに、ワルシャワだけで9万6000人の人々が死んでいった。

パンに釣られて

　7月22日以降、5000人のユダヤ人を載せた列車が1日1本ワルシャワ発マルキニャ経由でトレブリンカへ運行し、さらに週に2本、5000人のユダヤ人を載せた列車がプシェムィシルからベウジェツへ運行している。ゲデープはクラカウの保安情報部と接触を保っている。またワルシャワ発ルブリン経由ソビブル（ルブリン近郊）行きの列車輸送は、この路線が改良工事のため運行不能の間（およそ1942年10月まで）、一時休止する。そのことに関し、保安情報部はすでに了解している。

　　　　　　　1942年7月28日付、全国交通省次官補テオドール・ガンツェンミュラー

1942年7月22日付けの当局の指令により、施設や企業で労働に従事していない者は全員、必ず移住しなければならない。強制移住は中断することなく継続される。
本官は強制移住に該当する住民には、自発的に積み替え所へ出頭するよう重ねて勧告するとともに、自発的に出頭した者1人あたり3キロのパン、1キロのジャムの支給を3日間延長し、1942年8月2、3、4日までとする。移住のため自発的に出頭した家族を引き離すことはない。

    1942年8月1日付、ワルシャワ・ゲットー、ユダヤ人警察の呼びかけ

1. 1942年9月5日よりサノク郡においてユダヤ人の強制移住をおこなう。
2. 何らかのかたちで強制移住を妨害し、または困難たらしめ、またはそのような行動に協力する者は、射殺する。
3. 強制移住の間およびその後、ユダヤ人を受け入れ、または匿う者は、射殺する。
4. 移住したユダヤ人の住居に許可なく立ち入る者は、略奪者として射殺する。
5. 移住作戦の遂行中は、みだりに路上に立ち止まることを禁ずる。窓は閉めておくこと。

      1942年9月4日付、クラカウ地区SS指導者兼警察署長の告示

移送直前

ユダヤ人巡査の出動、ワルシャワ

　さっきまで平和に食卓を囲んでいた家族がまるで神隠しにあったかのように、一瞬で消え失せた。ほんの短時間、家を留守にして帰って来たら、妻も子どもも年老いた両親まで誰もいなかった。こんなケースを私はたくさん知っている。作戦行動は、犠牲者がその日に予定していた数に達すると終了し、翌日また夜明けとともに始まった。毎日の「作戦行動」の終了は、帰宅するユダヤ人巡査の姿から知ることができた。

　　　　　　　ミヒェル・マズル、ワルシャワ・ゲットーのユダヤ人民生自助会メンバー

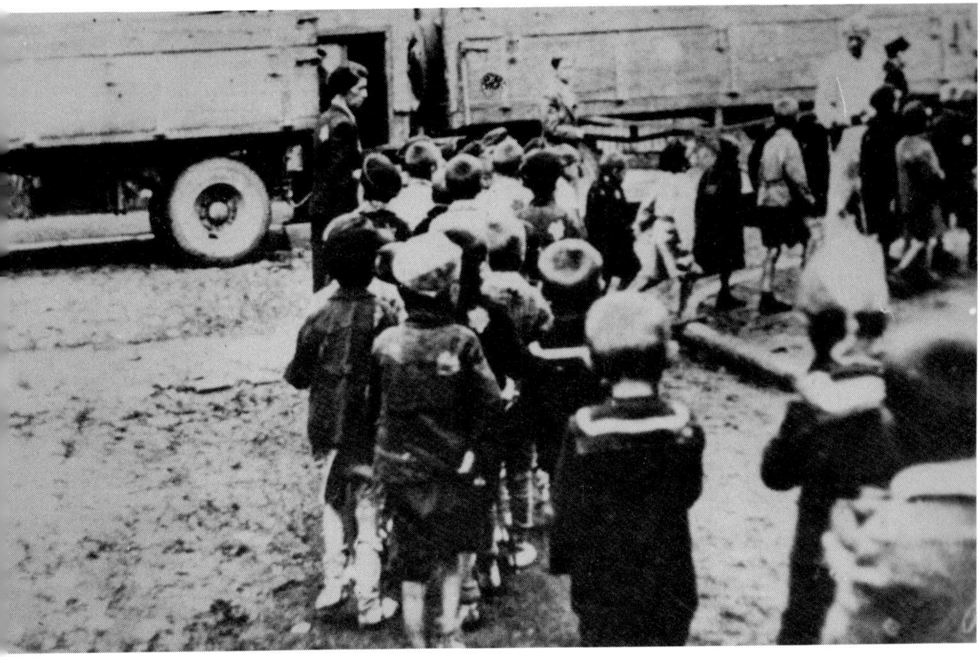

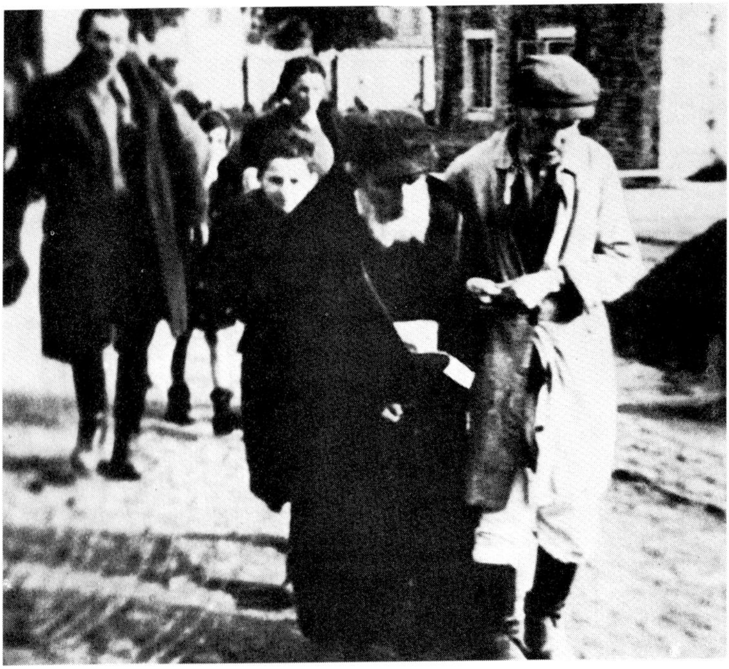

ウッジ、1942年9月

65歳以上の高齢、虚弱、病弱な者および年齢に関係なく罹病した者ないし病弱な者および10歳以下の幼児の強制移住は、1942年9月7日に開始する予定であった。ユダヤ人巡査の協力のもと、強制移住当局（ゲシュタポ）は街区全体を一挙に封鎖した。強制移住は1942年9月12日まで続いた。これに該当したのは、約1万8000名の成人および子どもである。

1942年9月24日付、保安警察および保安情報部監査主任宛
リッツマンシュタット・ゲットー弁務官

「積み替え所」ワルシャワ

Bekanntmachung!

Durch Verordnung des Generalgouverneurs für die besetzten polnischen Gebiete vom 26. I. 1940 ist die Benutzung der Eisenbahn durch Juden im Generalgouvernement bis auf weiteres verboten. Fahrkarten können daher an Juden nicht mehr ausgegeben werden.

Generaldirektion der Ostbahn

訳者による図版解説

ポーランド占領地域に関する1940年1月26日付け総督の条令により、総督管区におけるユダヤ人の鉄道利用を当分の間、禁止する。したがってユダヤ人に乗車券を交付することはできない。

東方鉄道本部

最後の旅

　今、総督管区からユダヤ人を東方へ移動させている。開始はルブリンからだ。ここではかなり野蛮な、詳しくは書けないやり方がおこなわれており、ユダヤ人はもう多くは残っていない。全体として60パーセントは抹殺せざるをえず、40パーセントしか労働力として使えないと言えよう。この作戦行動を実施している前ウィーン大管区指導者（グロボツニク（訳注））はかなり慎重に、かつあまり目立たないやり方で事を進めている。（中略）総督管区内の都市のゲットーは無人になりつつあるが、今度はそこに本国から追い出したユダヤ人を入れる。しばらく経ったら、また同じことを繰り返せばいい。

　　　　　　　　　　　1942年3月27日　ヨーゼフ・ゲッベルスの日記

Ⅳ

集団銃殺

1914年

6月22日、ヒトラーは突如、ソヴィエト連邦に対する攻撃を開始する。彼はヨーロッパの支配者で、絶大な力を持っているように思われる。ソ連はヒトラーの軍隊が攻め込む最後の国であるが、絶滅計画が直ちに実行されるのはこの国が最初である。ここではヒトラーも外交上の配慮をする必要はまったくなく、保安警察は残酷なやり方でユダヤ人住民の大虐殺を開始する。西ヨーロッパ各地からポーランド国内の絶滅収容所に向けて大量輸送が始まる1年前のことである。

住民の避難が遅れることもあった。多くのユダヤ人はソヴィエト当局の勧めに耳を貸さず、みずからの意志でとどまった。特に年寄りは第一次大戦時のドイツ人のことを覚えており、何の心配もしていなかった。この間にドイツがどんな国になってしまったのか知らなかったのである。

ドイツ兵が占領したロシアの町ではどこでも、最初の数日のうちにもう特別行動大隊によって大量虐殺がおこなわれる。国防軍がしばらくのあいだ特定の労働力を必要とする地域では、一時的にゲットーが作られる。しかしたいていの場合、人々は町の外にある堤防あるいは対戦車壕へ連れて行かれ、その場で殺される。

彼らがおとなしく処刑場行きのトラックに乗るように、ドイツ人たちは、作業に行くだけであるとか、移住するのだと言った。罠にはめられた彼らが鞭で叩かれながらトラックから降りると、そこは銃と鉄兜に取り囲まれており、目の前の穴には30分前に出発した近所の人たちの死体がある。その時、ほとんどの人はもはや逃れるすべがないことを知った。ショックで口もきけず、死の恐怖に身動きもできない状態で、彼らの望みはただ一つ、こんな恐ろしいことはさっさと終わりにしてほしい、その前に痛めつけたりなどしないでほしい、ということだった。重装備の人殺しどもを前にして、裸の彼らに抵抗することなどどうしてできただろう。

死の迫るこの時に、逃げることもできない年老いた両親を、妻を、子どもたちを見すてることなど誰が考えただろう。家族をすべてなくしてしまった若い人たちの中には、最後の瞬間に破れかぶれで逃げようとする者もいたが、逃げられたのはほんのわずかであった。百万人に近い人が穴の中で死んだ。

国防軍が東に進攻するにしたがって、処刑部隊の活動の場は拡がっていった。バルト三国からコーカサスに到るソ連国内の占領地域で特別行動大隊4個大隊がしらみつぶしの掃討作戦を展開した。どこでもそうであったが、ここでもまた地元住民の中の最も悪質な連中を使い、リトアニア人やウクライナ人の志願兵から成る支援部隊を編成した。銃殺は、公式にはパルチザンの撲滅ということにされていたので、憲兵隊や国防軍も一部これに加わった。

　罪を犯した兵隊が、刑の執行猶予の条件として特別行動大隊への入隊を強制されるということもよくあった。彼らのなかには任務に堪えられず神経に異常をきたしたり、みずから命を絶つ者も少なくなかったが、それ以外は、3倍の俸給、3ヶ月ごとの休暇、酒の特別支給があり、略奪のチャンスもあるという条件に惹かれて志願してきた連中であった。

　人殺しというのはみなそうであるが、ナチもまた自分たちの犯罪の痕跡を消そうとした。スターリングラードの戦闘の後、膨大な数の集団埋葬地を掘り起こし、腐敗しかけた遺体を処分するというおぞましい任務を与えられ、「特殊部隊作業班1005」と呼ばれた、ユダヤ人収容者の一個旅団規模の組織が投入された。

　脱走した人の話では、彼らは遺体を何層にも高く積み上げて焼却し、残った骨は砕き、土をふるいにかけ、芝生の種を蒔き、灰は風で飛ばす、という作業をさせられたという。しかし、集団埋葬地があまりに多く、ソヴィエト軍の進行があまりに速かったので、解放された地域のいたる所で広大な処刑地跡が見つかった。

　1944年、ソヴィエト軍の大規模な反撃が始まって1年半後、ロシア軍兵士はオデッサで初めて生き延びたユダヤ人に出会った。

3通の報告書

　戦闘の直後、ユダヤ人住民はしばらく放っておかれました。数週間、ところによっては数ヶ月経ってはじめて、ユダヤ人の計画的射殺が特別編成の警官隊によって実行に移されたのです。この作戦は主として東部から西部へと展開して行きました。ウクライナ民兵に手伝わせながら公然とおこなわれたというものの、ドイツ国防軍兵士の自発的参加によるところがむしろ多かったのは残念であります。対象は男性、老人、女性、子どもと年齢を問わず、作戦遂行の方法は酸鼻を極めました。処刑の規模たるや実に巨大で、このような措置がソヴィエト連邦内でとられたことは過去に例がありません。今日までに総数にしておよそ15万から20万のユダヤ人がウクライナの弁務官管轄地域で処刑されたと思われます。

1941年12月2日付、ウクライナ軍需視察官の報告

　基本方針を示す命令によれば、オストラント^{訳注}の系統的掃討作戦には、ユダヤ人を可能な限り余すところなく除去することが含まれている。この目標は白ルテニア^{訳注}を除くと、これまで22万9052名のユダヤ人処刑によりほぼ達成された（添付資料を参考のこと）。バルト諸国の地方部に残っているユダヤ人については緊急に労働にかり出す必要に迫られ、目下ゲットーに収容してある。(中略)
　ドイツ軍は進駐以来、白ルテニアに残ったユダヤ人を最終的かつ徹底的に除去するにあたって以下のような問題に遭遇している。当地では熟練労働者の中でユダヤ人の占める割合が著しく高く、代わりとなる熟練工がほかにいないところから、ユダヤ人熟練工はどうしても欠かせない存在になっている。加えて特別行動大隊Aがこの地域の占拠を引き継いだのは強力な寒気が到来した後であったため、大量処刑にはいちじるしい困難をきたした。さらなる困難はユダヤ人が全土に広く散らばって住みついていることである。遠距離、劣悪な道路事情、車両や燃料の不足、保安警察と保安情報部の要員不足などにより、農村部での射殺は総力をあげても困難である。それでも、今日まで射殺したユダヤ人は4万1000名にのぼる。(中略) 現在ミンスク市だけでもドイツ国民以外に1万8000名ものユダヤ人がいるが、労働者の徴用を考慮するとこれらを射殺することは控えざるを得なかった。

白ルテニア司令官は困難な状況にもかかわらず、ユダヤ人問題を可及的速やかに解決するよう命じられている。とはいえ天候にもよるが、あと2ヶ月程度の時間的猶予はどうしても必要であろう。
　残りのユダヤ人を特別ゲットーに隔離することは白ルテニアの諸都市でもほぼ完了した。ユダヤ人は国防軍、民政機関、ドイツ当局等の出先機関により労働徴用に最大限動員されている。

特別行動大隊Aの秘密報告

　ツェナーSS少将および、有能この上ない保安情報部課長のSS中佐シュトラウホ法学博士との協議を詳細にわたって続けながら、我々は白ルテニアにおいてここ10週間でほぼ5万5000名のユダヤ人を抹殺した。ミンスク州ではユダヤ人は根絶されたが、労働力動員に悪影響は出ていない。ポーランド人が圧倒的多数を占めるリダでは1万6000名、スウォニムでは8000名のユダヤ人等をそれぞれ抹殺した。(中略)
　後方軍区はわたしに連絡なく1万名のユダヤ人を抹殺したが、ユダヤ人の系統的根絶はもともと予定していたことであった。ミンスク市では7月28日と29日にユダヤ人約1万名を抹殺。内訳はロシア系ユダヤ人が6500名、その大多数は老人、女、子どもであった。残りは徴用に不向きのユダヤ人で、ほとんどは昨年11月、総統の命令によりウィーン、ブリュン、ブレーメン、ベルリンからミンスクへ送致されて来ていたものである。
　またスルズク地方も数千名のユダヤ人を削減した。ノヴォグロデクとヴィレイカでも同様である。バラノヴィチとハンゼヴィチでも断固とした措置が予定されている。バラノヴィチでは市内だけでもまだ1万名ものユダヤ人が居住している。このうちの9000名は来月抹殺する。(中略)
　ユダヤ人に対するこの明白な姿勢に加え、保安情報部は白ルテニアでもうひとつ困難な任務を負っている。すなわちドイツ本国から次々にやって来るユダヤ人輸送列車をそれぞれの目的地に誘導することである。

1942年7月31日付、白ルテニア総弁務官ヴィルヘルム・クーベの報告

私は見た
ドゥブノにおけるユダヤ人の集団銃殺

　1941年9月から1944年1月まで、私はゾーリンゲンに本社を持つヨーゼフ・ユング建設会社のウクライナ・スドルボノフ支店で、支配人兼主任技師として勤務していました。職務上、会社の請け負った建築現場を見てまわらなければなりません。会社は陸軍建築局の依頼でウクライナのドゥブノ市近郊にある飛行場に穀物貯蔵用倉庫を建てていました。

　1942年10月5日、ドゥブノの現場事務所に行ったとき、現場監督のフーベルト・メニケス（ハンブルク市ハールブルク区アウセンミューレンヴェーク21番地出身）が、建築現場付近に掘られた長さ30メートル、深さ3メートルの大きな空堀3本の中でドゥブノ市のユダヤ人が射殺された、と話してくれました。毎日1500人ほどを殺していったそうです。ドゥブノ市にまだ残っていたユダヤ人の全員、5000名ばかりが抹殺されるとのことでした。銃殺が目の前でおこなわれたので、メニケスはまだ興奮さめやらぬ体でした。（中略）メニケスと私はその足で空堀に向かいました。誰からもとがめ立ては受けませんでした。すると、小山のような盛り土の背後からたてつづけに銃声が聞こえてきました。トラックから降ろされた、ありとあらゆる年齢の男性、女性、子どもたちは、乗馬用のムチか警察犬訓練用のムチを手にしたSS隊員の指示で身につけているものを脱ぎ、靴、上着、下着をそれぞれ別の場所に分けて置かされました。見たところおよそ800足から1000足の靴、それに下着や衣服が山のようにうずたかく積み重なっていました。人々は大声を上げたり、泣きわめいたりすることなく服を脱ぎ、家族ごとのグループに集まり、キスを交わし、別れを告げ、もうひとり別のSS隊員の合図を待ちます。この隊員は堀の縁に立ち、手には同じようにムチを持っています。私が堀のそばに立っていた15分のあいだ、嘆きや命乞いの声はいっさい聞かれませんでした。8名ばかりの家族を観察してみると、夫婦はふたりとも50歳がらみ、1歳、8歳、10歳の子ども、それに成人した20歳から24歳の娘ふたりがいます。雪のように白い髪の老女が1歳の子を腕に抱き、なにやら歌って聞かせ、くすぐります。赤ん坊はうれしさのあまりキャッキャと笑います。両親は涙を浮かべこの光景を眺めています。父親は10歳くらいの男の子の手を握り、小声で語りかけます。男の子は涙を抑えようと懸命です。父親は空を指さし、子の頭を撫でながら、なにごとか教えているようです。

そのとき、堀の縁に立っていたSS隊員が同僚に大声で何やら伝えました。同僚は20人ほどのグループを選びだし、盛り土の向こう側へ行くよう指示しました。わたしがいま述べた家族も一緒でした。いまでもまだはっきり覚えていますが、黒い髪の、ほっそりした娘が私のすぐそばを通り過ぎていくとき、手で自分の体を指しながら、「23歳よ」と言ったのです。
　私は盛り土の丘をまわって巨大な墓穴の前に立ってみました。人々の体はぎっしり折り重なって横たわっているので、頭の部分しか見えません。たいてい頭から肩へかけて血が流れ出ています。銃撃を受けても一部にはまだ動いている人がいました。幾人かは腕を上げ、頭をめぐらせて自分がまだ生きていることを示しています。堀はすでに4分の3が埋まっていました。目算すると横たわっているのはざっと1000体ばかりです。射撃手は、と見渡してみると、SS隊員のこの男、堀の幅が狭い側の縁に腰を下ろし、両足をぶらぶら墓穴に垂らしながら、ひざに自動小銃を置いてタバコを吸っていました。真っ裸になった人々は粘土質の壁を掘ってつけた階段を伝って下りると、横たわっている人々の頭に足を滑らせながら、SS隊員から指示された場所まで歩いていきます。彼らはもう死んでしまった人や撃たれてもまだ生きている人の前に身を横たえます。まだ息のある人をさすったり、そっと声をかけたりしています。それから一連の射撃音が聞こえました。堀の中をのぞくと、ある者は体を痙攣させ、ある者はもう動かなくなって、手前に横たわるほかの体の上にじっと頭をのせていました。首筋からは血が滴っています。私は自分が退去を命ぜられないのをいぶかしく思いましたが、気が付いてみると近くに制服姿の郵便局員も数人いるのでした。もう次のグループがやってきて、堀の中へ降り、前の犠牲者たちのところに並んでは射殺されていきます。盛り土の丘をもとに戻ると、また新たなユダヤ人を乗せたトラックが到着したばかりでした。今回のは病人と虚弱者です。恐ろしく細い脚のやせこけた老婆が他の2名に体を支えられながら、数人の、もう裸になった人々から衣服を脱がせてもらっています。どうやらこの老婆は体がマヒしているようでした。裸体の人々は老婆を抱き上げて盛り土の向こう側へ運んでいきました。私はメニケスと一緒にその場を離れ、車でドゥブノに戻りました。

建築技師ヘルマン・フリードリヒ・グレーベの宣誓供述書
1945年11月10日、ヴィースバーデン

私も射殺に加わった
シロヴィッツにおけるユダヤ人の銃殺

　1941年、わたしはローゼンベルク特捜隊への勤務を命ぜられ、スウォニム地区弁務官の通訳となりました。また乗用車の運転手でもありました。スウォニムにいたのは1941年7月から1943年12月15日までです。
　(中略)シロヴィッツはスウォニムから7〜9キロメートル離れています。このときの処刑ではゲットーのユダヤ人1200名から1400名が殺されました。500名ずつのグループを処刑場まで歩かせ、割り当ての抹殺部隊が処刑しました。処刑にはわたし自身も加わり、ほかの部隊員と一緒に撃ちました。今回の墓穴となった堀は幅4メートル、深さ5メートル、長さはおよそ60〜80メートルでした。処刑場は集落をはずれた林の背後にありました。処刑の数日前、処刑場で射撃実験がおこなわれました。シロヴィッツの住民に処刑の銃声が聞こえるかどうかを確かめるためです。
　処刑の有様を順に述べればだいたい次の通りです。まず警備兵たちがユダヤ人を連れて堀の底に下ります。この際、堀の背後は閉鎖されるので、ユダヤ人たちは堀の縁で衣服を脱がされ、身体検査を受けることなくそのまま堀の中へ下りていき、横になることを強制されます。最初の組が下りてしまうと警備兵は堀から出ます。と同時に両側から一斉射撃です。このように配置してこそユダヤ人に十字砲火を浴びせることが可能なのです。最初の組は100名から120名でした。
　次の組のユダヤ人たちは下の死体の足の上に自分の頭がのるように寝かされます。このようにして死体は重なり合って5〜6層になるので、ひとつの堀全体では400〜500体を数えました。処刑に使用したのは速射銃、カービン銃、自動小銃とお好み次第。銃殺の前にも多くのユダヤ人が殴り殺されていました。ユダヤ人たちが互いを励まし、処刑部隊の仕事を楽にするため、慰めの言葉をかけあうだけで堀の底に下りていった様子は驚くべきものでした。
　処刑そのものは3時間から4時間続きました。わたしはずっと処刑に加わっていました。唯一の休憩は、カービン銃を撃ち尽くして、弾倉を取り替えなければならない間だけでした。この間もほかの者がわたしに代わって撃ち続けたので、この3〜4時間に自分がいったい何人のユダヤ人を殺害したかはわかりません。仕事への意欲を盛り上げるため、射撃中には大量の焼酎を飲みました。下の方の層でまだ生きている者や、かす

り傷だけのユダヤ人は、重なった死体の層の重みや、上の死体から流れ出る血で息をふさがれました。撃たれたあと逃れ出た者はこのときにはいませんでした。次に墓穴は地元民の手によってシャベルで埋め戻されました。この大量処刑のあと地区弁務官のところでもう一度会議が開かれました。このとき地区弁務官はわたしの忠勤を賞賛し、作戦全体の成功に満足げでした。

Ⅲ このような方法でほかの町でもつぎつぎと処刑がおこなわれていきました。コスロフチスナでは700～800名、ベレチンでは2000～3000名、ホリンカでは400～500名、ビティンでは3000～4000名、というぐあいです。以上の処刑には、それまで処刑にたずさわっていたものは全員加わらなければなりませんでした。私たちは同じ武器を使いました。処刑に参加すれば何か得になることがあると知って、ほかに陸軍下士官ムック氏、志願した兵士たち、スウォニム駅の鉄道員たちも加わりました。処刑の直前には衣服を脱がせ、装身具をはずさせます。時間不足から身体検査はおこなわれませんでした。

Ⅳ これらの町のひとつには保安情報部によって摘発された対独抵抗組織がありました。活動家たちは保安情報部員からとくに厳しい尋問を受け、拷問され、最後にはユダヤ人と一緒に射殺されました。国民会議に属する80名のポーランド人でした。このときの保安情報部隊長はアーメルングSS少尉でした。この処刑にもわたしは加わっています。(中略)

Ⅴ スウォニムで二度目の大量処刑があったのは1943年の秋でした。この地方でのユダヤ人問題の最終解決たるべしとのことで、今回の処理のことはすべての弁務官局に指示され、まっさきにユダヤ人問題を処理した地方弁務官はただちに昇進させられるというものです。これに関して申し述べておきますと、住民の85％はユダヤ人だったのです。1年半の間にこの地方では2万4000名のユダヤ人が抹殺されました。

通訳官アルフレート・メッツナーの宣誓供述書
1947年9月18日、アウクスブルク

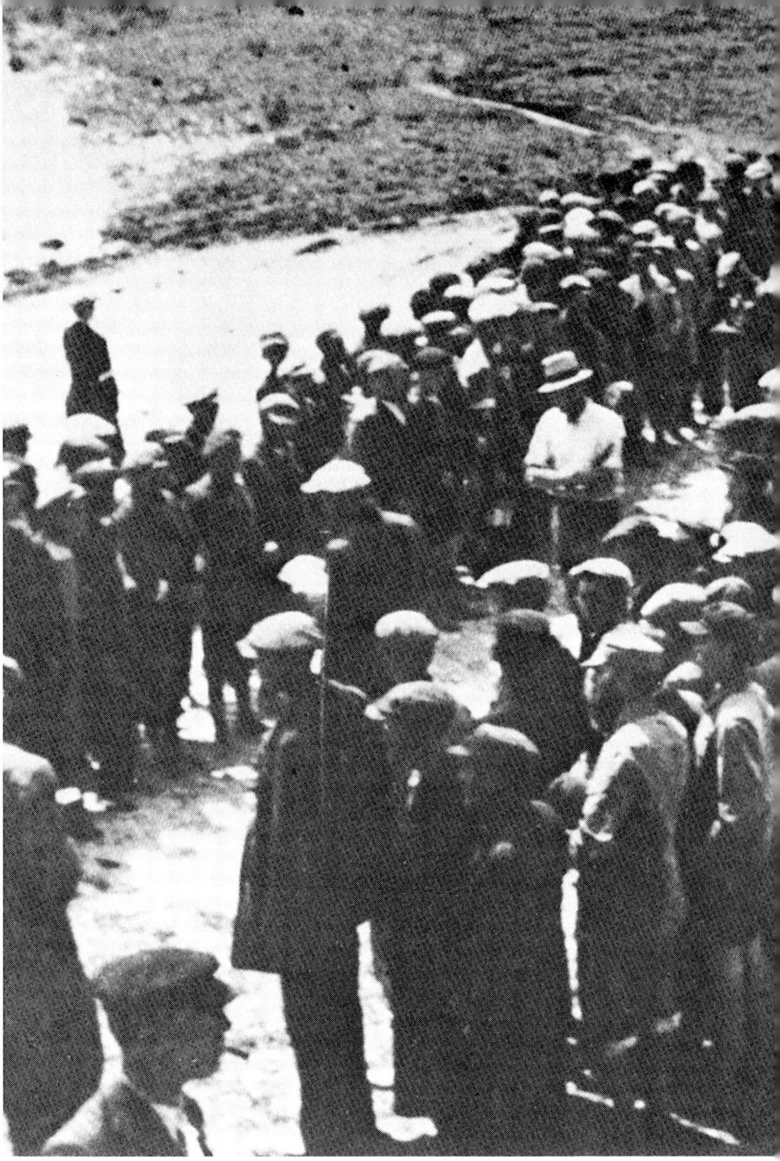

ヴオダヴァでの「作戦行動」、1942年10月

問題解決のため、あれこれの提案を論議するのはもはや無意味となった。ユダヤ問題は理論の段階をとうに過ぎ、純然たる実行の段階に入っているからだ。それもドイツ本国ばかりでなくヨーロッパのほかの国々においてもますます大規模なスケールでなされつつある。いまやユダヤ人の運命は、こせついた感傷にはかまわず、断固として人類の幸福に奉仕する正義の法に照らして定められる。ヨーロッパのユダヤ人には判決が下ったのだ。

野戦新聞「前線」1942年7月18日、第414号

コヴノでのポグロム、1941年6月

新たな占領地域で反共分子や反ユダヤのグループが自主的に粛正行動に出ることを妨げてはならない。逆に行動を引き起こすよう扇動すべきである。もっとも当方関与の痕跡を残してはならない。必要であれば粛正行動を強化し、正しい方向へ慎重に指導すべきである。地方の「自衛グループ」が当方から教示や政治的保証を受けた、とのちになって主張することができないよう、くれぐれも配慮されたい。

　　　ラインハルト・ハイドリヒが1941年6月29日付で特別行動大隊に宛てたテレックス

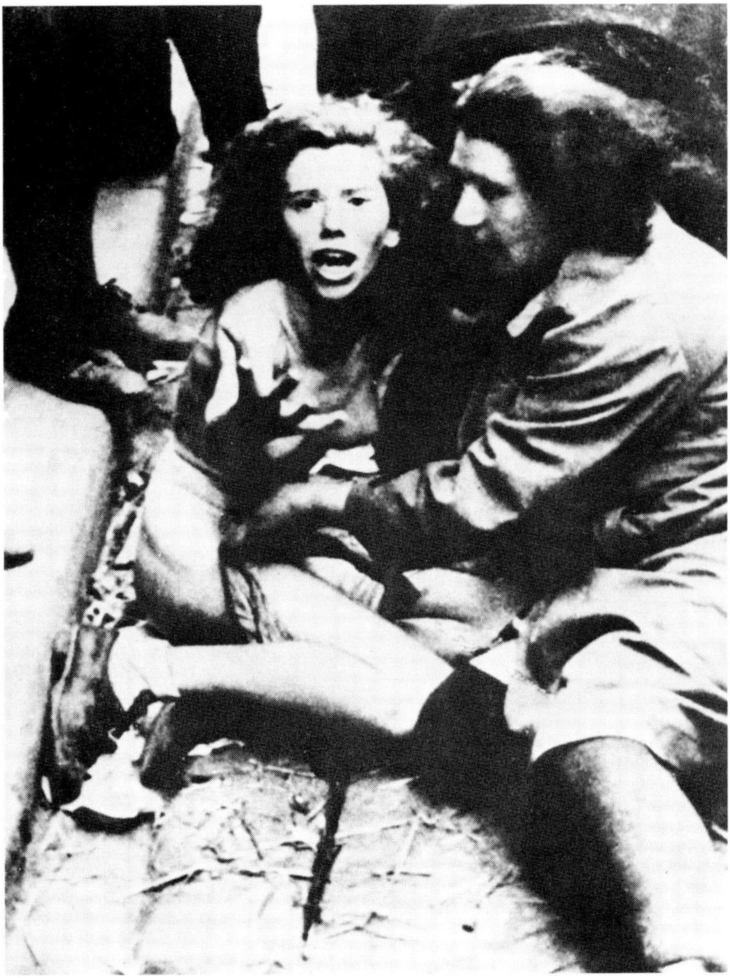

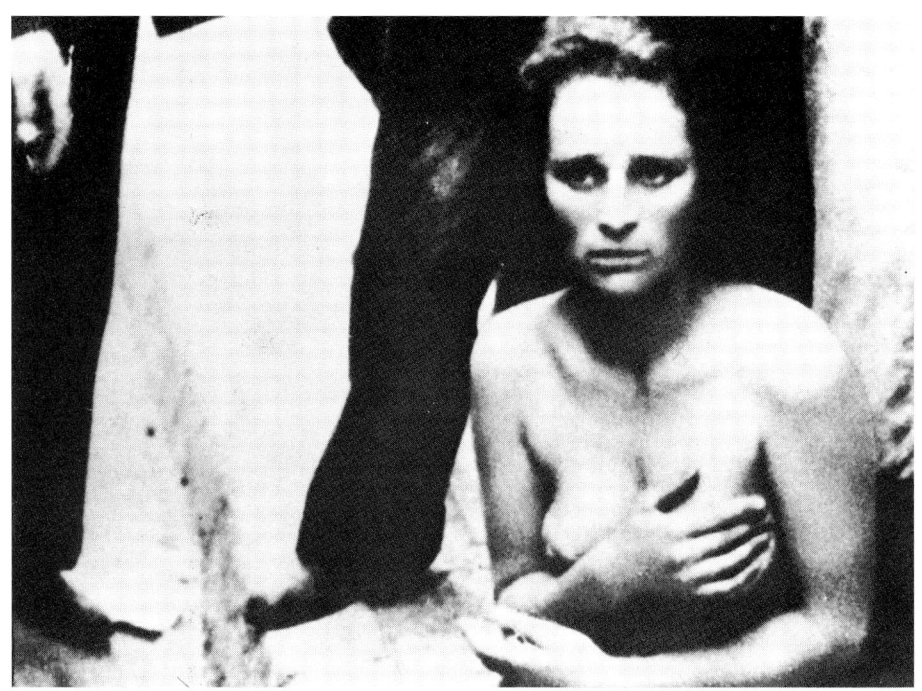

コヴノ(左)とルヴォフ(上)における人間狩り、1941年夏

　われわれが進攻して数時間も経ないうちに、早くも地域の反ユダヤ勢力がユダヤ人へのポグロムを開始した。もっともこれはかなりの困難を伴った。(中略)外部には、当地の住民自身がユダヤ人から受けた過去何十年にわたる弾圧と共産主義者の恐怖政治に対する自然な反撥として、自発的にこうした措置に出た、と思わせなければならなかった。

　　　　　　　特別行動大隊A指揮官F.W.シュタールエッカーの報告

命乞いする人質たち、ヤシオノフカ、1941年6月28日

　　　ビャウイストク近郊の町ヤシオノフカでドイツ軍侵攻の日に火災が起きた。
　　一週間後すべてのユダヤ人住民はドイツ国防軍により拘留され、銃殺刑に処
　　されることになった。ある若い男性が警察に出頭して放火の罪を認めたので、

処刑命令は撤回、ユダヤ人たちは解放された。1942年から43年にかけての冬季、この地域でまだ生存していたユダヤ人は全員がトレブリンカ強制収容所のガス室で殺害された。

「ユダヤ民族は根絶される」とは党員同志の誰もが言うことだ。「当たり前さ、党の綱領がそううたっている。ユダヤ人の排除、根絶と。よし、やってやろうじゃないか」(中略)こう口にするものの中で、ことの有様を実際に目にし、耐え抜いた者は一人としていなかった。100の死体が集まって横たわっていたら、500体だったら、1000体だったら、それが何を意味するのか、諸君らのほとんどは知っていよう。人間的な弱さを見せた例外は除くとして、これをやり抜き、しかもまっとうさを失わなかったこと、これこそがわれわれを鍛え上げたのだ。これは決して記されることのなかった、そして今後も決して記されることのない、われわれの歴史の誉れ高い1ページなのである。

ハインリヒ・ヒムラー

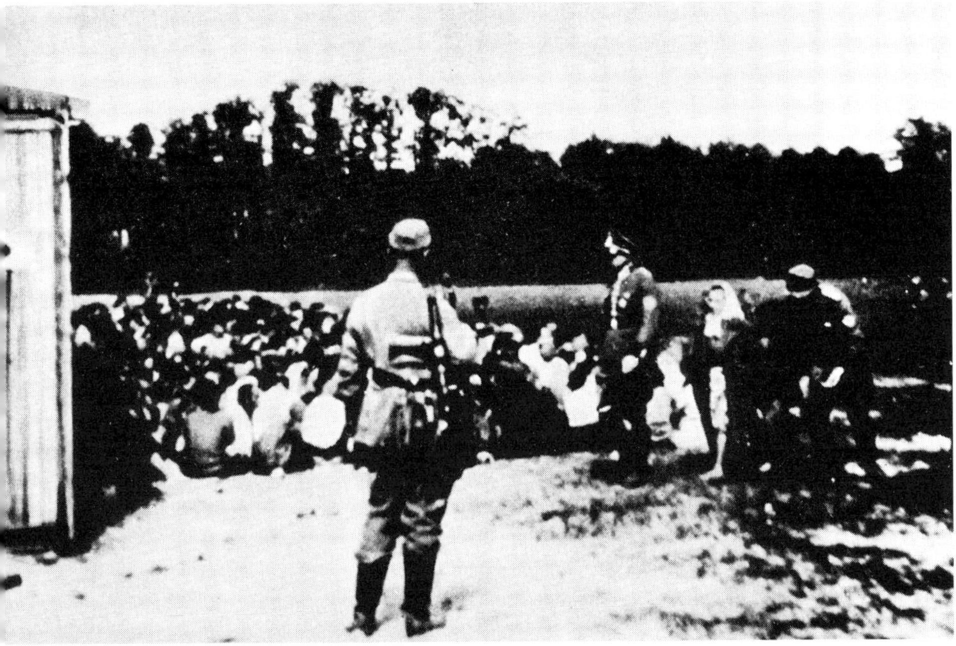

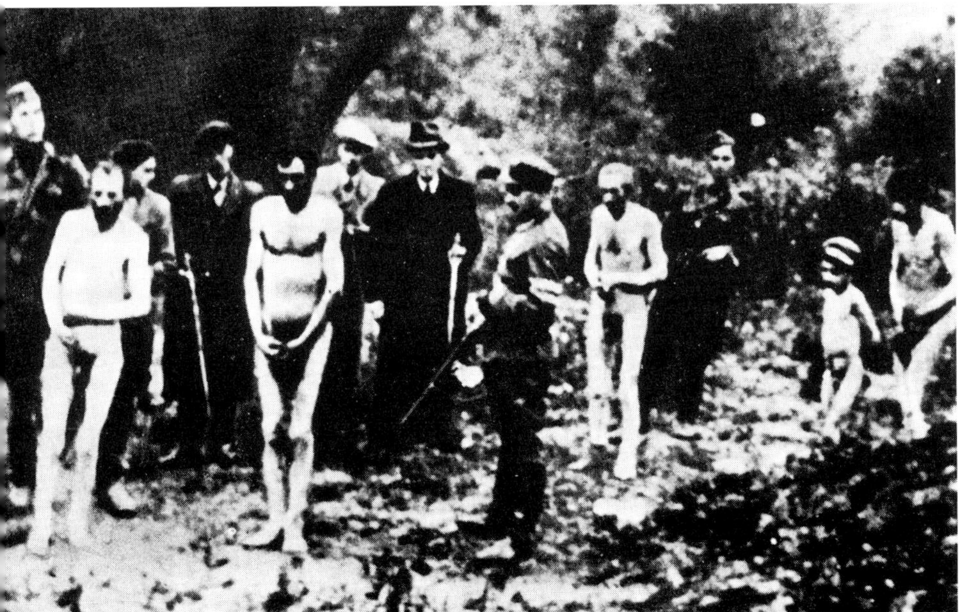

自分の墓穴を掘らされるユダヤ人たち

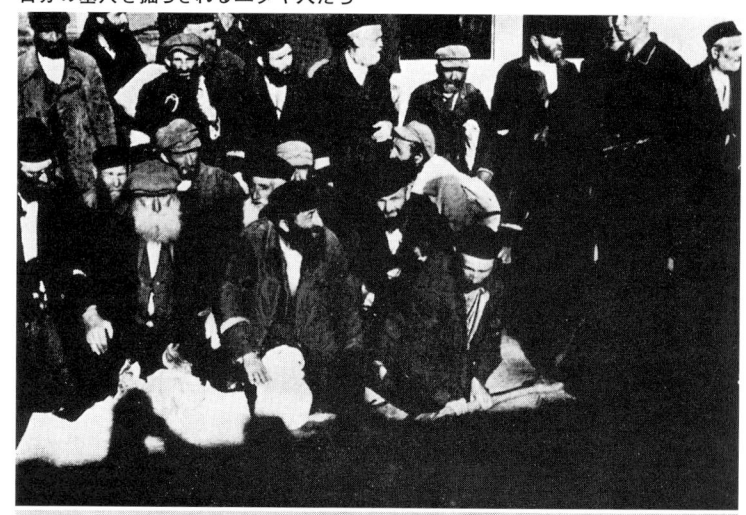

銃殺自体はごく短時間で済みますが(100名につき40分)、死体を埋める穴を掘るのには処刑作業の中でいちばん多くの時間を費やしました。(中略)初めのうち部下の兵たちに動揺はありませんでした。しかし二日目にもう判明したのは、かなりの時間にわたり射殺を続けるに足る神経を持ち合わせていない

者がそこここに出てきたことです。わたしの個人的な印象では、射殺中何らかの良心のとがめを覚えることはありませんでした。とがめを覚えるのは、何日か経た夜などにゆっくり思い返してみるときなのです。

　1941年11月1日、ベオグラード近郊での銃殺に関する報告、ヴァルター国防軍中尉

処刑場へ向かう。オデッサ（右）、コヴノ（下）、1941年10月

上の写真の裏に記された公式の説明文
部外秘！649情宣中隊、第23/27記録保管所蔵
写真撮影：ゾマーシュー、文：シェーナー、場所：オデッサ、日付：1941年10月22日
たちの悪い連中にふさわしい場所
オデッサ市占領後、刑務所の中庭に出頭を命じられたユダヤ人、全員が登録され、まもなく肉体労働の機会を与えられる。ソビエト＝ユダヤ国での寄生生活はもう終わった。

宣伝用説明文は真実を隠蔽している。1941年10月23日から25日にかけ、オデッサから集められた2万6000名のユダヤ人男性は、ルーマニア人の特派部隊の手により「報復作戦」の期間中に射殺された、こうした処置は1ヶ月前、特別行動大隊Cがバビ・ヤールで犯した大量虐殺に酷似している。

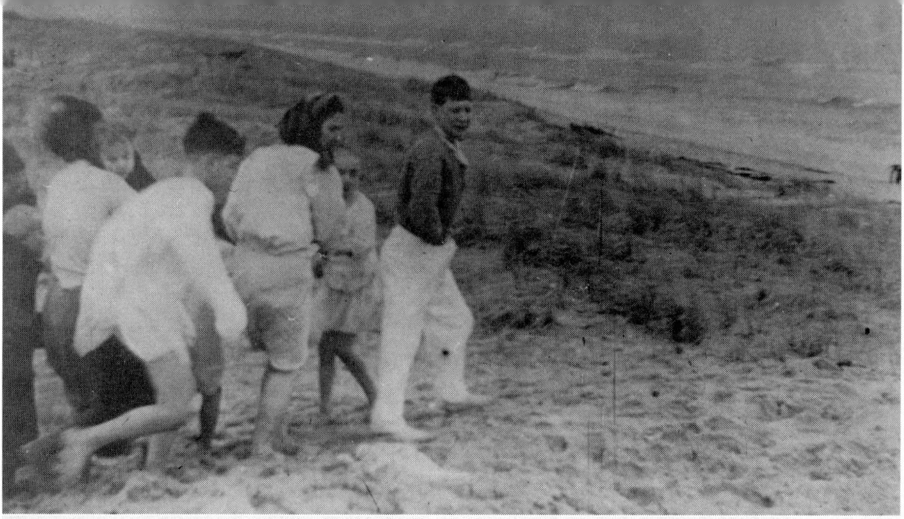
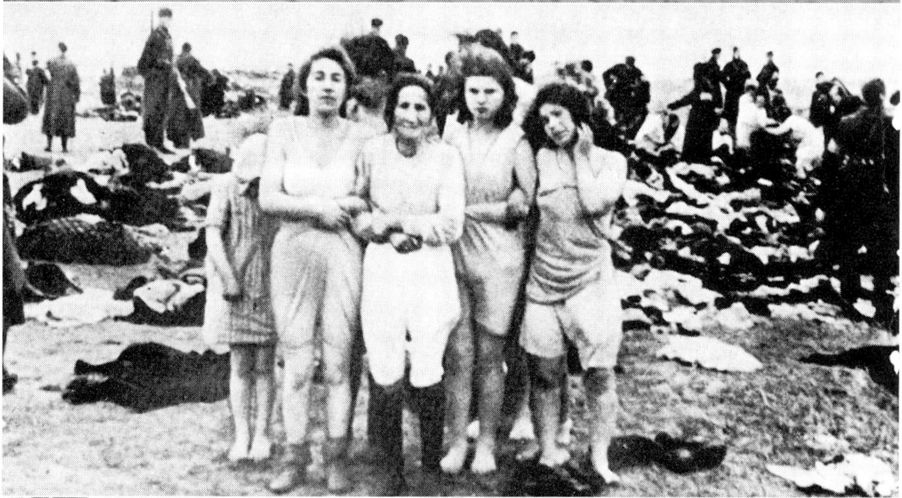
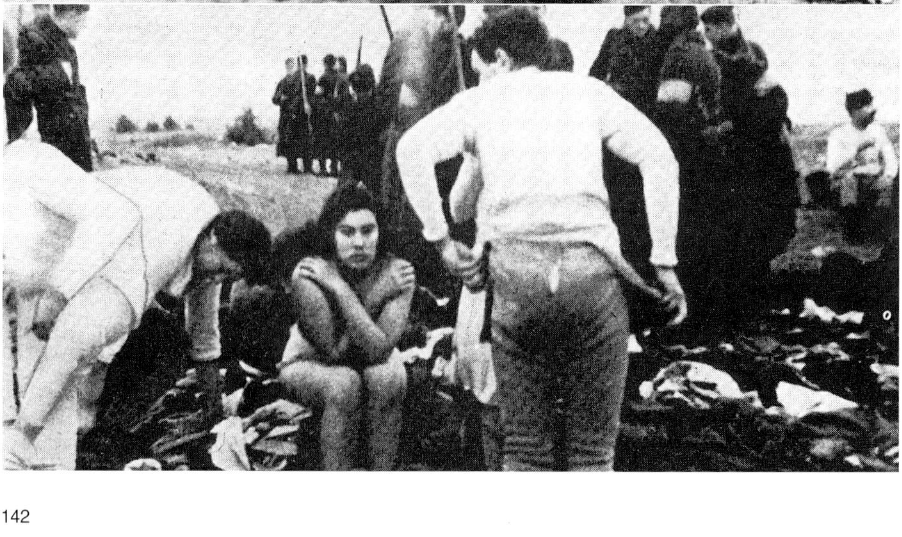

1941年12月、ラトヴィアのリエパヤにおける集団処刑

1941年12月15日から17日にかけラトヴィアのリエパヤでは、ユダヤ人2731名と共産党員23名がドイツ警察およびラトヴィア警察によって射殺された。ここに紹介する一連の写真はドイツ軍が撤退した後、リエパヤ市の保安警察署で見つかった。撮影者はリエパヤ市のゲシュタポ署長である。左ページ中央の写真に写っている若い女性ととなりに立つ中年女性はローザ・プルヴェとその母親であると確認された。ほかの犠牲者たちの氏名は不明である。

この期間中に当方の監督のもと実施したユダヤ人処刑については、今なお地域住民の話に出る。数多くのユダヤ人は大いに同情を集めており、ユダヤ人排除に好意的な声はほとんど聞かれない

リエパヤ市駐屯SS・警察指揮官が1942年1月3日付でラトヴィアSS・警察長官に宛てた報告

1942年10月14日、ズドルボノフ、ウクライナ

告示
ルブヌイ市および近郊の全ユダヤ人住民は移住のため、1941年10月16日木曜、朝9時までにサモスチャ通り3番地(橋の向かい側)に集合しなければならない。3日分の食料および暖かい衣料を携行のこと。
これに従わない者は射殺する。
閉鎖されたユダヤ人家屋に勝手に侵入したり、略奪を働いたりする者は射殺する。
市内のアーリア系住民には、告示を無視するユダヤ人を密告するよう要請する。

この告示に応じて出頭した者はその日のうちに郊外の野原で一人残らず射殺された。

1941年10月16日、ルブヌイ、ウクライナ

この若い女性は殺人者たちが残した写真の中で顔かたちと名前が判明している数少ない例である。バイラ・ゲルプルングはワルシャワ・ゲットーから絶滅収容所へ輸送される途中に逃亡、パルチザンに加わった。ブレスト・リトフスクで捕まったとき、彼女はポーランド軍の外套を身につけていた。尋問の様子を示すこの写真は、戦時中ドイツのグラフ雑誌に掲載された。

1941年9月6日、ミンスク

ユダヤ人をかくまったり、パルチザンに手を貸したり、あるいはみずから占領軍に立ち向かったという理由で、何千名、何万名もが絞首台に吊され、また銃殺されていった。ミンスクのこれら勇敢な民衆は、迫害される者の側に立ち、迫害する者に抵抗したため処刑されたすべての人々を代表している。

こんな事が敵方に知られ、そこで宣伝に利用される、などということを想像してください。恐らくこのたぐいの宣伝は何の効果もあげないでしょう。なぜなら聞いても読んでも、いわれていることが信ずるに足ると受け取る人などいないと思われるからです。

1943年6月18日、オストラント弁務官

V

移 送

ヨーロッパ

西部の占領によって、狂信的なユダヤ人絶滅論者たちは新たな問題に直面することになった。しばらくのあいだは、ヨーロッパのユダヤ人を全員マダガスカル島に追放し、そこで運命の手に委ねる、というばかばかしいことを考えていたのであるが、このプロジェクトは間もなく放棄された。

ソヴィエト侵攻から1ヶ月後、ゲーリングは保安警察と保安情報部の長官ラインハルト・ハイドリヒにドイツ占領地域における「ユダヤ人問題の最終解決」を目的とした組織整備を指示する。半年後、計画は完成した。

1942年1月20日、ベルリンのヴァンゼー湖畔、アム・グローセン・ヴァンゼー通り56/58番地の建物で会議が開かれる。「終了後に朝食」という予定であった。そこでハイドリッヒは関係省庁の代表者達に目前に迫った作戦について説明し、協力を依頼する。その頃、ソヴィエト連邦ではすでに集団銃殺の嵐が吹き荒れていた。ドイツ本国からの移送も始まっており、ポーランドでは初めてガス室が使われる。同じ年の春、大規模な人間狩りが始まる。占領されたすべての国で同じ悲劇が繰り返される。始まりはユダヤ人登録とユダヤの星の導入、そして反ユダヤ的な法律の制定であった。そして今、移送が始まる。

すべて規則によって決められていて、細部にいたるまで綿密に練られた計画に従って進められる。携行が許可された持ち物については規定の用紙が手渡される。二日分の食料、お椀が一つ、ナイフは禁止、スプーン一つ、毛布二枚、防寒着、丈夫な靴一足。総重量は25キロまで。トランクは一つで、上に名前を書かなければならない。だが、そのトランクを開けることは二度とない。家の前の道路にはもう人間を満載したトラックが待っていて、一時収容所かあるいは直接、貨物駅に運ばれる。積み込みホームには列車が停まっている。家畜用貨車が20輌連結され、明かり取りには有刺鉄線が張られている。それに監視兵の乗る客車が2輌。この列車編成で一度に1000人を運ぶ。

ヨーロッパ中の駅から週に数度、こうした列車が出発する。前線への緊急を要する補給が途絶えようと、軍の退却路がふさがろうと、ドイツ政府はユダヤ人輸送計画の遂行をやめない。

何千回、何十万回、何百万回と繰り返される別れ。最後の一瞥。抱擁。引き裂かれる家族。うち砕かれる友情。1000人の人にはそれぞれに、心に秘めた心配と幸福への希望がある。その人生がまるごと奪われ、名前が消し去られるのだ。

　いく日もいく晩も人々は、ぎゅうぎゅうに詰め込まれた家畜用貨車の薄暗がりの中で手荷物の間にしゃがみ、寝不足で、汚れ、渇きに苦しみ、希望も失い、どこへ向かっているのかさえ分からない。水筒はとっくに空っぽで、便器代わりの桶は溢れている。子どもたちは泣いている。一人の女性が気を失う。また朝が来て、最初の死者が出る。厳しい列車の旅に耐えきれなかった赤ん坊か、それとも気力を無くした老人である。

　列車がドイツの駅に止まると、移送される人々は、赤十字の看護婦たちが列車に乗っている兵隊にコーヒーを注いでいるのを目にする。ドイツには、ユダヤ人に与える水さえもない。

　犠牲者を集めるのになるべく面倒がないよう、ポーランドで仕事をするのだということにする。本当のことが漏れ伝わるにつれ、人々は必死になってどこかに隠れようとする。偽造パスポートを使って知っている者のいない村や勇気のある援助者の屋根裏に身を潜める。自分から集合場所に出頭しない者は連行される。警察が踏み込むと家はもぬけの殻、ということもよくある。呼び鈴を鳴らしても出てこないので、ドアをこじ開けなければならないことも多い。

　現代の民族移動が始まった。オスロ、アテネ、パリにアムステルダム、ベルリンやプラハ、ウィーン、そしてブダペストからいつ果てるとも知れない長い人間の列が、二、三年前にはまだ誰も名前を知らなかったある所へ向かっていく。アウシュヴィッツである。

　恐ろしい運命がイスラエルの子たち[訳注]を襲ったのだ。しかしこの運命には名前もあれば、住所も顔もある。ベルリン国家保安本部[訳注]第IV局B4課、アドルフ・アイヒマン[訳注]SS中佐である。

「最終解決」命令書

大ドイツ国元帥
四ヶ年計画担当大臣
国家防衛閣僚会議議長ゲーリング

1941年7月31日、ベルリン

保安警察兼保安情報部長官ハイドリヒ中将殿

　国外移住ないし強制疎開などにより、ユダヤ人問題を現状に則してできる限り早期に解決すべしとの1939年1月24日付の命令により委託した任務に加え、ヨーロッパのドイツ勢力圏におけるユダヤ人問題の包括的解決のため、組織、実務および物資面であらゆる必要な準備に取りかかることを貴官に依頼する。
　他の中央諸官庁でこの目的に関係する管轄を持つ部局は参画させよ。
　ユダヤ人の問題最終解決を遂行するための組織、実務、物資面での事前措置に関する全体計画書を速やかに提出せられたい。

ゲーリング

国家極秘事項
1942年1月20日開催のヴァンゼー会議議事録より

　国外移住に代わるさらなる解決策として、総統のしかるべき事前承諾に従い、東方への強制疎開を実施することになった。
　これらの計画は緊急事態を一時的に回避する次善策にすぎないが、ここで我々は、やがて来るべきユダヤ人問題の最終解決の観点から重要な意味を持つ実際上の経験を積むのである。
　ヨーロッパのユダヤ人問題の最終解決をはかる上で対象となるのは、総勢1100万人のユダヤ人である。(中略)
　諸外国のユダヤ人の数はユダヤ教徒の数であるが、これは人種的原則によるユダヤ人の概念規定が諸外国ではいまだ欠落しているせいである。若干の国ではこの問題の扱いが、全面的な支持と理解を得る上

で、ある種の困難に直面するだろう。ことにハンガリーとルーマニアにおいてそうである。(中略)

　最終解決を進める中でしかるべき指導のもと、ユダヤ人を東部において適切な仕方で徴用していく。労働可能なユダヤ人は男女別の大規模な労働班に分かち、道路建設に従事させながら東部へと導いていく。その際、大部分が自然的減少によって脱落してしまうことは疑いを容れない。

　万が一最後まで生き残る者がいれば、それはもっとも抵抗力の強い分子であることに疑問の余地はないので、相応の処置が必要である。自然淘汰を勝ち抜いたこのグループを、もし解き放つようなことがあれば、それは新たなユダヤ人復活の萌芽と見なされるからである。(歴史の教訓が示すところ)

　最終解決を実施する過程で、ヨーロッパは西部から東部へ向かい徹底的にふるいにかけられる。ベーメンやメーレンをふくむ本国地域は、住宅問題のほか社会政策上の必要性だけからでも他の地域に先んじなければならない。

　さしあたり疎開ユダヤ人は中継ゲットーと称する施設へつぎつぎと送り込み、そこからさらに東部へと輸送する。(中略)

　個々の比較的大規模な疎開作戦をいつ開始するかは、戦況の変化に大きく依存するであろう。我が国が占領、または影響力を及ぼしているヨーロッパ地域における最終解決の扱いについては、外務省の関連専門担当官が保安警察ならびに保安情報部の所轄官と協議することが提案された。(中略)

　最後に、最終解決の様々な方法が論議されたが、大官区指導官マイヤー博士と事務次官ビューラー博士の双方から、最終解決をはかる当該地区では、住民の不安を回避しながら、ある程度の準備作業をただちに実施する旨の意見が述べられた。保安警察兼保安情報部長官からは協議参加者に対し、最終解決の実行に際しては相応の支援をお願いするとの要請がなされ、会議は終了した。

移送方針

秘密国家警察
国家警察ミュンスター署
ビーレフェルト分署

1942年3月20日、ビーレフェルト発

特命No.Ⅱ B 3 - 944/42

_____ 州知事または_____ 市長殿

案件：ユダヤ人疎開
関係先行書類：なし
添付書類：名簿、受領記入用紙および本指示の写し

　1942年3月31日、国家警察ハノーファー署管轄区域から1000名のユダヤ人が東部へ立ち退きになる。国家警察ビーレフェルト署の旧管轄区域（ミンデン市およびリッペ州、シャウムブルク・リッペ州）からは325名のユダヤ人を移送のためにかり集めねばならない。個々の管区警察管轄区域から集められるユダヤ人は添付のリストに記載されている。管区警察署は次の措置を講ずるよう指示する。

1. 退去が決まったユダヤ人を1942年3月30日、住居から連行し、遅くとも同日12時までにビーレフェルト市のキュフホイザー大ホール（アドレス：アム・ケッセルブリンク）に移す。同伴する執行吏は連行にあたり私服を着用のこと。輸送はできる限り列車を使う。
2. 警官1名はユダヤ人が住居を立ち去る前に、結婚指輪を除く所持の現金や貴重品（装身具、金および銀製品、金時計をも含む）を押収しておく。その後、当該のユダヤ人住居内で添付の受領表の一枚に警官が記入し、つづいて警官2名、押収を受けたユダヤ人がサインをする。現金と貴重品は受領証と一緒に1通の封筒に入れて厳封し、ビーレフェルト市の（キュフホイザー）一時収容所で現場指揮の国家警察官（ピュッツァー警部）に手渡す。
3. ユダヤ人住居を立ち去る前に、ガス、水道の元栓を閉め、消灯するこ

とを忘れてはならない（灯火管制！）。家畜・愛玩動物等は住居から隔離する。これらに経費がかかってはならない。
4. ユダヤ人住居は退去のあとただちに閉鎖する。閉鎖にあたっては封印証を使用する。住居の鍵は現地警察に提出させ、署が保管する。鍵は束ねて、ユダヤ人の氏名と住居を記したラベルを付けておく。ユダヤ人のアパートもしくは一戸建て住宅にほかのユダヤ人が居残る場合、その人数に応じてそれらの者に部屋を割り振る。ただしきわめて狭いスペースに詰め込まねばならない。もしこうした部屋に疎開ユダヤ人の所有物がまだ残っていれば、封印すべき部屋にあらかじめ移しておく。移送が決まったユダヤ人の所有物は第三者の手に渡ることがないないよう、保管にはかならず細心の注意を払うべきである。アパートや一戸建ての住居に残留するユダヤ人には、封印された場所にはいったり、また封印を損なったりすることが禁止されている旨、厳重に指示しておかなければならない。
5. 一時収容所に入所する際ユダヤ人は身分証明書以外なにも所持してはならない。ほかの証明書類はみな住居に残しておくこと。食料配給券は提出させ、所轄の経済局に届ける。労働手帳と身体障害者証も同じく提出させ、所轄の労働局、もしくは身体障害者保険会社に届けなければならない。
6. 疎開予定のユダヤ人は25キログラムの荷物を携行するよう指示されている。加えて2日分の食料の携行も許される。現地警察は1942年3月28日にユダヤ人からこの荷物を提出させ、出発まで保管しておかねばならない。荷物は輸送前に**重量を計測し直し、きわめて厳密に検査する。**凶器類（銃器、爆発物、ナイフ、はさみ、毒物、薬品等）が荷物に含まれてはならない。重量が25キロを超過した場合、その分減らす。また毛布を二枚まで持参することも許されているが、その重量も全25キロのなかに含む。（以下略）

　国家保安本部の方針に沿って作成された前記の指示がきわめて厳格に遂行されるよう、本官はとくに注意を喚起するものである。

ある輸送の話

「リガへのユダヤ人疎開に関する報告」

輸送の経緯　1941年12月11日に輸送予定のユダヤ人はライン・ヴェストファーレン工業地帯のデュースブルク市、クレーフェルト市、およびいくつかの町村から集められた1007名であった。デュッセルドルフ市からのユダヤ人はわずか19名。輸送されるユダヤ人の内訳は乳児から65歳までのさまざまな年齢の男女であった。

　輸送列車の発車予定時刻は9時30分。そこでユダヤ人はすでに4時から貨物積み込みホームに待機させられていた。ところが国有鉄道は人員不足のためこれほどの早朝に特別列車を編成できないということで、ユダヤ人の積み込みが可能になったのはやっと9時近くであった。国有鉄道はなるべく定刻に発車するようせき立てたので、積み込みは大急ぎでおこなわれた。(中略)

　屠殺場から積み込みホームへ行く途中、ユダヤ人男性1名が路面電車に身を投げて自殺を図った。が、電車に装置されている救命網にすくわれ軽傷を負っただけですんだ。はじめのうち男はいまにも死にそうな風を装っていたが、列車が走り出すと、疎開という運命から逃げられないと悟り、やがてすっかり元気になった。

　同じく中年のユダヤ人女が誰にも見とがめられることなく積み込みホームを離れた。雨が降っていたし、たいへん暗かった。女は近所の家屋に逃げ込んで服を脱ぎ、トイレの便器に腰をおろしていたが、掃除婦に見つかり、輸送列車に連れ戻された。ユダヤ人の積み込みが完了したのは10時15分頃である。何度か操車を繰り返したのち、列車は10時30分頃デュッセルドルフ・デーレンドルフ貨物駅を発って、ヴッパータール方向に向かった。(中略)

　このあと予定通り運行し、ヴッパータール、ハーゲン、シュヴェールテ、ハムの諸駅を通過。18時頃ハノーファー・リンデン着。(中略)翌12月12日1時15分ヴースターマルク着。(中略)3時30分、ベルリン・リヒターフェルデ駅で30分間停車。(中略)

　列車の遅れはすでに155分。このあとキュストリン、クロイツ、シュナイデミュール、フィルヒャウ経由で運行を続行。(中略)

　コーニッツを目前にして、重量超過のため車両の連結が引きちぎれ、

暖房用パイプも破断された。それでも応急修理をして、コーニッツまで走行を続けることができた。(中略)12時10分コーニッツ駅を出発、この後はさらにディルシャウ、マリーエンブルク、エルビングを経てケーニヒスベルク(東プロイセン)へ向かった。(中略)1時50分にはさらにティルジットに向かう。(中略)5時15分、国境駅のラウクスツァルゲン着、15分後にリトアニア側の国境駅タウロゲン到着。ここからリガまでは通常なら残りわずか14時間の走行だが、単線である上、運行優先順位が低いため、いくつもの駅で長時間の待機を余儀なくされた。シャウレン駅(1時12分着)で護送要員は赤十字の看護婦たちから十分かつ申し分ないもてなしを受けた。牛肉入りの挽き割り麦スープがふるまわれたのである。(中略)19時30分、ラトヴィアのミタウ着。ここまで来ると気温がかなり低下したのがわかる。吹雪がはじまるとともに厳しい寒さに見舞われた。

　リガ到着は21時50分。列車は駅に一時間半留め置かれた。ここで本官が知らされたのは、ユダヤ人の行き先がリガのゲットーではなく、リガから北東に8キロメートル離れたスキロタヴァにあるゲットーだということだった。12月13日、23時35分、列車は別の線路や待避線に入ったり出たりをさんざん繰り返したのち、スキロタヴァ駅の軍事貨物用プラットホームに到着。列車は暖房を入れないまま停車を続けた。外気はすでに零下12度であった。引き継ぎの国家警察護送隊が居合わせなかったので、列車の監視には本官の部下がとりあえずあたった。列車の引き渡しがおこなわれたのは1時45分、同時に監視役も6名のラトヴィア人警官に引き継がれた。

　すでに真夜中を過ぎ、あたりは暗く、荷役ホームはひどく凍結していたので、ユダヤ人を車両から降ろし、2キロメートル離れた中継収容所に移送するのは日曜日の夜明けを待っておこなうこととした。本官が指揮する護送隊は警察が用意した2台のパトカーでリガに運ばれ、3時頃宿泊所に入った。本官自身はアム・シュロスプラッツ4番地にあるSSおよび警察上級幹部用宿舎「ペータースブルガー・ホーフ」に泊まった。

署名：ザーリッター警察大尉

Gemeente 's-Gravenhage

AANMELDINGSPLICHT
van personen van geheel of gedeeltelijk Joodschen bloede.

Alle Juden haben sich am 19 April d.J. um 8 Uhr morgens bei der Städtischen Schutzpolizei (im Feuerwehrkomando am Taš-Majdan) zu melden.

Juden die dieser Meldepflicht nicht nachkommen, werden erschossen.

Belgrad 14–IV 1941

Der Chef der Einsatzgruppe der Sicherheitspolizei und des S.D.

ETAT FRANCAIS
Ville de VICHY
ARRETE MUNICIPAL
RECENSEMENT des ISRAELITES

訳者による図版解説　（上）オランダ、スフラーフェンハーヘ市の布告。「ユダヤの血を引くもの全員に出頭義務」。（中）ユーゴスラビア、ベオグラード市、保安警察・保安情報部特別行動大隊長の命令。「出頭義務に応じないユダヤ人は射殺する」。（下）フランス、ヴィシー市の布告。「ユダヤ人に登録を命じる」、とある。

オランダの一事例

「ユダヤ人追放の件について」
オランダ占領地域弁務官付外務省代表者、デン・ハーグ駐在総領事オットー・ベーネがベルリンの中央政府に宛てた報告

1942年7月31日
　本日出発した列車を含めると、オランダに居住するユダヤ人のうち現在までに6000人が移送されたことになる。輸送それ自体は滞りなかった。今後数週間にわたる輸送に何らかの困難や妨害が生じるとは思えない。

1942年8月13日
　先回の報告以来、事態は容易ならない変化を見た。輸送とか、東方での労働徴用とかの中身に感づいたユダヤ人たちは、毎週の輸送に出頭しなくなった。今週は招集を受けた2000名のうち、出てきたのはわずか400人ほどにすぎなかった。住居にももはや姿がない。そのため2本の列車を満杯にするのは難しくなった。これから先、毎週の輸送列車をどのようにして満たしていけばよいか、まだ良策はない。

1942年9月11日
　推計によれば、オランダ国内には約2万5000人のユダヤ人が住所不定のまま滞在している。つまり潜伏中なのである。輸送員数はこれまでのところ保たれてきた。この数を将来も確保するため、さまざまな措置が準備されつつある。

1942年11月16日
　1942年9月11日付の報告D Pol 3 No.8以来、アウシュヴィッツへ向けてのユダヤ人輸送は支障なく無事進行した。10月15日までに約4万5000名が輸送済みである。
　弁務官からは、1943年5月1日までに全員のユダヤ人輸送を完了すべし、との指示が来ている。これはつまり、毎週の輸送人員を2000名から3500名に増やすことを意味する。

1943年1月6日

　オランダからのユダヤ人輸送は、1942年11月16日付本官の報告D Pol 3 No.8/No.1558以来、順調に進行している。現時点では輸送予定のユダヤ人の半数を送致し終えたことになる。

1943年3月26日

　オランダ人住民が同情心からか、あるいは欲に駆られてか、あいもかわらずユダヤ人の便宜をはかるという罪を軽率に犯す一例がある。8名のアーリア人が法に背いてまで何週間にもわたって、それもたったひとりのユダヤ人をつぎつぎに援助し、かくまったのである。(中略)オランダ警察の側にしても、逃亡中のユダヤ人を連れ戻すのは、たいていの場合かなり以前からドイツ警察に協力的な少数の警官にすぎず、大多数の者は上官や同僚、住民を怖れて関与しようとしない。

1943年4月30日

　さまざまな市町村からユダヤ人の自殺が報告された。混合婚[訳注]によってユダヤ人と親しくなった者を除き、住民はユダヤ人輸送に対し関心を寄せず、仕方のないこととあきらめているようだ。

1943年5月24日

　東方へのユダヤ人輸送は、ストライキによる不穏状態が起きようと、警察官が他の方面へ動員されようと決して中断されることがなかった。本日6万人目のユダヤ人が徴用のため東方へ移送された。(中略)アムステルダムおよび農村地区での逃亡ユダヤ人の捕捉は、一部ではオランダ人へ報奨金を支払いながら続けられた。

1943年6月25日

　オランダでユダヤ人登録をした14万の純血ユダヤ人のうち、10万人目が今日オランダ社会から除去された。(中略)先の日曜日、1943年6月20日にアムステルダムでおこなわれた2度目の大規模な作戦によって、24時間手入れを続けた結果、5500名という未曾有の数のユダヤ人を捕捉することができた。(中略)不測の事態には至らなかった。オランダ人住民は輸送に反対であるものの、表面上はだいたい無関心な態度を示している。(以下略)

終わりの4通は、保安警察司令官がオランダ占領地区弁務官宛てに毎週送った秘密報告書の一部を抄録したものである。

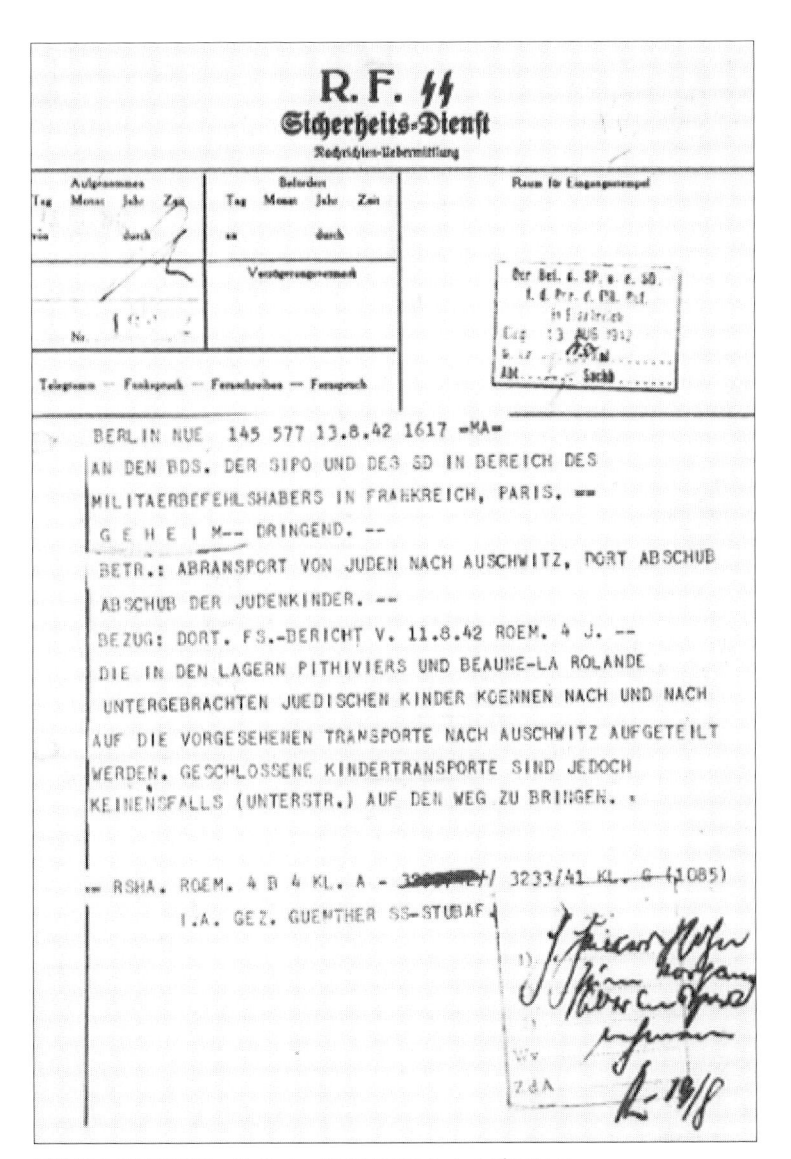

```
BERLIN NUE 145 577 13.8.42 1617 =MA=
AN DEN BDS. DER SIPO UND DES SD IM BEREICH DES
MILITAERBEFEHLSHABERS IN FRANKREICH, PARIS. ==
G E H E I M-- DRINGEND. --
BETR.: ABTRANSPORT VON JUDEN NACH AUSCHWITZ, DORT ABSCHUB
ABSCHUB DER JUDENKINDER. --
BEZUG: DORT. FS.-BERICHT V. 11.8.42 ROEM. 4 J. --
DIE IN DEN LAGERN PITHIVIERS UND BEAUNE-LA ROLANDE
UNTERGEBRACHTEN JUEDISCHEN KINDER KOENNEN NACH UND NACH
AUF DIE VORGESEHENEN TRANSPORTE NACH AUSCHWITZ AUFGETEILT
WERDEN. GESCHLOSSENE KINDERTRANSPORTE SIND JEDOCH
KEINENSFALLS (UNTERSTR.) AUF DEN WEG ZU BRINGEN. =

== RSHA. ROEM. 4 B 4 KL. A - 3---/ 3233/41 KL. G-(1085)
       I.A. GEZ. GUENTHER SS-STUBAF.
```

訳者による図版解説　次のページ3番目のテレタイプの原文

ドランシーの子どもたち

　パリにおける無国籍ユダヤ人[訳注]の逮捕は、フランス警察の手により1942年7月16日から18日にかけて執行される予定である。逮捕後、ユダヤ人の子ども約4000名が残されることが見込まれる。(中略)移送されることになっている無国籍ユダヤ人の子どもを、たとえば10回目からの列車にいっしょに乗せて追放できるかどうかの決定を至急テレタイプにていただきたい。
1942年7月10日付、パリ駐在ダネカーSS大尉のベルリン・国家保安本部宛テレタイプ

　1942年7月20日、国家保安本部第IV局B4課のアイヒマンSS中佐およびノヴァクSS中尉から電話。アイヒマンSS中佐とは子どもの国外追放に関する問題を協議。中佐はポーランド総督管区への輸送が再び可能になり次第、子どもの輸送もおこなうことができる旨決定した。
1942年7月21日付、ダネカーSS大尉の覚え書き

　ピティヴィエおよびボーヌ・ラ・ロランドの施設に収容されているユダヤ人の子どもを順次、予定のアウシュヴィッツ向け輸送列車に分散乗車させることは可能である。しかし、子どものみを乗せた輸送列車の運行は、事情を問わず厳禁(「事情を問わず厳禁」に下線による強調)。
1942年8月13日付、国家保安本部のパリ駐在保安警察
および保安情報部司令官宛テレタイプ

　1942年8月14日、8時55分、(はじめて子どもを含む)総数1000名のユダヤ人を乗せた輸送列車D 901/14号がアウシュヴィッツに向け、ル・ブールジェ・ドランシー始発駅をあとにした。
対象の人員構成は指示された方針に従ったものである。
1942年8月14日付、パリ駐在レトケSS中尉の国家保安本部、強制収容所査察官
およびアウシュヴィッツ強制収容所宛テレタイプ

毎夜、収容所のもう一方の片隅から絶望した子どもたちの泣き声が聞こえてきた。ときには正気を失ってしまった子どもたちが大声で叫んだり、金切り声を上げたりした。

　子どもたちがドランシー収容所にとどまるのは短期間だ。到着して2日あるいは3日すると、半数は500名の外国人の大人とともに収容所を出ていった。その2日後には残りの半数の番になった。

　移送の前日に、子どもたちはほかの大人と同じように身体検査を受けなければならなかった。2、3歳の子どもですら小さな手荷物を持ってバラックにやってくると、警官から所持品を徹底的に調べられた。出口の手前にテーブルがひとつ置かれていて、自発的に手伝いを申し出た者たちが一日中、子どもたちの荷物をできるかぎりもとのように整えてやった。幼い女の子のネックレスやイヤリング、ブレスレットなどは警察に没収された。(中略)

　移送の当日、子どもたちはふつう朝5時に起こされ、薄暗がりの中で服を着せられた。朝5時といえば寒いのがしばしばだった。しかしほとんどの子どもはたいそうな薄着のまま中庭へ下りていった。寝ているところを突然起こされ、眠気のため不機嫌になった幼い子らが泣き出すと、ほかの子も次々とこの例にならった。そこで中庭へ出て行こうとせず、むずがったり、服を着せられるのを拒んだりした。100名の子どもを収容する部屋全体がパニックと抑えきれない恐怖に襲われ、なだめすかしてなんとか下の中庭へ連れ出そうとする大人たちの言うことなどもう聞かなくなることもあった。そんなときには憲兵が呼ばれ、不安のあまり泣き叫ぶ子どもたちを抱きかかえて運び出した。子どもたちは中庭で点呼されるのを待った。自分の名前が呼ばれても返事を間違えることがしょっちゅうだった。年上の子どもは幼い子どもの手を握って離さなかった。どの移送の際にも、最後に付け加えられるのが若干いた。名前のわからない子どもたちだ。そのような子どもの場合、リストの該当欄には疑問符が書き付けられた。これは大して重要なことではなかった。列車の旅に耐えられる子どもが半数いるかどうか疑わしかったし、たとえ生き残っても到着そうそう殺されてしまうことには疑いがなかったからだ。

　両親が移送された後に残された4000名の子どもたちは、このようにして2週間のうちにドランシーからアウシュヴィッツ強制収容所に移送された。1942年8月後半の出来事であった。

ジョルジュ・ヴェレルスの報告

オランダ・キリスト教会の抗議

　次の細目は、1942年7月26日、日曜日、オランダにあるすべてのキリスト教宗派の教会でミサの際に読み上げられた告示の内容である。

1. 教会は法と正義の名において、ユダヤ人拉致とドイツへの労働者移送に対し異議を唱えることを自己の使命であると宣言します。
2. 教会はミサの告示として、弁務官に宛てた同月11日付の電文を公表します。電文は以下の通りです。

　ここに署名したオランダの諸教会は、オランダ在住のユダヤ人を通常の市民生活から排除する措置にすでに深刻な衝撃を受けていましたが、このたび男性や女性、子どもなど家族全員をドイツ国内、もしくはドイツの支配下にある地域へ連行するという新たな措置を知るにいたって驚愕しました。この措置によって何万もの人々の上に降りかかる苦難を思い、またこの措置がオランダ国民のもっとも深い倫理観に反するものであること、とりわけ神から法と正義としてわれわれに課されているものすべてを侵害するものであると認識する教会は、この措置を実行に移すことのないよう、貴官に緊急の請願を呈するものであります。ユダヤ人のキリスト教徒がこの措置によって教会生活への参加を断ち切られてしまうことを考慮すればなおさらのこと、この緊急の請願は我々に課されたつとめであります。

　　　オランダ・プロテスタント教会
　　　オランダ・ローマカトリック教会大司教並びに司教
　　　オランダ・カルヴァン派教会
　　　再洗礼派教区
　　　抗議書派信徒会
　　　オランダ・プロテスタント教会復興連盟
　　　オランダ・プロテスタント教区
　　　オランダ福音ルター派教会
　　　オランダ王国新福音ルター派教会

　　　　　　1942年7月31日付、デン・ハーグ駐在総領事オットー・ベーネの外務省宛報告

このように多くの苦しみが増え続けていくにつれて、教皇の全世界にわたる、慈父のような救援活動はさらに強まった。救いの手は国籍、宗教、人種などのいかなる敷居も越えていく。教皇ピオ12世のこれらさまざまな、倦むことのない活動は最近にいたって、かくも数多い不幸な人々の苦難の増大によって、いっそうの深まりを見せた。
1943年10月25日、26日付『オッセルヴァアトーレ・ロマーノ』紙

ヴァチカンの見解

　教皇は各方面から執拗に態度表明を迫られていると仄聞はするものの、「ユダヤ人をローマから強制移送することに反対するいっさいの声明を避けて」います。この態度がわれわれの敵側の恨みを買い、アングロサクソン諸国のプロテスタント社会によってカトリック攻撃の宣伝に使われることは教皇もきっと考えているに違いありませんが、教皇は「この微妙な問題においても、ドイツ政府ならびにローマ駐在ドイツ代表機関との関係を損なわないよう、あらゆる努力をはらって」います。ここローマでドイツがユダヤ人問題にさらなる行動に出ることはもはやあってはならないことなので、「ドイツ・ヴァチカン関係にとって不愉快なこの問題は清算済みと考えてよい」と思います。

　ともかくもこれに関してはヴァチカン側からはっきりしたサインが示されています。つまり、『オッセルヴァトーレ・ロマーノ』紙は10月25日、26日、紙面のよく目立つところに教皇の慈善活動に関する半ば公式のコミュニケを掲載したのです。そこには、ヴァチカン新聞特有の回りくどく不明瞭な文体でこう書かれてありました。「教皇は慈父のような心遣いを国籍および人種を越えてあらゆる人間に施している。教皇ピオ12世の多方面にわたる、たゆまない活動は昨今、かくも数多い不幸な人々の苦難が増大しているため、いっそう強まってきた」。

　このコミュニケの文言にも、またそれを発表したことにはなおさらのこと、異議を唱える必要はありません。同封の翻訳を読んで、その文面がユダヤ人問題を特別に示唆したものだと解する人は、まずいないからです。

1943年10月28日付、ヴァチカン駐在ドイツ大使エルンスト・フォン・ヴァイツゼッカー[訳注]の
ドイツ外務省宛機密外交書簡

ユダヤ人への通知、ブダペスト

1941年2月22日、アムステルダム（169ページまで）

ユダヤ人への恐ろしい弾圧に抗議する！
職場で、地域で自衛組織を作ろう！
重大な打撃をこうむったユダヤ人労働者と連帯しよう！
ナチの暴力からユダヤ人の子どもを奪い返せ、そして君たちの家族にまぎれ込ませるのだ！
ストライキ！　ストライキ！　ストライキ！
連帯を！　勇気を！
我が国の解放のため誇り高く闘おう！

オランダの非合法ビラ

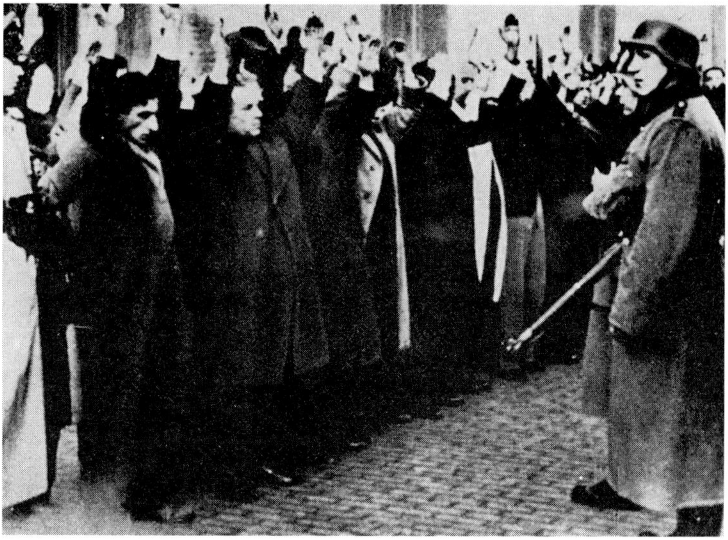

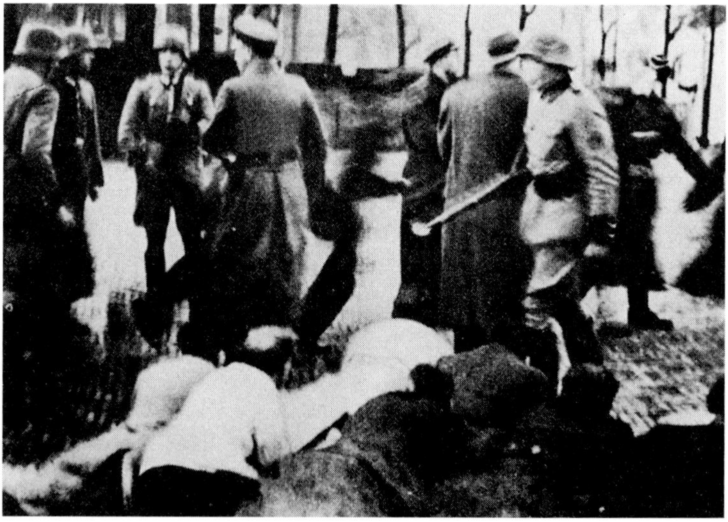

抵抗の意志を最も強烈に表明した一例は、1941年2月25日と26日におこなわれたオランダ労働者による大規模な連帯ストライキであった。アムステルダムに古くからあるユダヤ人居住区に警察が一斉手入れをした際、苦境に追い込まれたユダヤ人を救おうと駆けつけた造船労働者と、オランダ人の対独協力者とのあいだで衝突が起きた。警官1名が負傷し、死亡した。宣伝目的に仕立て上げられたその葬儀はまた新たな争乱を呼んだ。このためヒムラーは2月22日、400名のユダヤ人を人質として逮捕した。この不幸な者たちは20歳から35歳までの例外なく若い男性ばかりで、住居から引きずり出されると銃床で殴られながら、ヨナス・ダニエル・メイエル広場に追い立てられた。ユダヤ人同胞に連帯しているオランダ人住民は憤慨した。抵抗組織はビラをまいて、横暴な措置に対し公然とした抗議に立ち上がるよう呼びかけた。2月25日、アムステルダム市の労働者、サラリーマン、公務員たちはドイツ占領軍の目の前でストライキに入った。ザーンダム、ヒルフェルスム、ユトレヒト、ロッテルダムの各都市がこれにならった。オランダ駐留ドイツ国防軍司令官はアムステルダムに戒厳令を布き、非常事態を宣言した。著名な労働運動指導者たちは全員が逮捕され、抵抗運動の闘士18名は射殺、ほかの多くは投獄された。ストライキを鎮圧するのに投入しなければならなかった警官の数は4個大隊にのぼった。人質となったユダヤ人はまずブーヘンヴァルト強制収容所へ、さらにマウトハウゼン強制収容所へ送られ、むごい拷問の末、全員が殺された。

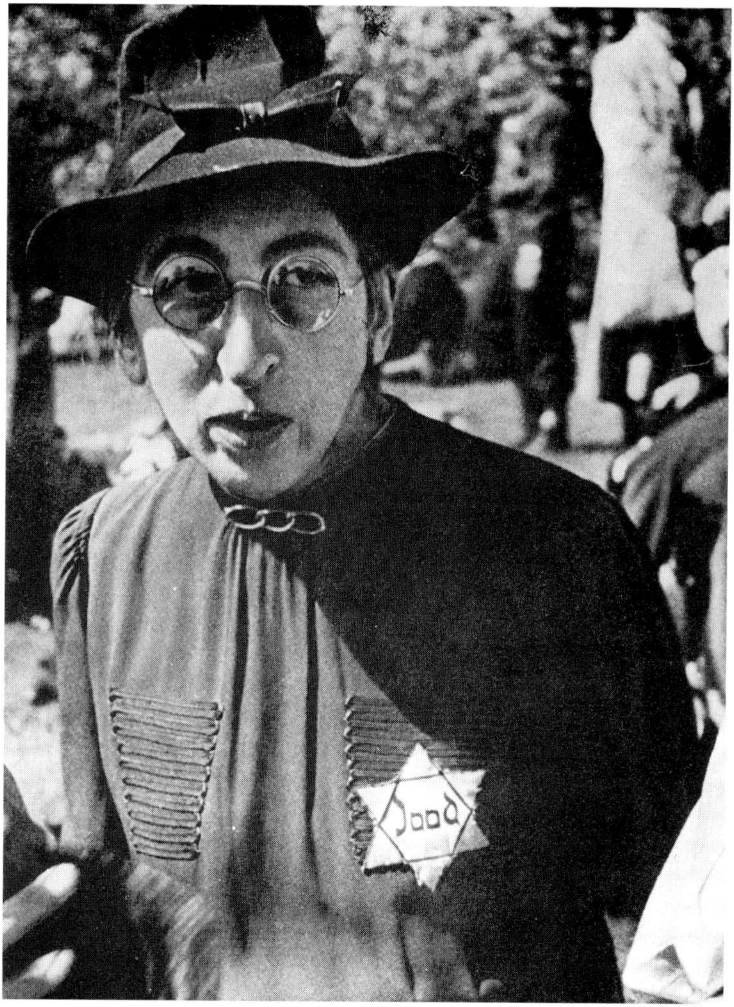
Jood

オランダ、1940年
検事長、警察署長の名で出された触れ書き
「ユダヤ人の立ち入り禁止」とある

1. 満6歳に達したユダヤ人がユダヤの星をつけることなく公共の場に出ることを禁止する。
2. ユダヤの星とは手のひら大の黄色の布地でできた正六点星で、黒く縁取りし、星の上に黒色で「ユダヤ人」と書いたものをいう。よく見えるよう衣服の左胸にしっかり縫いつけなければならない。

1941年9月1日付「ユダヤ人の目印に関する警察命令第1条」

集合地点へ向かう

　本年7月中旬もしくは8月中旬から毎日運行する特別列車で各1000名ずつ、さしあたりフランス占領地域から4万名、オランダから4万名、ベルギーから1万名をそれぞれ徴用のためアウシュヴィッツ収容所へ移送する予定であります。(中略)この件よろしくご承知おき願います。また今回の措置に対し外務省側から何らかの意義が生じることはないと考えております。
　　　1942年6月22日付、国家保安本部アイヒマンが外務省参事官ラーデマッハーに宛てた書簡

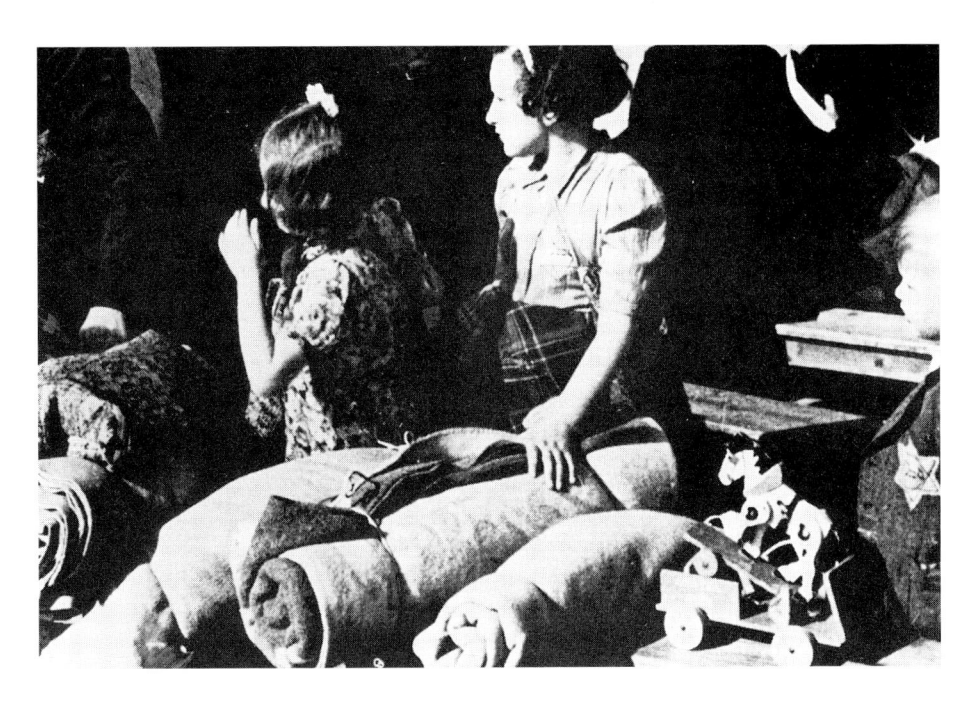

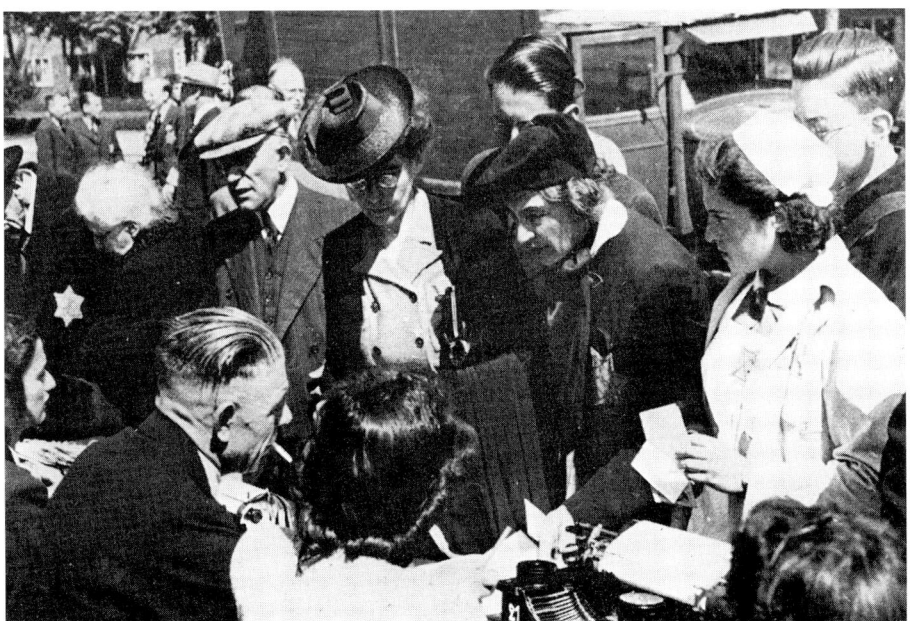

ユダヤ人登録

アムステルダム、1943年夏

　もし私たちがいま口をつぐみ、傍観すれば、神と歴史とは私たちを厳しく断罪し、この大量虐殺の共犯者である、と宣告するでしょう。オランダは蹂躙され、屈辱的な扱いを受けています。いまこそ私たちは、たとえ弾圧されていても私たちの名誉は失われていないこと、私たちの良心は沈黙していないこと、そして私たちの信仰は弱まっていないことを立証しなければなりません。(中略)ナチの悪逆非道を妨害する機会のある人々すべてが、とりわけ公務員、警官、鉄道員などの方々が行動に立ち上がることを期待します。

1942年7月、オランダの非合法ビラ

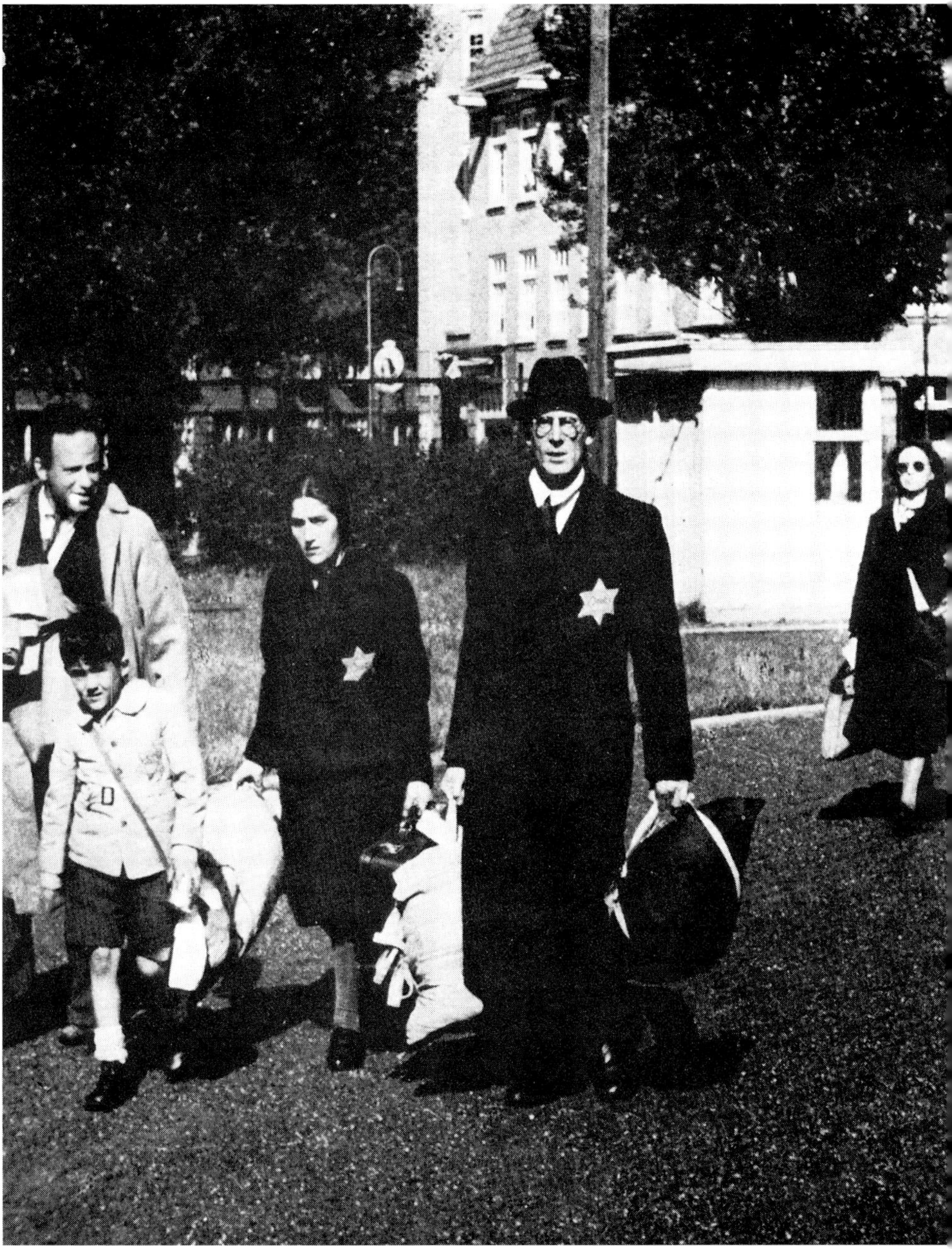

ヴュルツブルク、ドイツ、1942年4月

冒頭、アイヒマンSS中佐がドイツ本国、ならびにオストマルクおよび保護領[訳注]からさらに5万5000名のユダヤ人を疎開させることについて述べた。とりわけプラハは2万名、ウィーンは1万8000名を疎開させることとなり、関与の度合いがもっとも強い。デュッセルドルフからの輸送人員は今回も1000名の割り当て

である。(中略)疎開準備についてユダヤ人には絶対知られてはならない。それゆえ、完全な秘密保持が不可欠である。(中略)次に、疎開を実施済みの国家警察署が、これから新たに任務を果たすことになる署に対し、いままでの経験を伝えた。

　　　　　　　1942年3月6日、国家保安本部第Ⅳ局B4課での協議報告

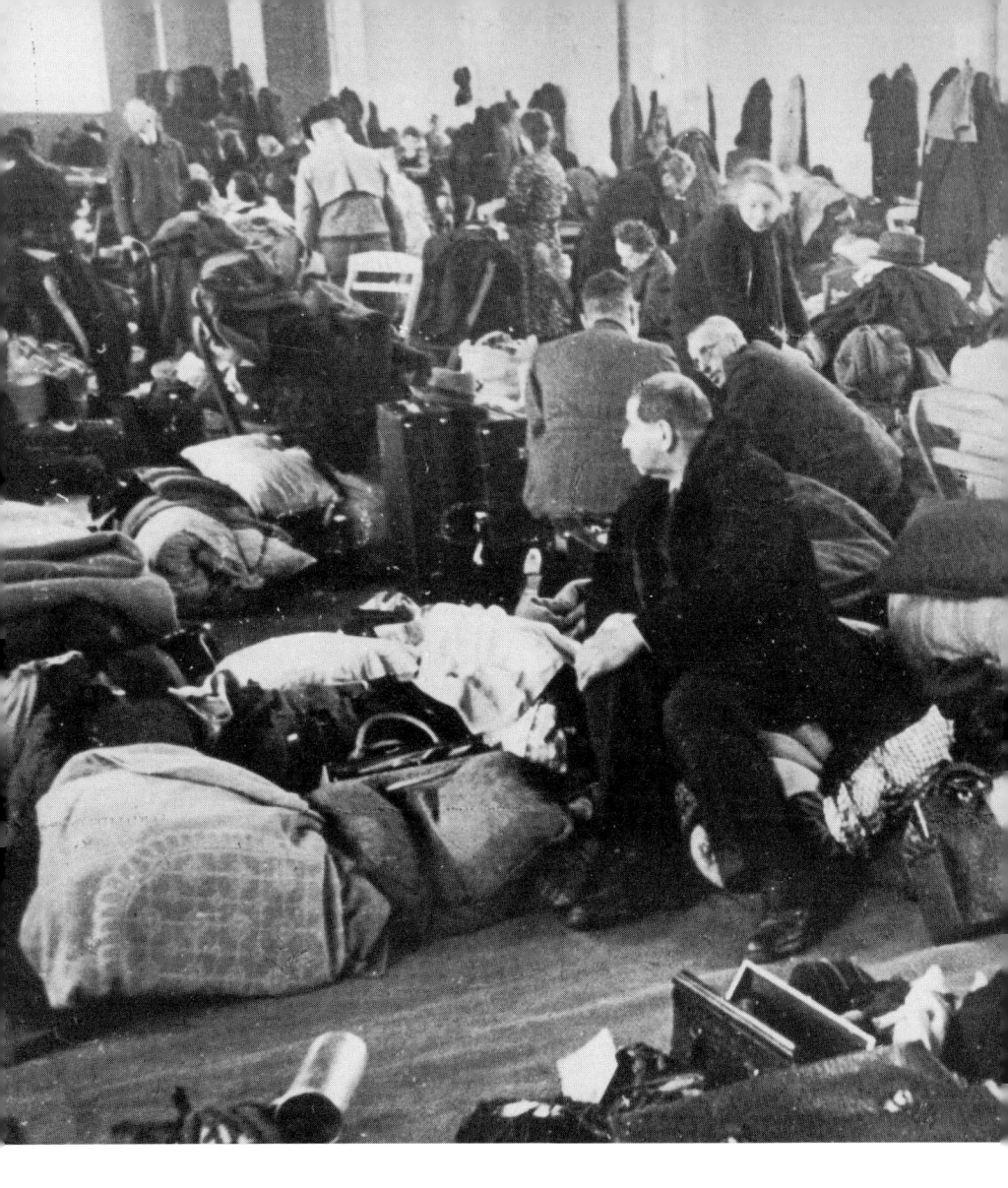

驚クベキ情報入手、ドイツ総統司令部ガ検討中、ドイツ統制下占領下諸国ユダヤ人350万カラ400万（ソビエト除ク）ヲ東方ニ移送収容後絶滅ノ計画、目的ヨーロッパユダヤ人問題ノ一挙最終解決（マル）作戦実施ハ今秋、検討下ノ殺害方法青酸モ含ム（マル）未確認情報ノタメ注意要スルモ打電ス（マル）情報提供者ドイツ高官ト緊密ナコネ有リトノコト、情報ハ概ネ信頼ニ足ル

　　ジュネーブに本拠を置くWHC代表ゲルハルト・リーグナーが1942年8月8日付でニューヨークとロンドンのユダヤ人指導者に宛てた電報

シュトゥットガルトの集合地点キレスベルク　　　　　　　　　手荷物検査、1941年12月

ウッジ市のゲットーで死亡した人々のパスポート（Jのスタンプはユダヤ人の意）

　　その後間もなくアイヒマンがアウシュヴィッツのわたしを訪ねてきて、各地域ごとの作戦計画をうち明けた。その順番を正確に述べることはもうできない。アウシュヴィッツ収容所に割り当てられるのは、まずオーバーシュレージエン、ならびに総督管区のうちオーバーシュレージエンに隣接する地域だった。同時にドイツ本国やチェコスロバキアからのユダヤ人も状況に応じ継続的に受け入れる。ついでフランス、ベルギー、オランダなど西ヨーロッパのユダヤ人。

アイヒマンは予想されるおよその輸送人数を挙げたが、いまではその数は覚えていない。さらに私たちは殺戮の実施方法について協議した。それにはガスを使用するしかないだろう、とのことだった。予想される大人数を銃殺により除去することはまずもって不可能であろうし、女や子どもまでも、となると銃殺を実行するSS兵士には精神的重圧が大きすぎるからである。

アウシュヴィッツ強制収容所司令官の手記

パリでの警察のユダヤ人一斉検挙

　この間、無国籍のユダヤ人4000名が1000名ずつ輸送列車に載せられドランシーからアウシュヴィッツ収容所へ送致された。(中略)7月下旬までに総計1万3000名のユダヤ人がフランス占領地区から追放された。8月末までには2万6000名のユダヤ人がフランスを退去していることになろう。国家保安本部の承認のもと、ユダヤ人の子どもも同じように送致される。(中略)9月の輸送計画にはいまのところ13本の列車が予定されている。

1942年7月30日付、フランス駐留軍司令官付き参謀長宛の連絡文書

イジュ村の児童養護施設にいる子どもたち

案件：イジュのユダヤ人児童養護施設

参照書類：なし

今朝、アン県イジュ村のユダヤ人児童養護施設「コロニー・アンファン」を一掃。3歳から13歳までの全児童41名を捕捉。くわえて、女5名を含む10名のユダヤ人職員も逮捕。現金、その他の貴重品は押収できず。ドランシーへの移送は44年4月7日。

　　　リヨンの保安警察および保安情報局局長のSS中佐バルビーが保安警察
　　　　　および保安情報局パリ本部に1944年4月6日付で送ったテレックス

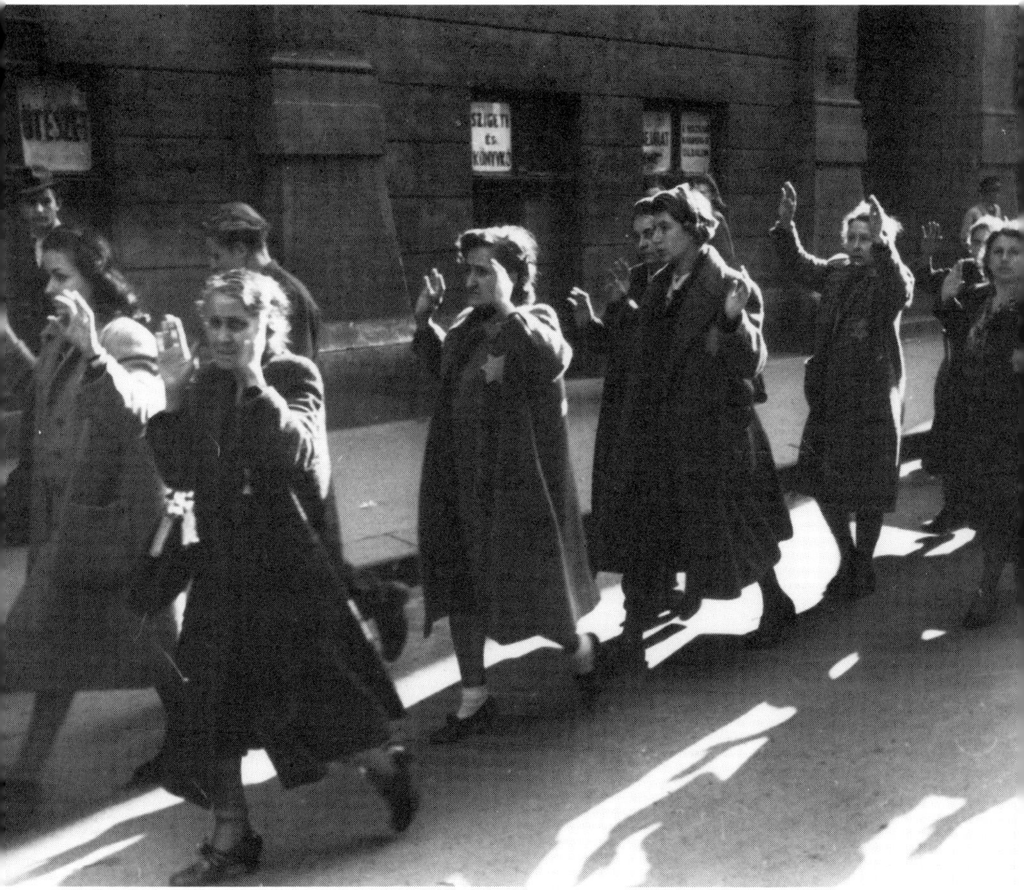

ブダペストでの「移住」

街路はすべて閉鎖された。人々は検査を受けるため列んでいた。証明書類を見せるだけではたりず、尋問にも答えなければならなかった。(中略)列の前方にはわたしの番になるまでにあとまだ二人立っていた。わたしはいきなり四つんばいになると、SS隊員がはく茶色の長靴の足もとを這っていった。あの頃にも自己の良心にもとづいて人間を守ってくれるひとはいたのだ。わたし自身、そのような人々によって救われた。英雄勲章がふさわしいのはまさにそうした人々だ。

ジェルジ・コンラート、ブダペスト

保護を求めてスイス公使館につめかけた人々、ブダペスト

　　　　デンマークやノルウェーのような若干の国では、当局が大規模な移送を回避
　　　　したし、ハンガリーやスロヴァキアではすくなくともしばらくのあいだ延期する
　　　　ことに成功した。スエーデン、スイスおよび他の国々は、追われてきた人々に
　　　　旅券を発給し、ゲシュタポの追及の手から逃れさせた。ブダペストのスエーデ

ン公使館だけでも1万5000通以上の保護状を交付した。1944年10月、ハンガリーでファシストがクーデターを起こし、凄惨なポグロムを実施したあと、スエーデンは多くのユダヤ人家屋に治外法権[訳注]を宣言し、そこに済む多数の住民の命を救った。

ブルガリア(上)とオランダ(右)での国外移住

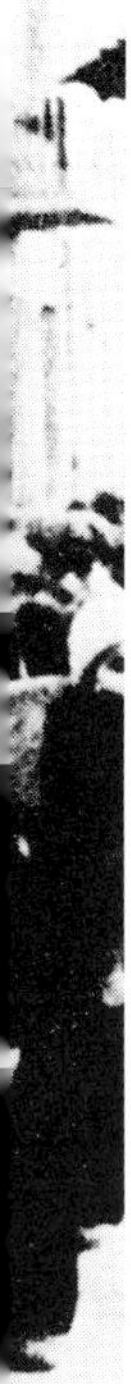

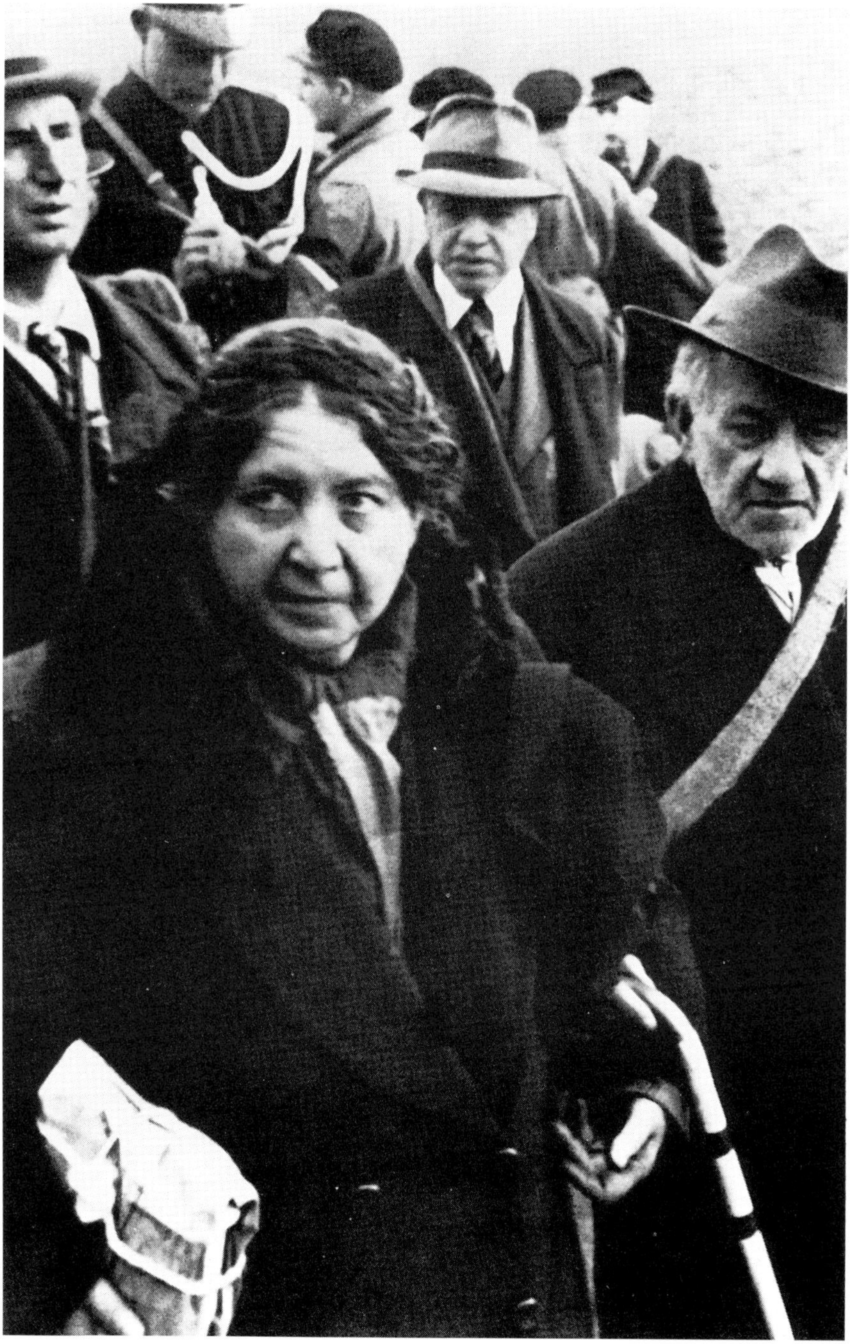

ヴェスターボルクの
中継収容所

ヒトラー・ドイツの同盟国の中にもユダヤ人絶滅政策に異を唱える国がかなりあった。イタリア、イタリア占領下のフランスおよびユーゴスラビアでは、ドイツ国防軍が進駐してくるまでユダヤ人は保護されていた。ブルガリアは併合したマケドニアとトラキアの地域から「無国籍の」ユダヤ人のみを引き渡した。し

かしドイツ占領下のヨーロッパでは大多数のユダヤ人に救いはなかった。ドイツのユダヤ人はもっとも長い苦難の道をあゆみ、ありとあらゆる迫害をこうむった。彼らはウッジやテレージエンシュタットのゲットーで、リガやミンスクの集団銃殺壕で、そしてアウシュヴィッツとトレブリンカのガス室で死んでいった。

アウシュヴィッツとソビボルへ向かう移送

　以前も今もわたしにとって最も重要なのは、できるかぎり多数のユダヤ人を東方へ移動させることである。毎月どれだけのユダヤ人が輸送され、現在残る数がどれだけであるかについては、保安警察の短い月次報告でたえず知っておきたい。

1943年4月19日、ハインリヒ・ヒムラー

VI

絶滅収容所

ドイツ全土に強制収容所と無数の付設収容所および出張所が巨大な網の目のように張り巡らされた。これらの収容所は、比較的大きな町であればどこからでも簡単に行くことができ、その名前は全世界に知れわたった。以後、ダッハウ、ザクセンハウゼン、ブーヘンヴァルト、ラーヴェンスブリュック、マウトハウゼンといった地名が、ヨーロッパの人たちのイメージする新しいドイツの地理となった。そして占領された地域には必ず新しい収容所が作られた。収容所にはさまざまなカテゴリーがあり、残虐行為にも種々の段階があった。しかしどこであれ、耐え難い暴行、飢餓、病苦、重労働そして死が囚人を待ち受けていることに変わりはなかった。人々は衰弱して死ぬか、殺されるか、あるいは絶望のあまりみずから高圧電流の流れる有刺鉄線に跳びついた。

　「最終解決」という途方もない計画の実行には、今までとは違った方法が必要になった。ドイツではすでに、「安楽死[訳注]」という口実のもと、精神病患者が密閉された部屋でガスによって窒息死させられていた。今度はこの方法が大規模に使われることになったのである。ヘウムノ、ベウジェツ、ソビブルおよびトレブリンカという絶滅収容所がポーランドにつくられ、死体の処理をする特別作業班の人たち以外に囚人は誰も生き残らなかった。こうした収容所では、人々は到着するとすぐに殺された。絶滅収容所と強制収容所を組み合わせたものもあった。マイダネクそして特にアウシュヴィッツ・ビルケナウである。後者はヒトラーの帝国における最大の強制労働企業体であるとともに、最大の人間殺戮施設でもあった。4棟の焼却施設を備え、1日に9000人以上をガスを使って殺害し、焼却できる「処理能力」があった。ガス室によって大量殺人が工業化されたのである。銃で殺していてはとても間に合わない数の人間が送り込まれたが、殺人工場はそれをすべて飲み込んだ。ガスで窒息死させられなかった者は重労働で殺され、すぐに死ななくても、3ヶ月後には死んだ。

　選別の際に労働可能として選り分けられた人たちには、この世の地獄が待っている。焼けつくような日差しの中、あるいは凍りつく寒さの中で8時間、刑罰としておこなわれる点呼に整列しなければならない。木馬[訳注]の上に縛り付けられるか、仲間の絞首刑に立ち会わなければならない。衰弱して震える体で重いセメント袋を運んだり、あるいは監視兵を喜ばせるため

に屈伸運動もしなければならない。そこで倒れたら殴り殺されることはみな分かっている。どんな写真も文章も、これらが一体どういうことなのかを私たちに実感させることはできない。

　これが間接的に死に至る道である。煙を吐き出す煙突に絶えず怯えながらの命。もう一度、短い間貸し与えられた、貸す側の役に立つための命である。「労働による絶滅」と公式には呼ばれていた。SSは囚人を安い労働力として1日3ライヒス・マルクでシュレージエンの炭坑や、まるで寄生虫のように収容所の近くに移転してきた軍需工場に貸したのである。ジーメンス・シュッカート、クルップさらには自社専用の付設収容所まで作ったイー・ゲー・ファルベンである。男も女も倒れるまで働かされる。現代の奴隷集団で、毎日、「使いものにならなく」なった囚人がガス室に引き渡され、続々と送り込まれる移送者で補充されるのである。

　こうして殺人がビジネスになった。人間を搾取し、利用し尽くすシステムは完璧であった。人々の貴重品と衣類を奪い取り、労働不能な家族を殺し、彼らの労働力を体力の限界まで利用するか体を医学実験によって切り刻み、死体になれば金歯を抜き取り、遺灰は肥料として使った。一人ひとり殺したり、貨車に乗せられた人たちを丸ごと殺し、この殺人行為について帳簿をつけていた。自分たちが何をしているのか知りたかったためであったし、上司に報告するためであった。そして、これがいつか終わるだろうなどとは思わなかったからである。

　ユダヤ人輸送は何年も続いた。外務省が外国からの批判をそらす役割を担い、人間を捕まえるのはゲシュタポの仕事であった。列車の運行計画は運輸省が作成し、アウシュヴィッツの収容所司令部はますます巨大化する殺戮施設を建設した。
　この地獄を生き延びたわずかな人たちが語っていることが事実であることは、人殺しどもが書類に書き込んだ信じがたいメモが証明している。しかし、読めば読むほど理解しがたい。それでもなお、これらの報告のどれ一つをとっても現実の恐ろしさには及ばない。こうしたことは人間の言語によっては表現することができないのである。

ある目撃者の報告

翌日われわれはベウジェツへ移動した。こうした目的のために、小さな特設駅舎が暫定国境線の左端のルブリンとレンベルクを結ぶ街道のすぐ北側にある丘の麓に設営されていた。この街道の南側には、何棟か家屋が建っていて、そこには「武装SSベウジェツ特殊部隊訳注」と記されていた。当地の殺害施設全体の長は、本来、警察大尉のヴィルトだが、まだ到着していないということで、グロボツニクがわたしをピルマゼンス出身のオーバーマイヤーSS大尉に紹介した。オーバーマイヤーがその日の午後に案内したのは、わたしに最低限見せなければならない場所だけだった。この日は死体を目にすることはなかった。ただ、暑い盛りの8月ということもあって、あたり全体に漂う臭いだけは耐えがたいものだった。そのほか目にとまったのは、蠅の大群がどこにでもいたことである。

小さな複線の駅のすぐわきに、一棟の大きなバラックが建っていた。そこは携帯品預かり所と呼ばれ、貴重品を渡す大きなカウンターが取り付けてあった。預かり所のうしろには100脚ほど椅子のある部屋があった。散髪室だった。そのさきは細い並木道で、白樺が生い茂っていた。だが、両側に二重に鉄条網が張られていて、そこに「吸入室・浴室へ」と書かれた標識がかかっていた！

道を抜けると目の前に見えてきたのは、ゼラニウムの花で飾られた浴場のような建物だった。数段の階段を上ると左右に部屋が3室ずつあった。縦横5メートル、高さ1.9メートル。ガレージに取り付けてあるような木製のドアのある部屋だった。暗いのでよく見えなかったが、奥の壁には大きな木製の搬出用ドアがあった。屋根には、「気の利いた軽い冗談」のつもりなのだろう、ダビデの星が描かれていた。この家屋の入り口には、ハッケンホルト財団という表札があった！ この日の午後は、それ以上見て回ることはできなかった。

翌朝の7時少し前に、10分ほどで最初の輸送列車が着く、と知らされた。そのとおり、数分後にレンベルクからの最初の列車が到着した。45輌に6700人が乗せられていて、そのうちの1450人が到着時にはすでに死んでいた。格子のついた小窓からは、ぞっとするほど青ざめ、おびえた顔の子どもたちがのぞいていた。眼差しにははかりしれない恐怖心がただよっていた。成人の男や女もいた。列車がホームに入ると、200人のウクライナ人たちが勢いよくドアを開け放ち、皮のむちで人々を車輌

の外に追い出した。大きなスピーカーから、服を脱げ、義肢や入れ歯、眼鏡などをはずせと、矢つぎばやに指示が出された。金品はカウンターで提出することと指示がでても、引換券や預り証が渡されるわけではない。靴も紡糸原料として集められた。靴の左右は丁寧に結びつけられた。2.5メートルもの高さになる靴の山で、なくなった片方を見つけだすのは無理だからだ。次に、女たちは大人も子どもも散髪へと連れてゆかれた。散髪屋は二、三度ハサミを動かすだけで、ばっさりと髪の毛を切り取り、ずだ袋に放りこんだ。「よくは知りませんが、これは潜水艦の特殊な目的のためらしいです。パッキングとか何とかの」、とそこで勤務についていたSS少尉が教えてくれた。しばらくしてこの人々の列が動き出した。絵に描いたように美しい少女を先頭にして、全員が並木道を歩いていった。男も女も子どもも、みんな裸で、義肢もつけていなかった。わたし自身はヴィルト大尉と一緒に、小屋のあいだのプラットホームの上に、見下ろすように立っていた。胸に赤ん坊を抱いた母親たちがいた。こちらに上ってきた。ためらっていたが、死の小屋に入っていった。角のところにがっしりとしたSS隊員が立っていて、重々しい声で哀れな人々にこう言っていた。「心配はまったくいらない。小屋に入ったら大きく息を吸えばよろしい。そうすれば肺が広がる。病気や伝染病を防ぐために薬の吸入は必要なのだ」と。この男は、わたしたちはどうなるのでしょうという質問には、「もちろん男たちには作業をしてもらうことになる。家を建てたり、道路工事をしたりと。女たちは働かなくていい。何かしたいというなら、家事や台所の手伝いをすればいい」と返事をしていた。この言葉で、哀れな人たちの何人かはかすかな希望を抱いたかも知れない。小屋への数歩の道のりを、二の足を踏まずに歩んだかも知れない。だが大多数の人たちにはもうわかっていた。悪臭がかれらの運命を告げていた。低い階段を上れば、中の様子は見える。子どもを抱いた母親、裸の子どもたち、大人たち、男や女たち、みんな裸だ。ためらいながらも、死の小屋に入ってゆく。後ろの人たちに前へと押されて。さもなければSS隊員の革のむちに追いたてられて。ほとんどの人がおし黙っている。燃え立つような目つきの、年格好は40歳ぐらいのユダヤ人女性が、殺人者たちはここで流される血に染まるがいいと叫んだ。彼女の顔をめがけてむちが五、六度振り下ろされた。ヴィルト大尉がじきじきに、手に持っていた乗馬用のむちで打ったのだ。そのあとで彼女も小屋の中に消えていった。多くの人が祈りを唱えていた。わたしもかれらと祈った。片隅で

小さくなって、わたしとかれらの神に向かって大声で叫びたかった。わたしもかれらと一緒に小屋に入りたかった。かれらと死をともにしたかった。そうしたら、制服姿のSS士官があとで中で見つかったことだろう。事件は事故と判断され、処理され、なんの騒ぎにもならず終わってしまうだろう。今はそれではいけないのだ。わたしはその前に、ここで見聞きしたことを人に伝えなければならない。小屋はいっぱいになっていく。しっかり詰めろ、とヴィルトが命じたのだ。人々は足を踏みつけ合いながら立っている。700人から800人ほどの人が、25平方メートル、45立方メートルの空間に押し込められている。SS隊員が詰め込めるだけ詰め込んでいる。ドアが閉められる。第一陣が済むあいだ、ほかの人たちは外で裸のまま待っている。(中略) 今やっと、この施設全体がハッケンホルト財団と呼ばれている理由が、わたしにもわかった。ハッケンホルトというのはディーゼルエンジンの操作員の名前で、一応エンジニアでもあった。と同時にこの施設の建設者でもあった。ディーゼルエンジンの排気ガスで殺すのである。ところがディーゼルエンジンが動かない。ヴィルトが様子を見にゆく。よりによって今日、わたしが立ちあっている日にこういうことになり、ヴィルトは見るからにばつが悪そうにしている。そのとおり。わたしは何も見逃すまい、一部始終が終わるまで。わたしはストップウォッチを動かして、しっかりと記録していた。50分経過、70分経過。ディーゼルエンジンは始動しない。人々はガス室の中でじっとしている。何も起きない。泣き声や、すすり泣きが聞こえてくる。(中略)ヴィルトはむちで、ハッケンホルト少尉の手伝いをしているディーゼル係のウクライナ人の男の顔を、十数回、打ち据えた。ストップウォッチの正確な記録では、2時間と49分後に、ディーゼルが動きだした。この瞬間まで、ここの小屋の中でかれらは生きていた。45立方メートルの四つの空間に750人の4倍の数の人たちが。ディーゼルが動き出してから25分。そのとおりだ。多くの人がもう死んでいる。のぞき窓には電灯がとりつけてあり、それで少しのあいだ中が明るくなるのでわかる。28分後には生きている人はほとんどいない。32分後にはもう全員が死んでいた。
　反対側の木製のドアを作業部隊の男たちが開けた。かれら自身もユダヤ人だが、かれらは死なずにいられた。こうした恐ろしい仕事の報酬に、死んだ人たちが残した金めの物のおこぼれをもらえることにもなっていた。死者たちは小屋の中で立ったままお互いにもたれあい、石柱のようにつっ立っていた。倒れる隙間も、前のめりになる隙間さえもなかっ

た。死んでさえ家族はそれとわかった。死の恐怖にからだをこわばらせながらも、手を握りあっている。第二陣のためにガス室を空にしなければならないので、手を引き離そうとするのだが、なかなかうまくいかない。死体は外に放り出された。汗や小便で濡れ、糞便にまみれ、月経の血で脚を染めた死体だ。子どもの死体は投げとばされた。時間がないのだ。ウクライナ人たちのむちが、作業部隊の男たちを狙ってうなりをあげた。20人ほどの歯科医が、死者の口を器具でこじ開け、金の詰め物がないか検査した。左に金、右はなし、などと言っている。すると別の歯科医たちがペンチとハンマーで顎から金歯と歯冠をはずす。(中略) 裸の死体は木製の担架に乗せられ、数メートルほどしか離れていないところに掘られた100×20×12メートルの穴に引きずられてゆく。数日後に死体は腐ってふくれあがり、しばらくするとドッと崩れ落ちてぺしゃんこになる。それで、その上に新たな死体の層が積めるようになるのだが、その前に10センチほどの厚さで砂がかぶせられる。あとは、ところどころに頭や腕が出ているばかりとなる。そのような穴に入って、死体の山をよじ登りながら作業しているユダヤ人を目撃したことがある。輸送列車で到着した囚人のうち、死んでいた者たちが間違って着衣のまま放り込まれたため、という説明だった。通常であれば墓場に持っていってよいものかも知れないが、紡糸原料になったり金品があったりするので、脱衣作業は当然あとからでもおこなわなければならない、と言うのである。ベウジェツでもトレブリンカでも、殺した者たちを一人ひとり数えたり記録したりするようなことはしていない。数字は車輌単位の概算にすぎない。(中略)

　1942年8月19日に、われわれはヴィルトの車でトレブリンカへ向かった。ワルシャワから北北東120キロメートルのところだ。施設はベウジェツとほぼ同じだが、ただ、はるかに大規模だ。ガス室は8室。スーツケースや繊維類や下着が山のように積まれている。われわれに敬意を表する意味で、集会室でヒムラー好みのドイツの伝統に倣った晩餐会が催された。料理は質素なものだったが、量はいくらでも用意されていた。ここの部隊が、肉にしてもバターにしてもそのほか何にしても、特にアルコールは、望むだけ入手できるよう指示をしたのはヒムラー自身だった。

　次にわれわれは車でワルシャワに向かった。ワルシャワを発つときは列車だったが、寝台車が確保できなかった。その列車の中でベルリン駐在のスウェーデン公使館の秘書官、フォン・オッター男爵と出会った。わたしはかれにすさまじい光景の見たままをすべて話し、一日の遅れで何

千、何万の人命が犠牲になるので、このことをすぐにスウェーデン政府と連合軍に報告してくれるよう頼んだ。(中略)その後わたしはスウェーデン公使館で、二回フォン・オッター氏に面会した。その間にかれの報告はストックホルムに届いていた。この報告はスウェーデンとドイツの関係に多大な影響を及ぼしたというのが、かれの言葉だった。わたしは同じことを、在ベルリンのローマ教皇大使にも伝えようとした。その時軍人かどうかを問われたので、そうだと答えると、それ以上の話し合いを拒絶されてしまった。そしてヴァチカン大使館を立ち去るように求められた。大使館を出ると、一人の警察官が自転車でわたしをつけてきた。そしてわたしの脇を通り過ぎると自転車を降りた。ところが、なぜなのか皆目見当がつかないが、この警察官はわたしをそのまま行かせてくれたのだった。わたしはここに述べたことのすべてを何百人もの著名人に話した。とりわけカトリック教会のベルリン司教付き法律顧問官ヴィンター博士には、教皇にこのことを伝えてくれるよう切にお願いした。

SS中尉クルト・ゲルシュタインの1945年5月4日の記録

アウシュヴィッツ収容所司令官の供述調書

　わたし、ルドルフ・フェルディナンド・ヘス[訳注]は、法に定められた先の宣誓にしたがい、以下のことを供述いたします。
1. 年齢は46歳です。1922年より国民社会主義ドイツ労働者党の党員です。34年からSSの隊員となり、39年からは武装SSの隊員です。1934年12月1日以降は、通称、ドクロ隊と呼ばれるSSの収容所監視隊の隊員です。
2. 1934年から、わたしはずっと、強制収容所の管理に関わっておりました。1938年まではダッハウ収容所に勤務していました。その後1938年から1940年5月1日まで、ザクセンハウゼン収容所の副官でしたが、その時期にアウシュヴィッツの司令官に任命されました。アウシュヴィッツを指揮していたのは1943年12月1日までで、その間に、推定で少なくとも250万人の犠牲者が毒ガスにより処刑され、焼却されて殲滅されました。さらにそのほか、少なく見積もっても50万人が餓死または病死しており、したがって、死者の合計は約300万人になります。この数は、因人としてアウシュヴィッツに送られてきた人数全体の約

70から80％になります。残りは選びだされた者たちで、強制収容所に付設されている工場で、奴隷労働に利用されました。処刑され、焼却された者たちには、捕虜となった約2万人のロシア人兵士が含まれています。(中略) 残りの犠牲者の内訳は、約10万人がドイツのユダヤ人、それ以外の大多数は、オランダ、フランス、ベルギー、ポーランド、ハンガリー、チェコスロバキア、ギリシャや、その他の国々から連れてこられた者たちで、そのほとんどがユダヤ人です。ハンガリー出身のユダヤ人の場合、アウシュヴィッツだけで約40万人が1944年の夏に、われわれによって処刑されています。(中略)

6. ユダヤ人問題の「最終解決」というのは、ヨーロッパの全ユダヤ人の根絶という意味です。わたしが受けた命令は、ユダヤ人の根絶を簡便化する方策を、1942年6月中にアウシュヴィッツで実施するというものでした。この時点には、すでに総督府内のベウジェツ、トレブリンカ、ヴォウジェクの三カ所に、新たな絶滅収容所ができていました。これらの収容所は保安警察および保安情報部の特別出動部隊の指揮下にありました。わたしはトレブリンカを視察し、絶滅処理がどのようにおこなわれているかを自分の目で確かめました。トレブリンカの収容所司令官は、半年間で8万人を抹殺したと言っていました。彼のところでは、おもに、ワルシャワのゲットーから送られてくるユダヤ人の抹殺をおこなっていました。かれは一酸化炭素ガスを使っていましたが、この方法はあまり効率的でないという意見でした。わたしがアウシュヴィッツに絶滅施設を建設したときには、そういうこともありましたので、チクロンB(訳注)を使用することにしました。結晶化した青酸の一種で、それを小さな開口部からガス室に投げこむのです。気象状況にもよりますが、3分から15分以内に殺害室の人間を殺すことができました。死亡したかどうかは、中から悲鳴が聞こえてこなくなるのでわかりました。通常は30分の経過を待って、ドアを開け、死体を片づけました。死体が運び出されると、次に、特殊部隊が指輪を抜き取り、歯にかぶせてある金を引き抜きました。

7. トレブリンカと比べた場合のもう一つの改良点は、一度に2000人を収容できるガス室を建てたことでした。トレブリンカのガス室は10室ありましたが、1室につき200人の収容力しかありません。われわれが犠牲者を選ぶ方法は、次のようなものでした。アウシュヴィッツにはSSの二人の医師が勤務しており、かれらがまず、輸送列車で到着したば

かりの囚人を検査します。囚人たちはどちらかの医師のそばを通って行くことになっていて、そのさいに医師が合図をして決定を下すのです。労務に使えそうな者たちは収容所内へ、それ以外の者たちはただちに絶滅施設に送り込まれました。乳幼児は例外なく抹殺しました。幼すぎて労務にはむかないからです。トレブリンカと比べた場合のもう一つの改良点は、犠牲者たちをあざむいて、シラミ駆除の処置を受けるのだと思いこませるよう留意したことです。トレブリンカの犠牲者は抹殺されることをたいていは知っていました。もちろんわれわれのところでも、囚人たちに本当の目的が気づかれてしまうことがしばしばありました。そのためにゴタゴタやトラブルが起こることも、ままありました。女たちが子どもを服の中に隠そうとしたりすることはしょっちゅうでした。しかし見つけた場合には、子どもたちはもちろんガス室送りです。こうした絶滅処置は秘密裏になされることになっていましたが、間断なく死体が焼却されたことから出る、物が腐ったような吐き気を催す悪臭が、あたり一帯に広がってゆきましたから、近隣の村の人々はアウシュヴィッツで抹殺がおこなわれていることに感づいていました。

強制収容所司令官ヘスの宣誓供述書、1946年4月5日、ニュルンベルク

SS医師の日記より

1942年8月31日。日陰で38度の酷暑。ホコリと無数のハエ。士官宿舎の食事はすばらしい。たとえば今日の夕食は、酸味のきいたアヒルの肝料理、代金は0.40ライヒス・マルク。それと肉詰めトマトに、トマトサラダ等々。水は汚染されているので、飲むのはゼルターのミネラルウォーター。これは無料配給(マットーニ)。一回目の発疹チフス予防接種。収容所職員証明書用の顔写真の撮影。

1942年9月1日。ベルリンへ書面にて士官帽、剣帯、ズボンつりの送付を要請。午後、チクロンBのガス噴射による一ブロックのシラミどもの駆除に立ち会う。

1942年9月2日。午前3時、戸外ではじめて特別選別[訳注]に立ち会う。ここ

の情景と比べればダンテの地獄は喜劇同然に思えてくる。アウシュヴィッツが絶滅収容所と呼ばれるのも、納得がゆく!

1942年9月3日。この収容所では誰もが罹患する下痢にはじめてかかる。嘔吐と疝痛に似た発作的腹痛を伴う。なま水は一滴も飲んでいないので、それが原因ではない。白パン(治療食)しか食べなかった者も罹患していることからすると、パンのせいでもない。非常に乾燥した不健康な大陸的猛暑と、大量のホコリに害虫(ハエ)が原因である可能性が大きい。

1942年9月4日。下痢の処方として、粥とペパーミント・ティーの日を一日。その後、治療食を一週間。その間、木炭粉とタナルビンを適宜。すでに顕著な回復。

1942年9月5日。本日正午女子強制収容所囚人の**特別選別**に立ち会う。(イスラムもどきの連中訳注)。おぞましさの中でも最たるもの。部隊付き軍医ティロ准尉が今日、ここは世界ノ肛門ナリ、と言っていた。もっともである。夕方8時頃、こんどはオランダからの移送者の**特別選別**。焼酎200cc、たばこ5本、ソーセージ100グラムとパンが特別支給されるので、この任務は引っ張りだこだ。今日も明日(日曜日)も勤務。

1942年9月6日。日曜。昼食は最高。トマトスープ、1/2ローストチキンとジャガイモに赤キャベツ(20グラムのラード)。デザートはコンポートと文句なしのバニラアイス。食後、新任の駐屯連隊付き軍医ヴィルツSS中尉の歓迎会。かれはヴァルトブレールの出身。プラハのフィーチュSS少佐がかれの所属する連隊の前任者だった。わたしが収容所にきて一週間になる。いまだにホテルの部屋ではノミ退治ができていない。フリート(クープレクス)などを使っても完璧とは言えない。(中略)晩の8時には、また**特別選別**のために出ばる。

1942年9月7日。発疹チフスの2回目の予防接種。今日は雨、昨日までより涼しい。

1942年9月9日。今朝、ミュンスターの教授で弁護士のハラーマン博士より、たいへん嬉しい知らせが届く。今月一日付で離婚成立。また世界は

華やぎだした。降りていた暗幕が上がった。

　その後、医師として、8人の囚人に対するむち打ち刑と、それとは別の、拳銃による銃殺に立ち会う。洗剤と石鹸が2個支給される。晩には特別選別に立ち会う。(4回目)。

1942年9月10日。朝、特別選別に立ち会う。(5回目)。

1942年9月11日。今日、ロリングSS中佐が収容所来訪。紹介があったとき、わたしがキット准尉の代理であることを知る。キットは現在、休養のためオーバーザルツベルクに滞在中。

1942年9月14日。二度目のアウシュヴィッツ病を発病。熱は37度8分。発疹チフスの三回目の、つまり最後の予防注射。

1942年9月17日。ベルリンの被服本部に、全天候型のオーバーコートを誂えで注文。背丈48、着丈80、胸囲107、胴回り100、腰回り124。注文書に制服配給切符を添付。正式名は、制服および防寒・防雨服類配給切符。今日、マイヤー博士とともにビルケナウの女子収容所を訪問。

1942年9月20日。日曜日の今日、午後の3時から6時までのあいだ、晴れ晴れとした陽光を浴びながら、囚人楽団のコンサートを聴く。楽団長はワルシャワ国立オペラの指揮者。楽団員は80人。昼食はローストポーク。夕食は鯉のフライ。

Dr. Dr. クレーマー教授、SS大尉の日記から

囚人たちの証言

カイ・ファインベルク
　シュテティンからアウシュヴィッツまでは三日三晩かかりました。家畜用車輛で運ばれました。閉めきった一輛に男や女や子どもが45人ほどいました。三日のあいだ飲み物も食べ物も与えられませんでした。それに、用便も貨車内ですますしかありませんでした。貨車は施錠されていたのです。

マルク・クライン

　わたしたちの乗っていた貨車のドアが開くと、SSの男たちや縞模様の服を着た囚人たちが棒でもって乱暴にわたしたちを追い出しました。そしてプラットホームの一番端まで追い立てました。男は女や子どもから引き離され、そのたびに胸を締めつけられるような光景になりました。SSの医者がチェックする前を早足で通り抜けます。そのとき医者は、棒で指図しながら全員を二つのグループに分けるのです。

　しばらくすると、わたしのグループは200人ほどになりました。たいていは青年たちで、そのほかは特に健康そうな外見の人たちでした。わたしたちは五列になって、そこから4キロほど離れたアウシュヴィッツに隊列をつくって行きました。(中略)ビルケナウの駅でのこのグループ分けは絶滅にいたる序幕でしかなく、若くて健康な女を除けば、プラットホームで別れたあの人たち、強制連行されてきた人たちはみな、例外なくその日のうちにガス室に送られ焼却されてしまいました。そのことに気づいたのは、数週間、あるいは数ヶ月してからのことです。

マリー・クロード・ヴァイヤン=クーチュリエ

　わたしたちは大きなバラックに連れて行かれました。それから消毒させられました。そこで髪の毛も剃られて、前腕に囚人番号の入れ墨をされました。それがすむと別の大きな部屋に連れて行かれ、今度は蒸気を浴びせられ、次にシャワーで身を切るほど冷たい水をかけられました。こういうことはすべて、SSの男たちや女たちがいるところでするのです。わたしたちは裸にならなければならない、というのにです。それから、汚れたぼろぼろの服が与えられました。ウールのスカートだとか、似たような生地の上着などです。その後で、居住区画に指定されたブロックに連れて行かれました。ベッドはありません。あるのは縦横それぞれ2メートルの木の寝床だけです。わらを詰めたクッションもなければ、掛け布団もないその寝床で、最初の夜は9人が寝なければなりませんでした。このようなブロックで、数ヶ月を過ごしました。9人の中の誰か一人が身体を動かすたびに、睡眠が妨げられるので、結局、誰も一晩中寝られませんでした。それに、みんな病気でしたから、眠りが妨げられるのはしょっちゅうです。朝3時に、女看守たちの金切り声で起こされました。警棒で寝床から追い出され、点呼に駆り立てられました。天地が逆さになっても、この点呼からは逃れられません。危篤の人でさえ無理矢理引きずり

出されました。点呼は5列になっておこなわれ、夜明けまで続きます。夜明けまでというのは、冬でしたから、朝の7時や8時までということです。霧のかかった日などは、昼になることもありました。点呼が終わると作業部隊は仕事に出かけるのです。

　（中略）作業の間はずっと、男女のSSの看守が目を光らせていました。そしてわたしたちを棒で殴ったり、犬をけしかけたりしました。仲間の大勢の女たちが犬に脚をかみつかれ、ひどい怪我をしました。

ノアク・トライスター
　100人からなる作業部隊では、毎日のように10人ほどの囚人が減ってゆきました。栄養失調や作業中の事故が原因です。食事は劣悪で、衣服も充分ではありません。(中略)服を洗うための洗濯場も石鹸もありません。わたしが支給していた下着は、ビルケナウのガス室で殺された人たちのものです。

グレゴアール・アフリーヌ
　公開絞首刑はしょっちゅうでした。平均すると毎週二、三回はおこなわれていたと思います。理由はとるにたらないものです。じきに17歳になろうかという若いフランス人のことが思い出されます。何かのお祝いがしたくて、パンを一切れと缶詰半分のジャムを手に入れてきたのです。それがSSに見つかり、絞首刑になってしまいました。こうした処刑はどれも公開で、判決は処刑前にドイツ語と、有罪にされた人の母国語で読み上げられました。

ローベルト・レヴィ
　死ぬまでどのくらいの猶予期間があったかというのですか。それは、ビルケナウの作業部隊で作業している囚人の場合、二、三ヶ月というところでしょう。そのくらいの期間が過ぎると、囚人は骸骨のようにしか見えません。(中略)SSの鉄拳や、看守の警棒の一撃をくらえば、次の「選別」の時には間違いなくあちら行きになるくらい、くたばってしまうのです。

強制収容所を利用する大企業

　強制収容所管理部の主催による晩餐会を機に、我が社はブーナ合成ゴム製造所にとり有益となる強制収容所の優秀きわまる作業所の統合を推進するため、ひきつづき、あらゆる方策を採ることを決定した。

イー・ゲー・ファルベン社、ルートヴィヒスハーフェン市
取締役Dr.オットー・アンブロースの総務部宛1941年4月12日付け書簡

　1941年の末に、イー・ゲー・ファルベン社取締役会に対し、アウシュヴィッツ・イー・ゲー・ブーナ合成ゴム製造所（アンブロース、ビューテフィッシュの両氏）より、目的にかなっているという理由から、本製造所の敷地内にモノヴィッツ強制収容所*訳注*を建設することが提案されました。モノヴィッツ収容所建設工事の見積もりは、技術委員会に委託、技術委員会より取締役会に上申されて、そこで承認を受けました。アウシュヴィッツ・イー・ゲー・ブーナ合成ゴム製造所は囚人の収容のみならず、作業現場における糧食と監視に関しても、責任を負っていました。

イー・ゲー・ファルベン裁判での
イー・ゲー・ファルベン社主席監査役カール・クラオホの証言

　わたしたちはモノヴィッツ特別収容所に収容されました。この収容所の生活は耐えがたいものでした。(中略) 最初の作業日は1942年の12月24日の晩、クリスマスイブでした。翌日の25日の朝3時まで、食事もあたえられず、休みなしに働かされました。仕事は貨車の積み荷おろしでした。鉄筋やセメントや重いストーブなどです。(中略)
　1943年1月5日には、父はすでに衰弱がいちじるしく、早足で50キロのセメント袋を運ぶ作業をさせられているとき、わたしの目の前で倒れてしまいました。わたしは父を助けようとしましたが、SSの男に棒で殴られ、押し戻されてしまいました。(中略)
　父の兄弟の一人は作業中に腕に怪我をし、ガス室に送られました。もう一人は父の死後一，二週間して、ブーナ工場で作業中に衰弱のため死にました。
　わたし自身は1943年1月15日までこの作業に耐えられたのですが、そ

のあと肺炎にかかってしまいました。また作業に出たのは2月15日からです。でも、月末までしかもたず、もう歩けない状態でしたから、労働不能を宣告され、ガス室送りが決まってしまいました。ところが、偶然、その日はガス室行きのトラックが製造所に来なかったのです。それでわたしはアウシュヴィッツ強制収容所へ戻されました。(中略)

　わたしは病気で、作業ができる状態ではありませんでしたので、物置小屋の床下に隠れていました。しかし、1943年の4月に見つかってしまい、SSの連中や一人のブロック監視助手にさんざん殴られる羽目になりました。かれらはわたしが死んだと思ったようです。意識が戻ると、地下室の死体の山の中に投げ込まれていることに気づきました。一人の囚人がわたしに気づいて、引き出してくれました。

　わたしの経験では、ブーナ工場に作業配置されると、囚人はせいぜい二ヶ月ぐらいしかもちません。そのあとはガス室送りか、わたしがそうだったように、アウシュヴィッツ強制収容所に逆戻りするかです。

元囚人カイ・ファインベルクのニュルンベルク裁判における証言

　モノヴィッツの収容所囚人病棟以外では、選別は3週間から6週間おきに点呼場でおこなわれたり、囚人が作業に出るときにモノヴィッツ収容所の門でおこなわれたりしました。選別された囚人は幌なしのトラックに無理矢理に乗せられました。靴も下着もなしです。(冬でもそうでした。)そして連れて行かれました。囚人たちが抵抗したり、叫び声をあげることもよくありました。トラックは途中、イー・ゲーの製造所の敷地内を通らざるを得ず、(以下略)。

元囚人レオン・スタイシャクのニュルンベルク裁判における証言

　後日、基幹収容所となったモノヴィッツから、最終的には28を数えるまでになる付設収容所へ送り込まれた囚人の数は、わたしどもの知る限り、何千、何万にのぼります。付設収容所全体の囚人総数は、記憶では、3万5000人であります。基幹収容所のブーナ工場(モノヴィッツ)は約1万人を抱えておりました。モノヴィッツの事務室には囚人の登録台帳がありまして、1942年10月から収容所閉鎖の1945年1月までの期間に、モノヴィッツおよび付設収容所に入れられた囚人総数が記録されております。死亡者記録の方が生存者記録をはるかに上回っておりました。繰り

返しになりますが、わたしは長いあいだ事務係長をしておりましたので申し上げることができるわけです。わたしどもの推定では、ブーナ工場(モノヴィッツ)の生存者数が、概数で1万人であったのに対し、死亡した囚人総数は最終的にはおよそ12万人、付設収容所全体では生存者総数3万5000に対し、死亡者の延べ人数はおおよそ25万になります。

元囚人Dr.グスターフ・ヘルツォーク博士のニュルンベルク裁判における証言

殺人機構

国家保安本部
報告
ベルリン本部　通信229793号　1942年12月16日21時(グリニッチ時)

野戦司令部気付
SS全国指導者殿　　　　　　　　　緊急―極秘

　1943年1月30日までに完了する旨の命令が出ている強制収容所への労働力投入強化との関連で、ユダヤ人関連部局においては以下のごとくの実施が可能です。
1. 総数　　ユダヤ人4万5000名
2. 輸送開始　1943年1月11日
　　輸送終了　1943年1月31日(1942年12月15日から1943年1月10日まで、国防軍休暇兵の増加に伴い、国鉄は臨時移送列車の編成ができません)
3. 内訳　　4万5000のユダヤ人の内訳は、3万がビャウィストク地域から、1万がテレージエンシュタットのゲットーからとなります。テレージエンシュタットからの1万のうち5000は、これまでゲットーで必要とされた軽めの労働に従事していた労働可能なユダヤ人。残りの5000は全般に労働不能。60歳以上の者も含む。これは、これを機に、ゲットーの解体の妨げとなっている4万8000という過剰な収容者数をいくらか減らすためのものです。本件に関しては、特別許可をいただきたく(中略)。なお、3000人はオランダ占領地域の出身、2000人はベルリンの出身。以上、総計4万5000人。この中には労働不能の余計物(老人、子ども)が含まれています。目的達成のための基準に当てはめてみても、アウ

シュヴィッツに到着するユダヤ人の選別で、少なくとも1万から1万5000人の労働力が確保されることになります。
保安警察および保安情報部長官代理署名者：SS中将、ミュラー^{訳注}

　1942年から43年にかけての冬が、わたしにとって一番恐ろしい思いをしたときでした。このころのベルリンでは、荷物を詰めたリュックサックを用意していないユダヤ人は、一人もいなかったのではないでしょうか。日が暮れるとSSの車とSSが借りあげた家具運搬用トラックが街を走り回っていました。(中略)車が停まったかと思うと、SS隊員が建物の区画全体を包囲して、逃げ道をふさいでしまいます。拳銃で武装したSSが二人一組になって、ドアにダビデの星の印がある住居に押し入り、部屋じゅうがめちゃめちゃになるほど家宅捜査をして、見つけた人を全員連れていくのです。最後に住居は封印され、捕まった人は家具用トラックに乗せられて、次の区画に向かいます。30台近い数の車がベルリン中を走っていた日もよくありました。
ベルリン市ユダヤ人共同体の看護婦の報告

経済管理本部^{訳注}
D局第II課
オラーニエンブルク　　　　　　　　1943年3月8日付

件名：ユダヤ人軍需労務者の輸送
　3月5日と7日の両日に以下のユダヤ人囚人の輸送列車が到着した。出発地ベルリン、43年3月5日到着。総数、1128名。男389名(ブーナ製造所)、女96名を使役に回す。特別措置、男151名、女と子ども492名。出発地ブレスラウ、43年3月5日到着。総数、1405名。男406名(ブーナ製造所)、女190名を使役に回す。特別措置、男125名、女と子ども684名。
　出発地ベルリン、43年3月7日到着。総数690名、うち25名は保護拘禁者。男153名および25名の保護拘禁者(ブーナ製造所)、女65名を使役に回す。特別措置、男30名、女と子ども417名。
署名：SS中尉シュヴァルツ

わたしは1943年3月8日に、妻と3歳の息子とともにベルリンで、最後のユダヤ人掃討作戦がおこなわれたときSSに逮捕されました。グローセ・ハンブルク通りの集合収容所に家族と数日留め置かれたのち、アウシュヴィッツ強制収容所に移送されました。アウシュヴィッツのプラットホームに着くと、妻と子どもは引き離されてしまいました。この日以降、二人には会っていません。ベルリンから輸送されてきたのは全員で1000人くらいです。そのうち約220人の労働に耐えられそうな男たちが、比較的若い者を中心に選び出され、トラックでアウシュヴィッツのプラットホームからモノヴィッツ強制収容所に連れて行かれました。

ノルベルト・ヴォルハイム、元囚人

アウシュヴィッツ・ビルケナウ

ヨーロッパ中の都市からきた移送列車が、何年ものあいだこの門をくぐって行った。人がいっぱいに詰め込まれていた列車も、帰りは空だった。

輸送列車の到着

　すし詰めにされ、息もできない状態で、わたしたちは鍵のかかった列車に乗っていた。みなで別れの言葉を交わしあった。行く先でわたしたちを待ち受けているものが、ガス室と焼却炉であることはわかっていた。その話しになることも多かったが、それがどういうことなのか、誰も漠然としか思い描けなかった。夕方アウシュヴィッツに到着すると、わたしたちはビルケナウに送られた。遠目からも、火事になっているかのように赤く染まった空が見えた。人間がこんなふうに燃えるとは、これまでつらい思いをし続けてきたわたしたちにも想像できなかった。煙突からは煙ではなく火の粉ばかりが吹き出ていて、あたりに降り注いでいた。それを見て、みなが口々に、何を燃やしているのかと哨兵に聞いた。パンを焼いているに決まっているではないか、昼夜兼行さ、という答えだった。しかし、そのようなわけがないことはわかっていた。

ギザ・ランダウの報告

「選別」開始前

わたしがこの目で見た輸送列車は、ポーランドのユダヤ人を乗せたものでした。かれらは何日も水を飲んでいませんでした。貨物車輌の扉を開けるとき、命令が出て、大声でわめき立ててかれらを引っぱり出せ、と言われました。かれらは疲労困憊していて、100人ぐらいの人が途中で亡くなっていました。生きながらえた人たちは五列縦隊になるように命じられました。わたしたちの仕事は、死体と瀕死の人、それとかれらの持ち物を車輌の外に出すことでした。死体は山積みにされました。(立っていられない人たちも、死体とみなされました。)カバンや手荷物類は一ヶ所に集められ、積み上げられました。次にしなければならないのは列車の徹底した清掃です。列車が運んできた悲惨な積荷の痕跡が、感づかれないようにするためです。

元囚人の証言

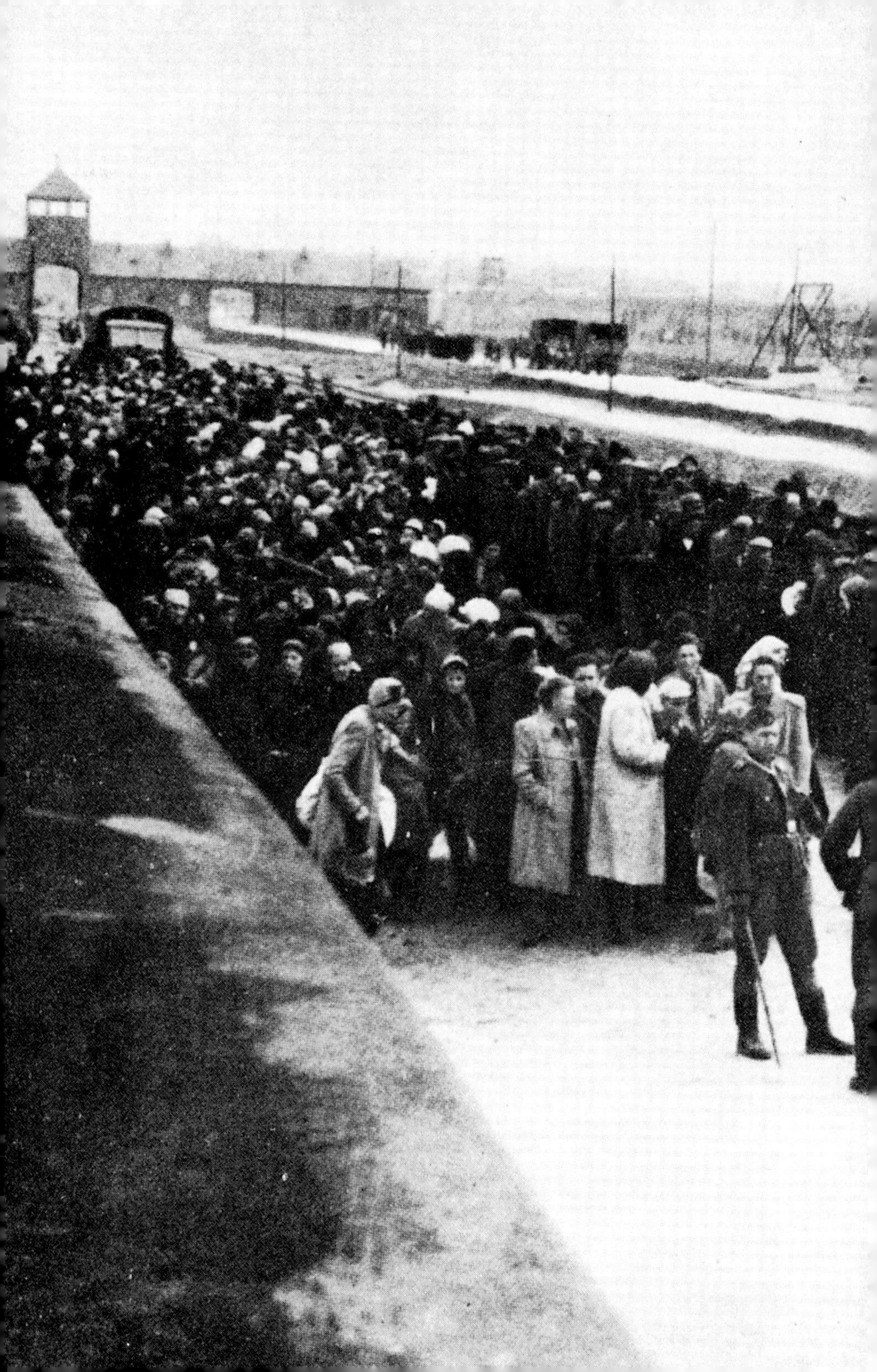

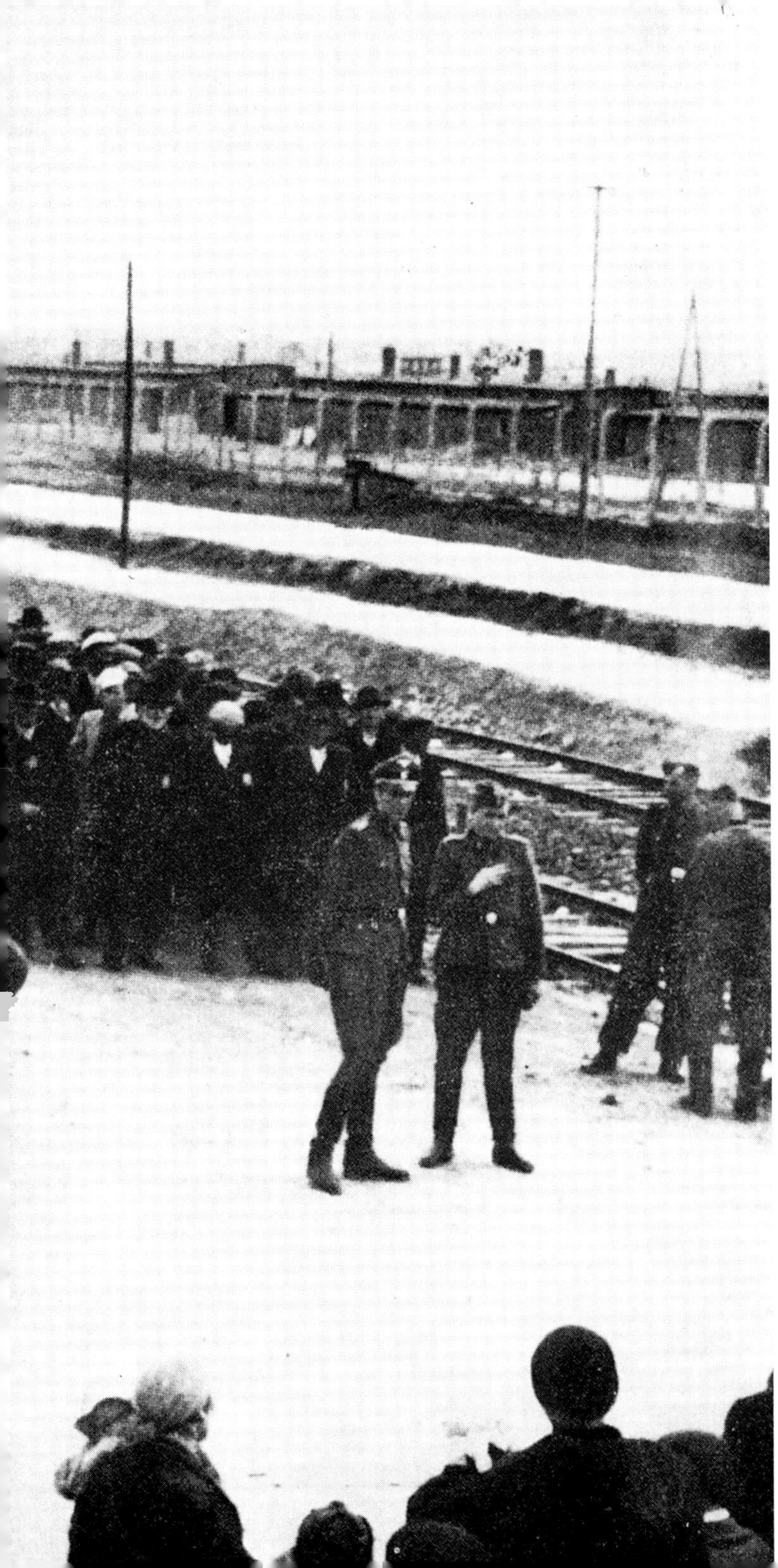

ガス室へ

　われわれが犠牲者を選ぶ方法は、次のようなものでした。アウシュヴィッツにはSSの二人の医師が勤務しており、かれらがまず、輸送列車で到着したばかりの囚人を検査します。囚人たちはどちらかの医師のそばを通って行くことになっていて、そのさいに医師が合図をして決定を下すのです。労務に使えそうな者たちは収容所内へ、それ以外の者たちはただちに絶滅施設に送り込まれました。乳幼児は例外なく抹殺しました。幼すぎて労務にはむかないからです。トレブリンカと比べた場合のもう一つの改良点は、犠牲者たちをあざむいて、シラミ駆除の処置を受けるのだと思いこませるよう留意したことです。

ルドルフ・ヘス

「選別」

　これから強制移送するユダヤ人に対し、彼らを待ち受けている扱いについて、不安をあおるような発言を出発前にすることは厳に慎むよう、との要請がアウシュヴィッツ収容所から再度来ている。理由は言うまでもない。よく承知おきの上、考慮を払われたい。また輸送の途中であっても、護送隊には逐次注意を与え、重大な反乱を招きかねない何らかのほのめかしや、収容所の様子等に関する憶測などをユダヤ人に口外しないよう努めることをお願いする。差し迫った作業予定の遂行を第一に考えると、アウシュヴィッツとしては輸送されるユダヤ人の受け入れ、および以後の割り振りができる限り円滑におこなえることを重視しなければならないのである。
　　　1943年4月29日付、国家保安本部発、デン・ハーグ、パリ、ブリュッセル、メッツの
　　　　　　各保安警察署長、保安情報部司令官宛のテレタイプ

すでに1942年には、カナダⅠは仕分け業務を遅滞なく執りおこないえない状態になっていました。次々に倉庫やバラックを増設し、仕分け業務の囚人が昼夜を問わず作業をし、この作業部隊を増強し続けても、仕分けの済んでいない手荷物は山と積まれてゆきました。仕分け済みの物資は、毎日、何輌もの貨車を使って搬出しました。最多で20輌も使うことさえよくありました。1942年には手荷物倉庫のカナダⅡの建設が始められました。30棟のバラックが建ったと思う間もなく、そこもすぐに満杯になってしまいました。未仕分けの手荷物は、棟と棟とのあいだの空き地に山積みにされてゆきました。

ルドルフ・ヘス

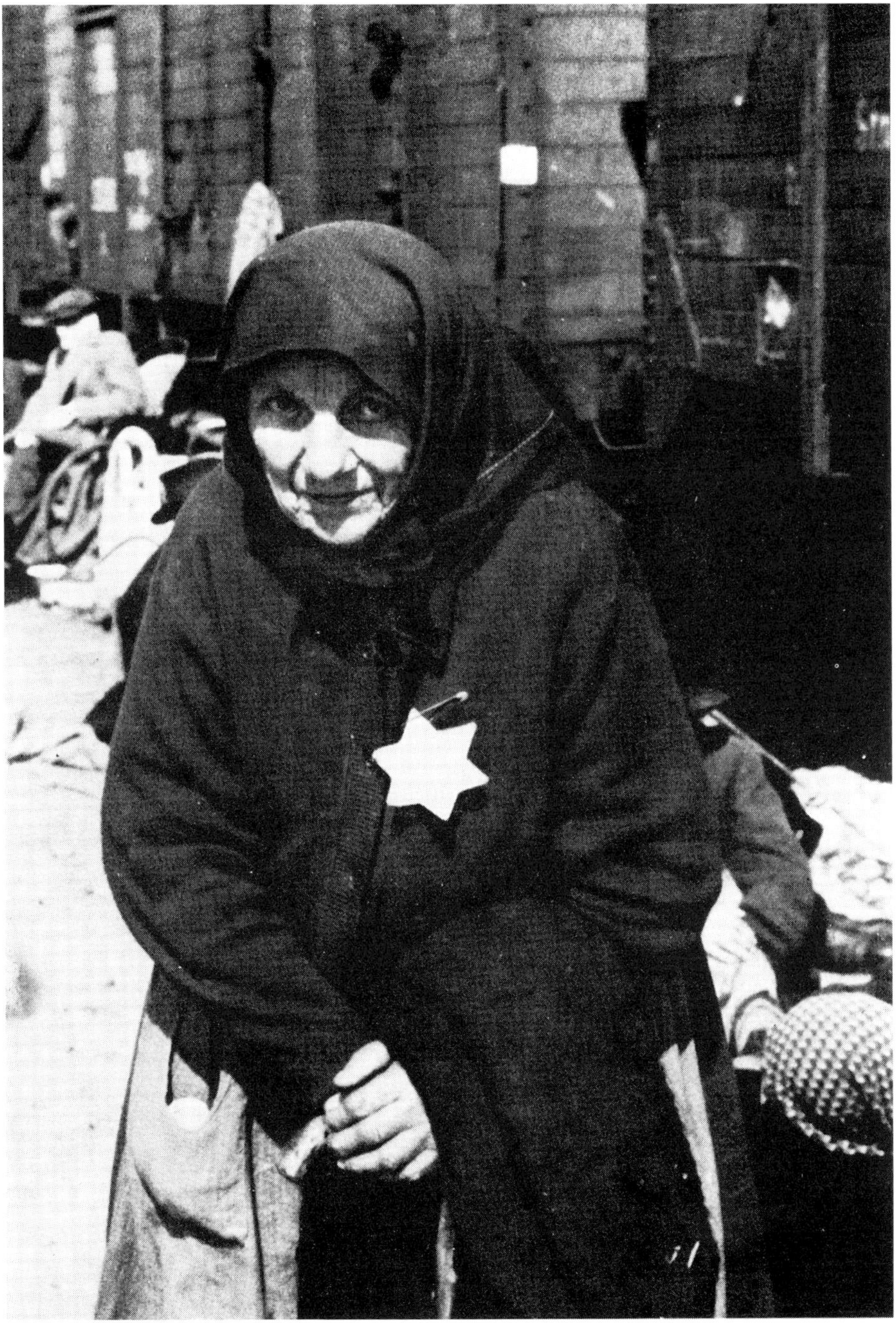

死を待つ

1944年の初夏、到着する列車の数が一日6本にもなると、死を宣告された人々は、ガス室送りの順番がくるまで、まる一日待つこともよくあった。「特殊部隊作業班」と呼ばれ、ガス室から死体を片づける作業をさせられていた人は、800人にまで増えた。ガス室で殺された人の手荷物の仕分けには、700人が従事させられていた。昼も夜もやむことなく人々はガス室へ送り込まれた。ビルケナウの巨大な焼却施設の能力が追いつかなくなると、死体は戸外の大きな穴で焼かれた。

15分と経たないうちに、煙突が甘ったるい臭いを伴った黒い煙をもうもうと噴きだし始めた。煙は収容所の上空に重く垂れこめた。閃光のような火柱が2メートルほど噴き上がった。しばらくすると、燃える脂肪と毛髪の臭気が耐え難くなった。何台ものトラックがあいかわらず同じ道を走って行く。その晩は60回の搬入があった。(中略)最後の車が見えなくなると、最初に出ていったトラックが次々に戻ってきた。倉庫にまわす死者の手荷物や衣服を満載して。

エラ・リンゲンス=ライナーの報告

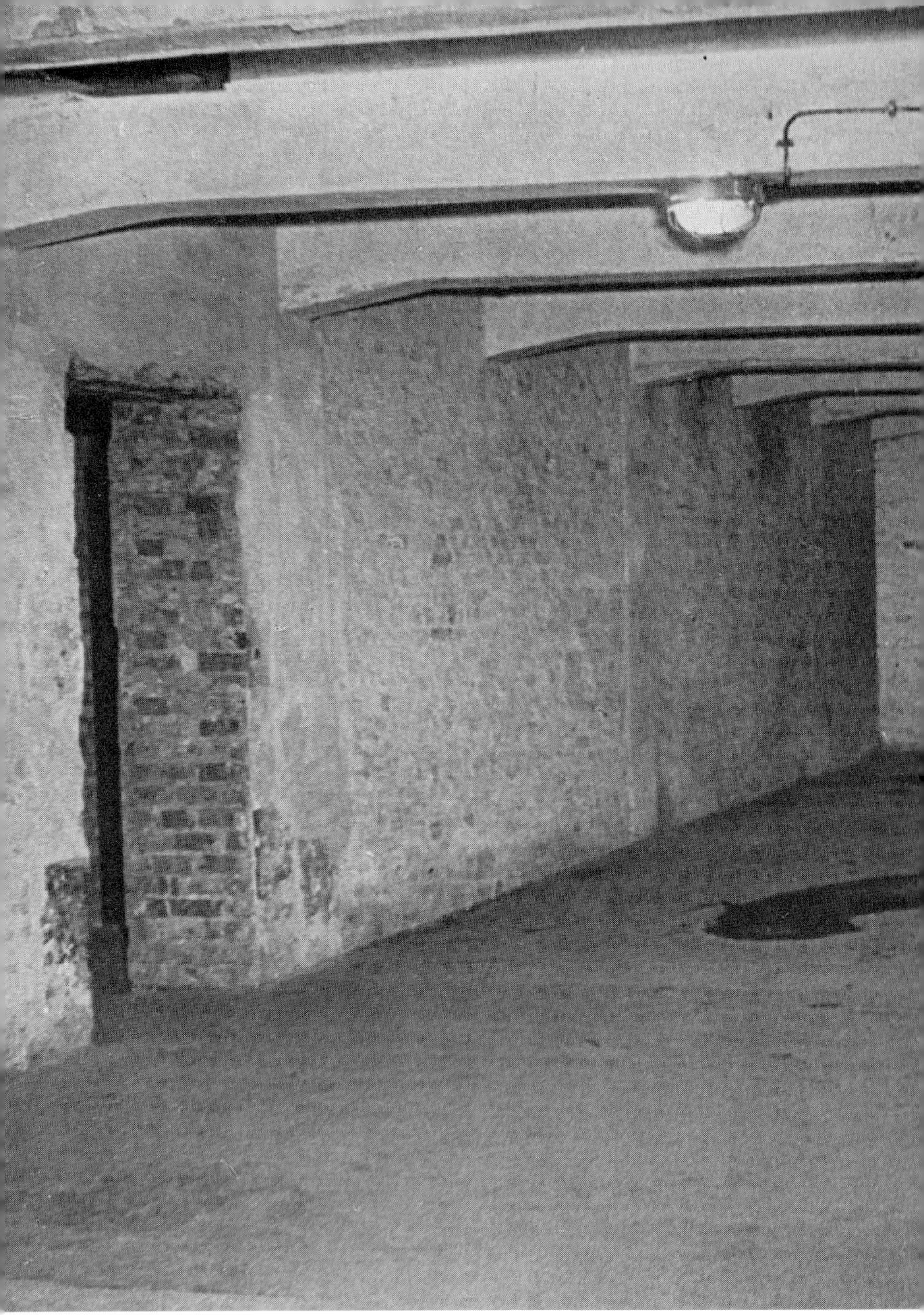

ガス室

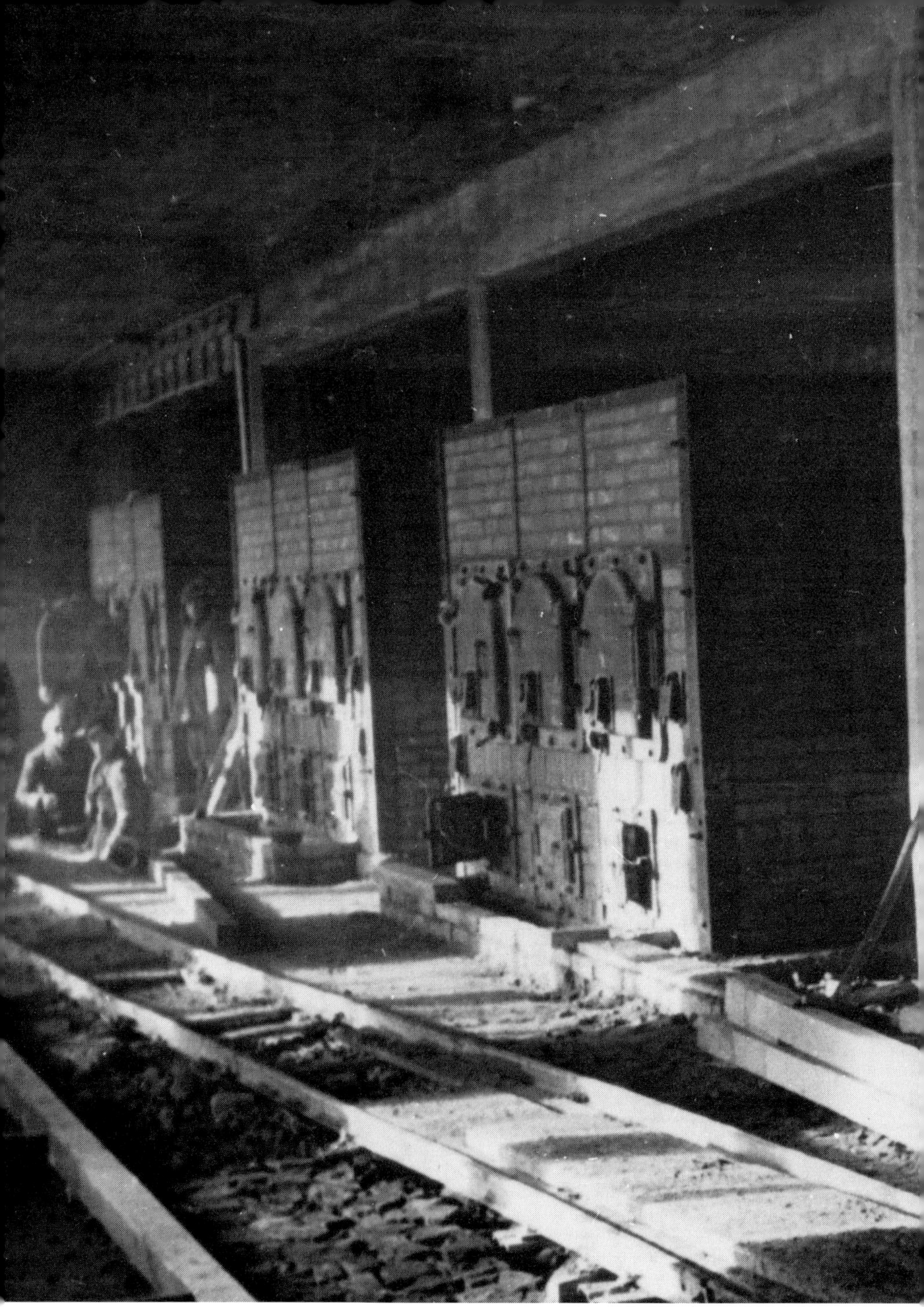

焼却施設

収容所内部

　　　　選別が終わると移送されてきた者たちの道は二手に分かれる。大多数は焼却施
　　　　設のある方向へと向かう。老人や身障者たちはトラックに乗せられそこへ連れて
　　　　ゆかれる。若くて健康な者たちは強制労働のために収容所に連行された。男も
　　　　女も、これ以上苛酷になりようのない重労働につかされた。重い荷物を運んだり、
　　　　工場の建設や道路工事、樹木の伐採や沼地の干拓などの作業をした。住まい
　　　　は粗末な板張りのバラックで、衛生状態も耐えがたいものだった。満足な食料も
　　　　なく、薬品などひとつもあたえられず、たえずSSの看守におびえていた。飢餓と
　　　　重労働のためにぼろぼろになって、数ヶ月後には囚人病棟で朽ち果てるか、繰り
　　　　返しおこなわれた「再選別」のどれかでチェックされ、ガス室送りが決まってしまう。

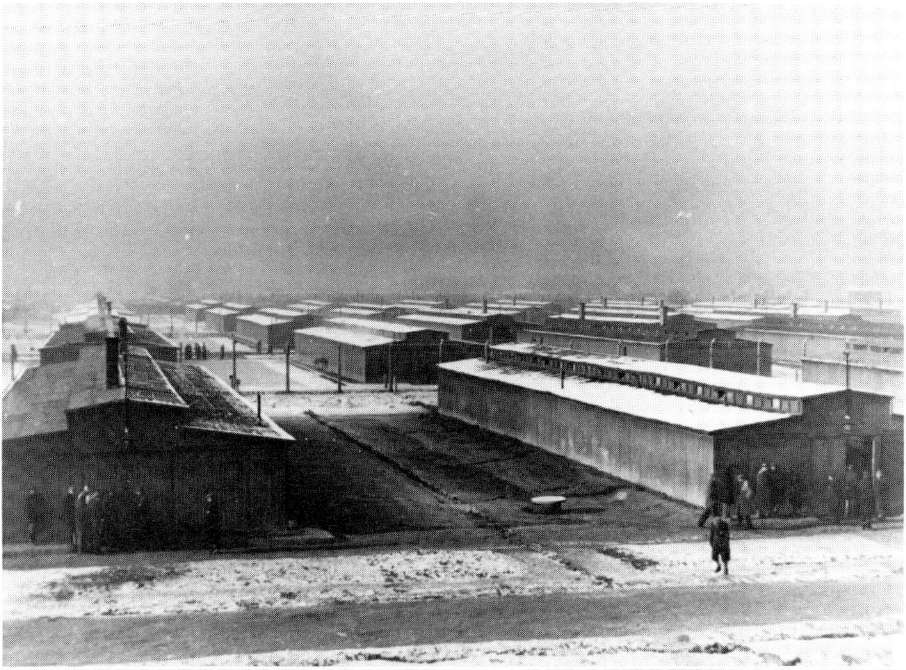

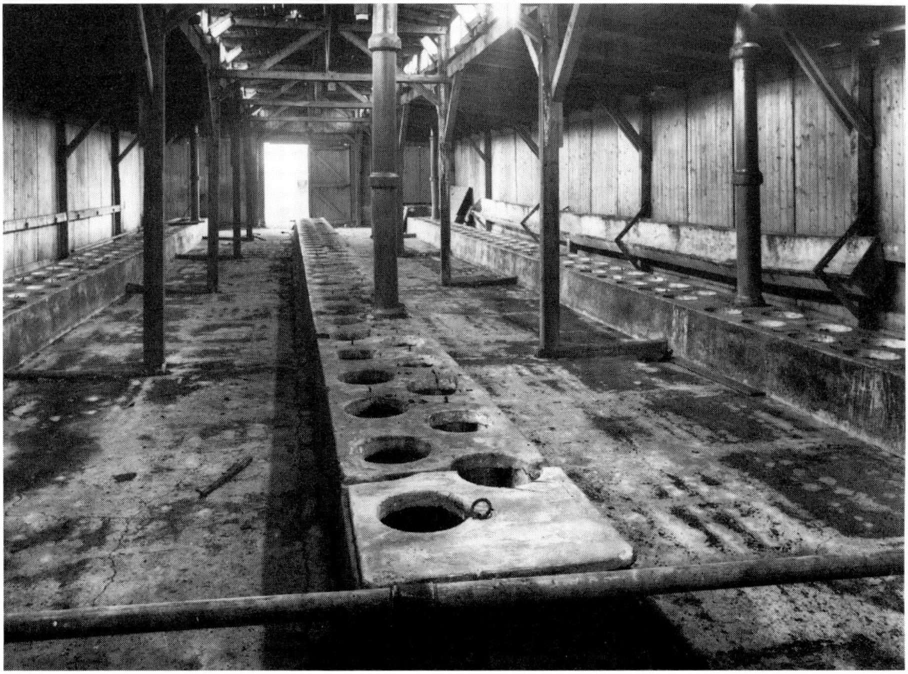

イー・ゲー・ファルベン工場と奴隷労働者たち

アウシュヴィッツ・モノヴィッツを視察するヒムラー

戦時中、50万人にものぼるヨーロッパの各民族の囚人たちが、SSによりドイツ工業のための廉価な奴隷労働者として貸し出された。SSにも企業にも好都合なビジネスであった。1942年7月17日の2回目の視察のときに、SS全国指導者ハインリヒ・ヒムラーは建設中のイー・ゲー・ファルベン社のブーナ工場を見学した。それに先立ちヒムラーは収容所司令官ルドルフ・ヘスを伴い、列車で移送されてきた一団の選別、ガス室での殺害、死体焼却に立ち合い、殺害工程を実見した。その様子は撮影されなかった。

SSの医師たちは囚人を医学実験に利用した。マラリア菌やチフス菌に感染させ、ガス壊疽や黄リンによる火傷の実験をし、骨移植や粗雑な断種を試みたりした。ダッハウでは、被験者は低圧実験室に閉じこめられたり、冷水中での体温低下実験に使われたりした。死亡者は実験後、解剖された。生きていても、多くはベンジンの注入により殺された。

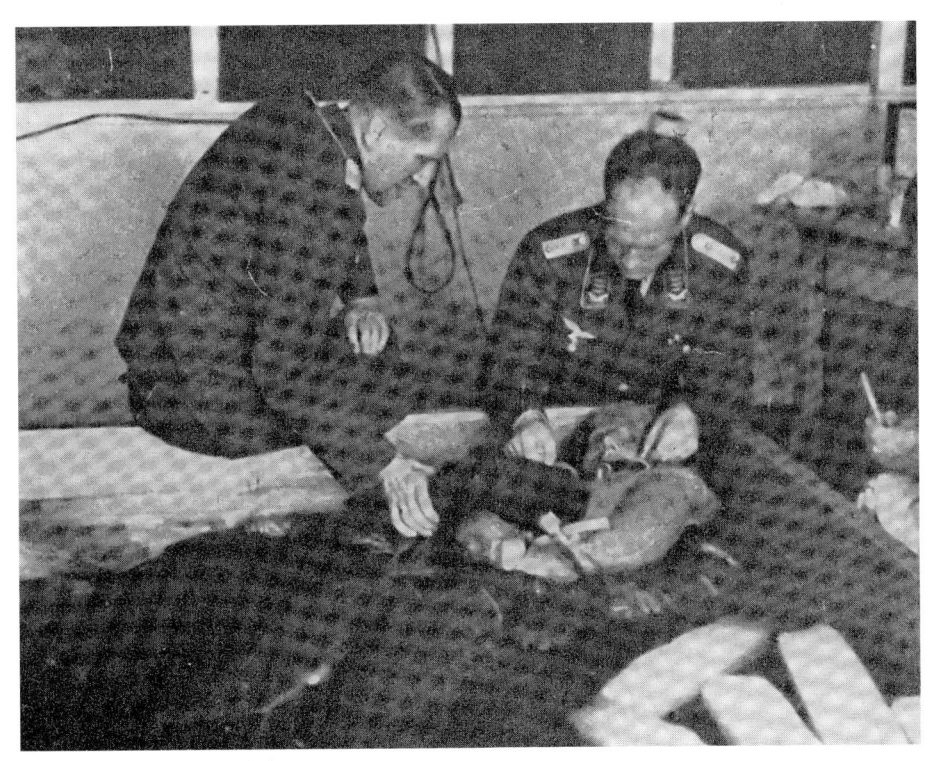

ダッハウ収容所での人体実験

これまで約30人を裸で屋外にだし、9時間から14時間かけて27度から29度での冷却実験をおこないました。(中略)このような継続的実験にはあらゆる点でアウシュヴィッツの方がダッハウより適しています。アウシュヴィッツの方が気温が低いことと、収容所そのものの敷地が広く実験が気づかれにくいことがその理由です。体温が非常に下がると被験者はわめきだすのです。

1943年2月17日付、ハインリヒ・ヒムラー宛SS大尉Dr.ラッシャーの書簡

マウトハウゼン強制収容所での点呼(上)と処刑(下)

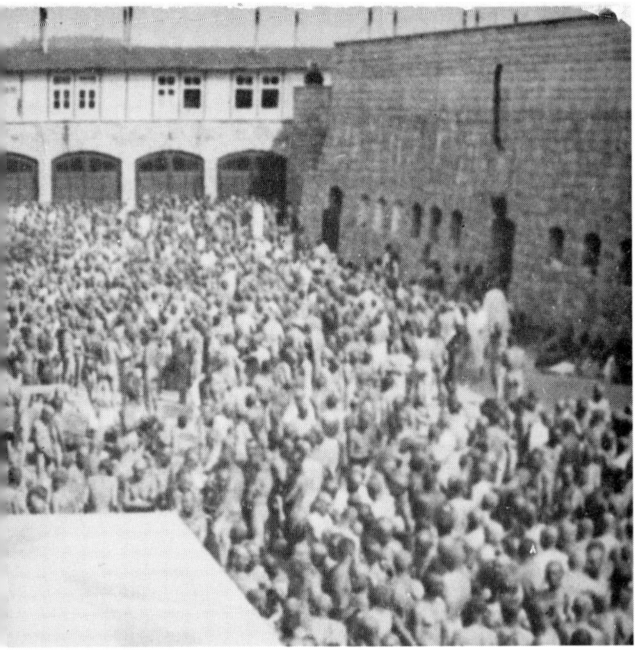

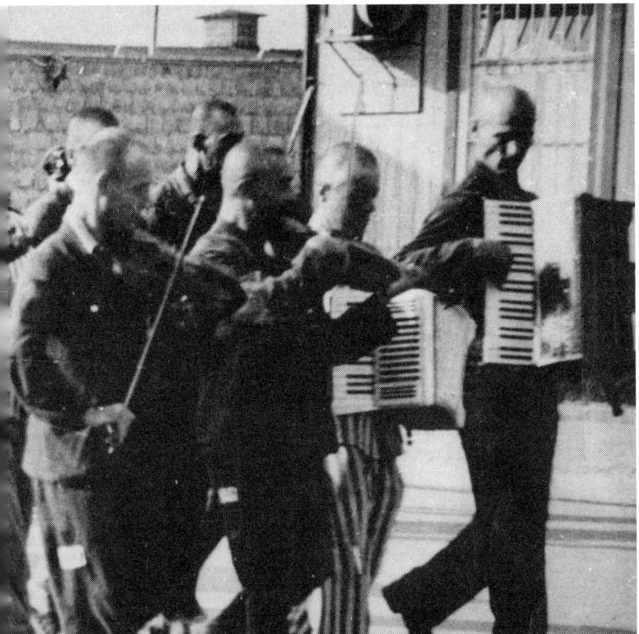

「イスラムもどき」、ベルゼン

餓死寸前の囚人を収容所の隠語では「イスラムもどき」と呼んだ。その姿は骸骨のようで、骨には皮膚がついていないかのようだった。視線も定まらなかった。無気力と睡魔が飢餓の典型的な症状だった。身体の衰弱とともに精神も完全に虚脱状態になってしまう。

囚人の栄養状態に関して：食事は良質、量も充分。調理環境は非の打ち所なく、清潔であり、味もよし。

SS中尉シュヴァルツ

高圧電流鉄条網での自殺

ユダヤ人を殺害したのはヒトラー一人ではなかった。彼には多くの崇拝者、協力者、後援者たちがいた。この4人は、よく名の知られた殺人者である。(左から)保安警察・保安情報部長官ハイドリヒ、ゲシュタポのユダヤ人局局長アイヒマン、アウシュヴィッツ強制収容所司官ヘス、ヘスの後任クラーマー。殺人者とその協力者の群は、いろいろな制服組と私服組の全部をあわせると、数十万人にものぼる。殺戮に責任を負う彼らの名前を一人ひとり数え上げれば、何冊もの本になるはずである。

隠し撮りされた写真

君たちにビルケナウから毒ガス殺害作戦の写真を送る。そのうちの一枚は戸外で積みあげられ、焼かれる死体の山の一つを撮ったものだ。焼却施設は仕事が追いつかないのだ。死体の山の前にはこれから積み上げられる死体が残っている。もう一枚は森の中にある脱衣場の一つを撮ったものだ。風呂に入るという名目で服を脱がされ、ガス室に送られてゆくところだ。至急。なるべく早く6×9サイズのカメラ用フィルム2本を送ってもらいたい。これからも写真を撮る機会があると思う。

収容所内から持ち出された抵抗組織の通信文

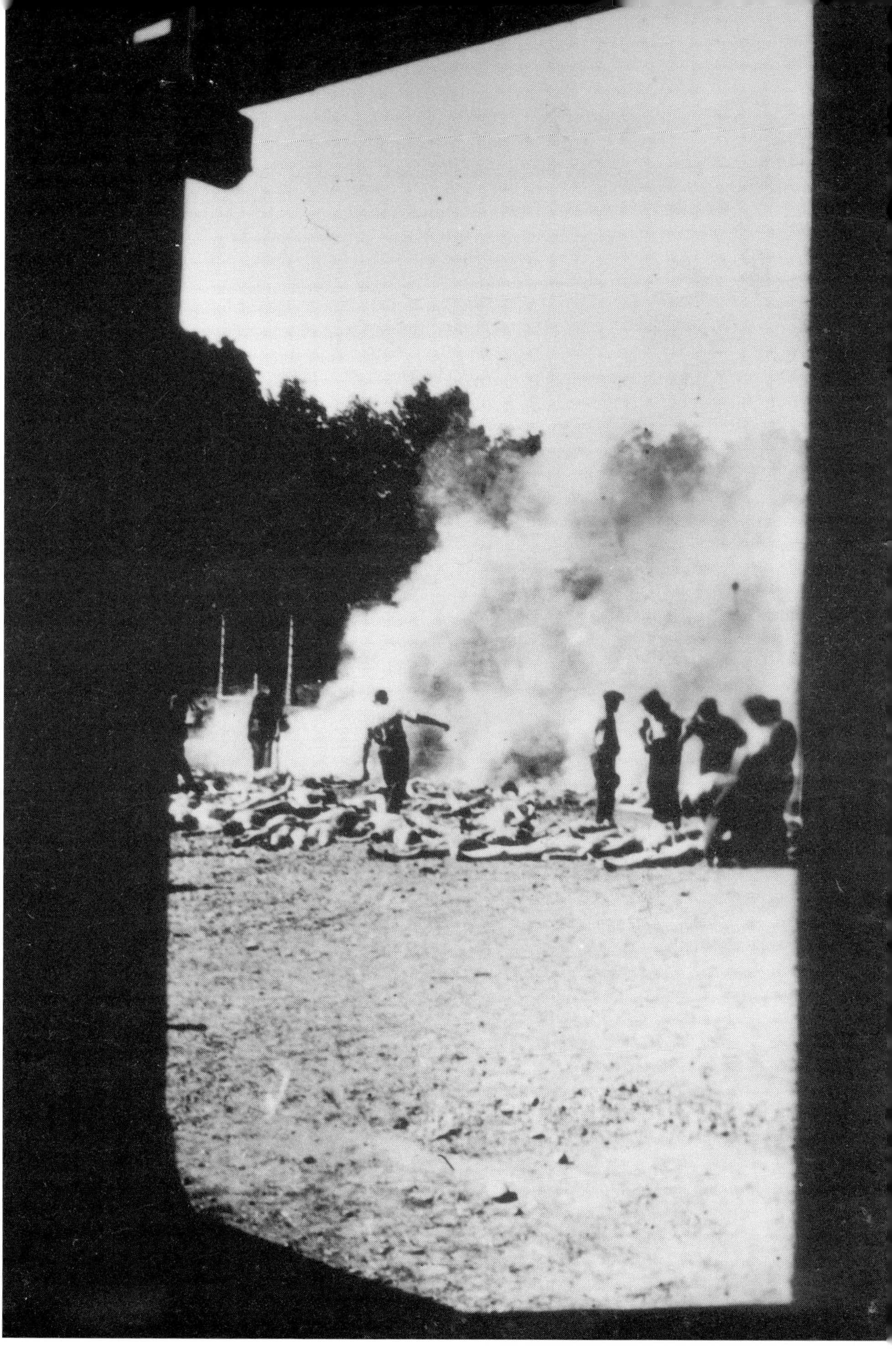

ガス室送りになった者たちが残した衣服

　まだ覚えておられるであろう。わたしがかつて、国会で次のように明言したことを。諸民族を巻き込んだ世界戦争を引き起こせば、ヨーロッパの人種をことごとく抹殺できるであろうなどとユダヤ人が思いこんでいるとしたら、その結果はヨーロッパの人種の抹殺ではなく、ヨーロッパにいるユダヤ人の抹殺である、と述べたことを。(拍手)わたしを予言者だとあざ笑い続けた者たちがいた。あのころ笑った連中も、多くはもう笑いもしない。(まばらな笑い、拍手)今でもあいかわらず笑っている者も、しばらくすれば笑わなくなるであろう。(哄笑、大きな拍手)この気運はヨーロッパを越えて、全世界へと広まって行くであろう。

1942年11月8日のヒトラーの演説より

VII

抵 抗

ユダヤ人たちは従容として運命を受け入れ、死んでいった、とよく賛嘆をもって語られてきた。しかし、賛嘆すべきものがあるなら、それはこの迫害された人々が何年にもわたる英雄的な闘いの中で示した生への不屈の意志である。この闘いにおいては、死に抗って生き延びた一日が、子どもたちのためのパン一切れがすべて、彼らに死の宣告を下した人殺しに対する勝利であった。

　隠れ家で一斉手入れを生き延びた人たち、あるいはゲットーから脱出した人たち、銃殺部隊から逃れたり、死の列車から飛び降りた人たちの多くは、森の中に潜むパルチザンに加わった。しかし、ゲットーや収容所の中でも人々は闘いに立ち上がった。この勇気と犠牲を象徴するのは、最終的な皆殺し計画に抵抗する1943年4月のワルシャワ・ゲットーの蜂起である。この蜂起についてSSは図解入りの報告書を残している。

　1942年夏の大規模な移送の後、人口が激減したゲットーは一時的に落ち着きを取り戻した。後に残った人たちは長い間、どんなかすかな希望であってもそれにしがみついた。移送された人たち全員、つまりひとつの町がそっくりそのまま殺されてしまったというニュースは、あまりに途方もない話で、とても信じられるものではなかった。残った彼らをどんな最期が、それも一人の例外もなく待ち受けているのか。それを理解するには長い時間がかかった。

　1943年1月に移送が再開されると、武器を使って脱出する者がはじめて出る。ヒムラーはゲットーの取り壊しを命じる。ユダヤ人の抵抗組織は死を宣告された人々に戦いへの参加を呼びかける。人々は夜間ひそかに地中に深い坑道を掘る。必死の作業によって、女や子どもたちを人狩り連中から護る粗末な地下壕が作られる。

　4月19日、SSの突撃部隊がゲットーに突入する。彼らは激しい抵抗に会う。ゲットーの若者たちは身を守ることのできない母親や姉、妹のために勇敢に闘う。武器らしい武器もなく、絶望を力に変えて彼らは、一本の道路、一軒の家、ひとつの地下室をめぐってSSと闘う。28日間、昼夜を問わず戦闘は続く。この闘いでほとんどの人が死ぬ。

　この戦闘で死ななかった者は全員、トレブリンカのガス室に連れて行かれ

る。燃えさかる孤立無援のゲットーから逃れるのは、ほんのわずかな人たちだけである。しかしこの蜂起によって、抑圧した者も抑圧された者も、殺人と残虐な暴力の中にあってさえ自尊心と人間の尊厳を完全に根絶することはできないと知ったのである。ビャウィストクとチェンストハウのゲットーがワルシャワに続く。トレブリンカやソビブルの絶滅収容所でさえも流血の蜂起があり、アウシュヴィッツ・ビルケナウでは勇敢な囚人たちが焼却施設に火を放つ。

　この闘いの中でユダヤ人は孤立していたわけではない。フランスでは若者たちが黄色い星を付けて連帯の意志を示した。オランダでは移送に抗議して労働者たちがストライキをおこなった。どの国にも、ドイツにさえも勇気ある個人、聖職者や労働者、公務員や将校がいて、迫害された人たちを支援したり、自分の家族の危険も省みず自宅に匿ったのである。

　英雄もいた。ヴィルナで何千人ものユダヤ人を銃殺から救ったアントン・シュミット曹長^{訳注}や、終戦の際、自分のところで働いていたユダヤ人囚人を避難させたクラカウの工場経営者オスカー・シンドラー^{訳注}。あるいはアウシュヴィッツのブロック古参者で、ユダヤ人の子どもたち158人の命を救った共産主義者エルンスト・ホフマンなどである。ベルリンにはユダヤ人の夫を持つ勇敢な女性たちがいた。彼女たちは夫の釈放を求めてデモ行進をしたし、司教座聖堂首席司祭のリヒテンベルク^{訳注}は「ユダヤ人と強制収容所の気の毒な囚人のために」教会で祈りを捧げた。

　そして、ヨーロッパのレジスタンスに加わった多くの無名の人々がいた。彼らはヨーロッパのすべての国で、ガス室で大量殺人をおこなう政治体制に対して絶望的な無言の闘いをしていた。この闘いに加わった者に対する報酬は勲章ではなく、ギロチンか絞首台かあるいは強制収容所であった。

　迫害が始まったところではどこでも、抵抗運動が立ち上がった。大量殺人をやめさせる力はなかったが、その速度を緩めることはできた。人殺したちの包囲網に突破口を開き、わずかといえども犠牲者を奪い返した。しかし抵抗運動は何よりもまず、敵の力が無限ではなく、最後の時が来ることを示して、人々に勇気を与えた。

ワルシャワ・ゲットーの蜂起と壊滅
SS将軍シュトロープ[訳注]の日報から

1943年4月19日
　3時よりゲットーを封鎖する。6時に16人の将校に率いられた850人の武装SS部隊が残存ゲットーの掃討を開始する。部隊を投入するや、たちまちユダヤ人とならず者どもから予想どおりの手強い銃撃を受ける。(中略)
　敵を屋根や高いところに構えた拠点から、地下室ないし地下壕や地下水路へ退却させることができた。この掃討によって捕捉できたユダヤ人はおよそ200名にすぎなかった。続いて、突撃班をすでにつきとめていた地下壕へさし向ける。中にいる者を引きずり出して地下壕を破壊するように、との任務を与える。これによるユダヤ人の捕捉はおよそ380名。地下水路に立てこもるユダヤ人どもを確認した。地下水路を満水にして、そこに立てこもれないようにする。

1943年4月20日
　いまだ撤去のすんでいない無住のゲットーに確認できた抵抗者どもの根城は、国防軍の戦闘部隊、すなわち工兵隊と火炎放射器とで制圧した。(中略)
　10センチ榴弾砲を投入して一味を強固な砦から追い出し、確認しえたかぎりでは、一味に損害を与えることもできた。暗くなり始めたので、この掃討作戦は中断のやむなきにいたった。

1943年4月21日
　火を放った成果が夜のうちにえられた。度重なる捜索活動の手をかいくぐって、いぜんとして屋根裏ないし地下室、またその他の潜伏場所に隠れていたユダヤ人どもが、なんとか火の手を逃れようとして、建物の表側に姿を現わした。ユダヤ人どもは何家族もひとかたまりになって、すでに火がすぐそばまで迫っていたので、窓から跳び降りたり、あるいは結び合わせたシーツを伝って降りようとした。あらかじめ手を打っておいたので、こうしたユダヤ人も他のユダヤ人どもも、ともどもただちに始末した。

1943年4月22日
　ならず者やユダヤ人どもの一部がゲットーの下を走る地下水路に立て

こもっていて、捕えられないでいる。残念ながらどうすることもできない。

　地下水路に放水して満水にすることも中断させられたからだ。市当局はこうした事態を打開できるような体制にはない。発煙筒をたき、下水にクレオソートを混ぜるなどしたが、やはり思ったような成果はえられなかった。国防軍との連携に関しては非のうちどころがない。

1943年4月23日

　この掃討作戦そのものが、あれこれ悪知恵を働かせるユダヤ人やならず者どものせいで手間取っている。たとえば確認されたところでは、次のような例がある。辺りに転がっている死体を集めてまわる死体運搬車に生きたユダヤ人が紛れこみ、死体といっしょにユダヤ人墓地へ運ばれ、そうしてゲットーの外に逃れている。死体運搬車を常時検問することで、こうした逃走経路も断つ。(中略)

　工場から収容所に送るために、本日3500名のユダヤ人を捕捉した。本日までで、収容所へ送るために捕捉した、ないしすでに輸送ずみのユダヤ人はあわせて1万9450名。これらのユダヤ人のうち、目下のところさらに約2500名ほどが積み込みを待つ状況にある。次の列車は43年4月24日に出る。

1943年4月24日

　ゲットーを封鎖したあと、18時15分に捜索戦闘部隊が建物に踏み込んだ。多数のユダヤ人がいることを確認した。これらのユダヤ人どもは大部分が抵抗したので、いぶりだすよう命じた。家の立ち並ぶ通りと、通りの両側の建物の中庭がすべて明るい炎に包まれたあとになってやっと、ユダヤ人どもが一部は焼けながら家の中から出てきた。あるいは助かりたい一心で、前もって布団や毛布やそのほかのものを道路に投げ落としたあと、窓やバルコニーから路上に跳び降りる者もいた。火が迫っているというのに、我らの手に落ちるよりはましとばかりに、ユダヤ人とならず者どもが再び火の中へ戻っていく光景が繰り返し観察できた。

1943年4月25日

　昨夜は旧ゲットーが炎の明かりに照らしだされていたが、今晩は巨大な炎の海を見ることができる。計画どおり定期的に掃討を繰り返すが、そのたびに多数のユダヤ人どもが見つかるので、この掃討作戦は翌4月

26日も引き続きおこなう。開始時刻10時。

　本日までに捕捉した旧ワルシャワ・ユダヤ人ゲットーのユダヤ人はあわせて2万7464名。

1943年4月26日
　これよりは、相手はもっともしぶとく、もっとも頑強に抵抗しているユダヤ人とならず者どもだということがいよいよますますはっきりしてきた。地下壕をいくつも力ずくで開けてみたところ、中に立てこもっていたのは、掃討作戦に入ってからというもの、地上に出ることなくじっと潜んでいた者たちだった。多くの場合、地下壕にいた者たちは、壕を爆破されると、そこから這い出てくることができるような状態ではなかった。捕えたユダヤ人どもの供述によれば、地下壕の中では、そこにいたかなりの数の者が熱と煙、さらには爆破のせいで気がふれてしまったとのことである。(中略)
　30名のユダヤ人を収容所に送る。1330名のユダヤ人を地下壕から引きずり出し、ただちに始末する。362名のユダヤ人を戦闘にて撃ち殺す。本日捕捉したユダヤ人、あわせて1722名。これによりこれまでに捕捉したユダヤ人の総数は2万9186名になった。さらには爆破した13箇所の地下壕の中で死んだり、あるいはまた火にまかれて死んだユダヤ人が多数いると思われる。

1943年4月27日
地下水路に降りたSS隊員たちが確認したところでは、くたばったユダヤ人の死体がおびただしい数、下水に運ばれている。

1943年4月28日
　本日の戦果は以下のとおり。1655名のユダヤ人を収容所に送るために捕捉する。そのうち110名は戦闘で銃弾にあたり死亡。
　さらに火を放って多数のユダヤ人を焼き殺し、あるいは地下壕を爆破して始末したが、その数は不明である。
　本日の首尾により、これまでに捕捉ないし始末したユダヤ人の総数は3万3401名になる。この数のなかには焼け死んだり、地下壕の中で死んだユダヤ人の数は含まれていない。

1943年4月29日
　地下水路のマンホールを数個爆破した。ゲットーの外でつきとめたふたつの出口を同様に爆破したり、塗り固めて塞ぎ、使えぬようにした。
　地下壕にたてこもっていたユダヤ人どもの様々な証言から、これらのユダヤ人どもはもう10日間も地下壕から出てきていないこと、また大掃討作戦がかなり長期に及んだために、彼らもいまや食料などが底をついてきていることがわかる。

1943年4月30日
　本日、あわせて1599名のユダヤ人を捕捉した。うち179名は戦闘中に銃弾にあたり死亡。これをもってこれまでに捕捉せるユダヤ人の総数は3万7359名になる。本日積みこんだユダヤ人は3855名。この数日中に捕捉したユダヤ人をみると、武装した者の数が著しく増えた。

1943年5月1日
　捕捉したユダヤ人のうちかなりの数の者が、地下水路から引きずりだした者たちだ。引き続き地下水路の出口を綿密に計画立てて爆破したり、あるいは埋め立てた。(中略)
　ゲットーの下を走る幹線地下水路には、その数は確認できないものの、死体が浮いているのを突撃班が確認した。

1943年5月2日
　旧ゲットーの全域を9個の突撃班が掃討にかかる。さらにはもっと大きな部隊を投入して、トランザーヴィアとヴィシュニエフスキーのふたつの軍需工場を取り巻いて立つ建物の掃討あるいは破壊を図る。(中略)
　先に挙げた建物を破壊したさいに、120名のユダヤ人を捕捉した。またそのさいの火災によって、屋根裏部屋から中庭に跳び降りた無数のユダヤ人を始末した。さらには多数のユダヤ人が炎にまかれて死んだ。あるいはまた、さらにかなりの数のユダヤ人を地下壕や地下水路の開口部を爆破して、同様に始末した。

1943年5月3日
　大抵の場合、ユダヤ人どもは地下壕を捨てる前に武器を手にして抵抗した。そのため当方の損害として2名の負傷者を出した。ユダヤ人と

ならず者どものなかには両手にピストルを持って撃っていた者も幾人かいた。

1943年5月4日

　火の燃えさかっているなかを屋根の上に姿を現わした無数のユダヤ人どもが、炎に包まれて死んだ。他のユダヤ人どもも、いよいよとなってやっと最上階に姿を現わした。だが焼け死にたくなければ、跳び降りるよりほかにどうすることもできなかった。本日はあわせて2283名のユダヤ人を捕捉した。そのうち204名を撃ち殺し、地下壕に潜むユダヤ人を数えきれぬほど始末し、あるいはまた焼き殺した。これまでに捕捉したユダヤ人の総数は4万4089名になる。

1943年5月5日

　今日もまたユダヤ人どもは捕まる前にあちこちで抵抗した。いくつかのケースでは、地下壕へ通じる開口部が内側から力いっぱい押さえられていたり、あるいは閂がかけられていたりしたので、爆破してやっと開口部をこじ開け、中に立てこもる者をなんとか始末することができた。

1943年5月6日

　今日は5月4日に火をかけて破壊した建物をとりわけ徹底的に捜索した。ここで生きている人間に出くわすかもしれないなどということは、ほとんど考えられないことではあったが、中が焦熱地獄と化していた多数の地下壕を確認できた。こうした地下壕や、ゲットーの他のいくつかのところで確認できた地下壕からあわせて1553名のユダヤ人どもを捕捉した。抵抗したり、銃撃戦になったりしたので、そのさいに356名のユダヤ人を撃ち殺した。

1943年5月7日

　ユダヤ人どもの供述では、彼らは夜になると新鮮な空気を吸いに外に出るとのことだ。掃討作戦が長引いているので、地下壕の中にずっといつづけることに耐えられなくなるからだ。また突撃班によって、毎夜平均して30名から50名のユダヤ人が射殺されている。こうした供述からすると、いまなおかなりの数のユダヤ人がゲットーの地下に潜んでいるとみなければならない。

1943年5月8日
　これまでに得られた供述によれば、なお約3000名から4000名のユダヤ人どもが地下の穴蔵や地下水路や地下壕に潜んでいるとみられる。本官は、ユダヤ人の最後のひとりを始末するまではこの大掃討作戦は止めぬつもりである。

1943年5月9日
　本日実施した大掃討作戦の戦果は以下のとおり。投入した突撃班が42箇所の地下壕をつきとめた。これらの地下壕から1037名のユダヤ人とならず者どもを生きたまま引きずり出した。戦闘により319名のならず者とユダヤ人どもを撃ち殺した。他に多数のならず者とユダヤ人どもをこれまた地下壕を爆破して始末した。

1943年5月10日
　ユダヤ人どもの抵抗は今日も衰えることがなかった。この数日間とは違って、いまなお生き延びているユダヤ人の主力戦闘部隊のメンバーどもは、破壊された建物のできるだけ高いところに退却して、そこから応戦し、投入した我が部隊に損害を与えようとの腹づもりだろう。

1943年5月11日
　捕捉したユダヤ人とならず者どもはあわせて931名。射殺したならず者ども53名。その他に地下壕を爆破したさいに死んだ者、また建物に火をかけて破壊したさいに死んだ者がある。これまでに捕捉したユダヤ人の総数は5万3667名にのぼる。

1943年5月12日
　かなりの数のユダヤ人どもが炎にまかれて死んだものと思われる。暗くなり始めても、火はまだ下火にならなかったので、この点に関しては正確な数の把握はできなかった。

1943年5月13日
　なおもゲットーに立てこもるわずかなユダヤ人と犯罪者どもは、この二日間、いまだ潜伏場所となりうるところを破壊された建物の中に見つけ出してはそこにこもり、夜になると勝手知った地下壕へ戻って、そこで飯

を食い、翌日の食糧を補充している。

1943年5月14日
　アーリア人区域から繰り返しゲットー境界線のバリケードに向けて砲撃が加えられた。これに対しては歩哨線から容赦なく銃撃して応戦した。

1943年5月15日
　特殊部隊が、ゲットー内になおも残存する最後の無傷の建物をもう一度徹底的に捜索し、その後破壊した。晩にはユダヤ人墓地にある礼拝堂と霊安室と、付属するすべての建物を爆破し、あるいは焼き払った。

1943年5月16日
　ワルシャワの旧ユダヤ人居住区はもはや存在しない。ワルシャワのシナゴーグの爆破をもってこの大掃討作戦は20時15分に終了した。(中略)
　これまでに捕捉したユダヤ人、および確認できたかぎりの始末したユダヤ人の総数は5万6065名。

1943年5月24日付けの最終テレタイプの内容は以下のとおり。
八つの建造物(警察宿舎、病院、保安要員用の宿舎)を除いて、旧ゲットーは完全にとり壊した。あえて爆破せずにおいた防火壁がわずかに残っているだけである。壊れた建物から出た大量の石材や鉄材はまだ再利用可能である。

強制退去の始まり

二・三時間前に、武装したSS部隊が戦車と砲兵隊を引き連れて、ゲットーにいまなお残る住民の殺戮を始めた。ゲットーは勇猛果敢に必死の抗戦をしている。戦いを指揮しているのは、ほとんどすべての戦闘組織を結集したユダヤ人戦闘組織である。ゲットーからは大砲の轟音と強い爆裂音とが絶えることなく響いてくる。街区全体がすっぽり巨大な火炎の火明かりの中に浮かび上がった。一大殺戮がおこなわれている区域の上空では飛行機が数機旋回している。戦いの帰趨はもとより知れている。

1943年4月19日付、ロンドンへ打電されたZOB（ユダヤ人戦闘組織）[訳注]の電文

ブラウアー社の経営陣の逮捕

　我々にだって命はあるのだ！ 我々もまた生きる権利がある。生きる権利を戦い
とるすべだけは心得ていなければならない。奴らが君に命を恵んでくれるな
ら生きることはたやすいことだ！ だが奴らが君の命を奪おうとするなら、その
ときは生きることは辛く苦しいことだ！
　目覚めよ、諸君、そして君のその命のために戦え！
　母たるものはことごとく我が子を護る獅子となれ！ 父たるものはもはや我が子
の死を座視してはならない！ 我らが滅亡の第一幕の恥辱はもう二度と繰り返
させてはならない！ 家という家をことごとく要塞となせ！ 目覚めよ、諸君、そ
して戦え!!!　戦いのなかにこそ救いがある。おのれの命を護るために戦って
こそ、おのれを救うことができるのだ。我々は起ち上がる、よるべなき者の命
を護る戦いの名のもとに！ よるべなき者たちを救うために！ よるべなき者たち
に決起をうながさんがために！

非合法ビラの抜粋（1943年1月22日付、ZZWの檄文）

子どもの命を守る女性戦士たち

ポーランド人たちよ、市民たちよ、自由の戦士たちよ! ドイツ軍が我々の家やアパート、我々の母や子や妻たちを狙って放つ砲声の轟くなか、警察官やSS隊員たちと戦って奪い取った機関銃のけたたましい射撃音の鳴り響くなか、そしてまた炎と煙のたちこめるなか、ワルシャワ・ゲットーの血の海から、我々ゲットーに囚われた者たちは君たちに同志としての戦いの挨拶を送る。(中略)

この戦いは、我々と君たちの自由、我々と君たちの人間としての、市民としての、民族としての名誉と尊厳をかけた戦いである。我々は報復する、アウシュヴィッツ、トレブリンカ、ベウジェツ、マイダネクの犯罪行為に対して。戦うポーランド人の戦友たち、万歳！占領者たちに対する生死をかけた戦い、万歳！

1943年4月23日付、ZOBの檄文

捜索

　ユダヤ人たちとならず者どもの抵抗は、突撃班を昼夜を問わず倦むことなく精力的に投入してやっと打ち破ることができた。1943年4月23日、SS全国指導者がクラクフの東方地域上級SS指導者兼警察指導者に、ワルシャワ・ゲットーの徹底捜索を断固として容赦なく遂行するようにとの命令を下した。それゆえ本官は、これより軍需工場に隣接するものも含めたすべての建物を焼き払うことによってユダヤ人居住区の壊滅をはかることを決意した。工場をひとつずつしらみつぶしに掃討し、そののちこれに火を放って破壊した。

シュトロープ報告書

「積み替え地」へ向けての行進

炎が荒れ狂う(中略)信じられないほどの猛々しさで。ゲットーの通りはどこもびっしりと肌を刺す煙に包まれていた。ドイツ軍はいまやおぞましい戦術を行使して、ゲットーの住民をいぶりだしにかかったことは明らかだ。ドイツ軍は、火をかけて人々を焼き殺そうと決めたのだ。武力をもってしてもユダヤ人戦士たちの抵抗を打ち砕くことができなかったとわかったからだ。家の中では何千人もの女や子どもたちが生きながら焼かれた。恐怖にみちた叫び声と助けを求める声とが、燃えさかる家々から聞こえてきた。たくさんの家の窓に、炎にまかれた人々の姿がまるで生きたたいまつのように映しだされた。

ZOBの報告書第5号

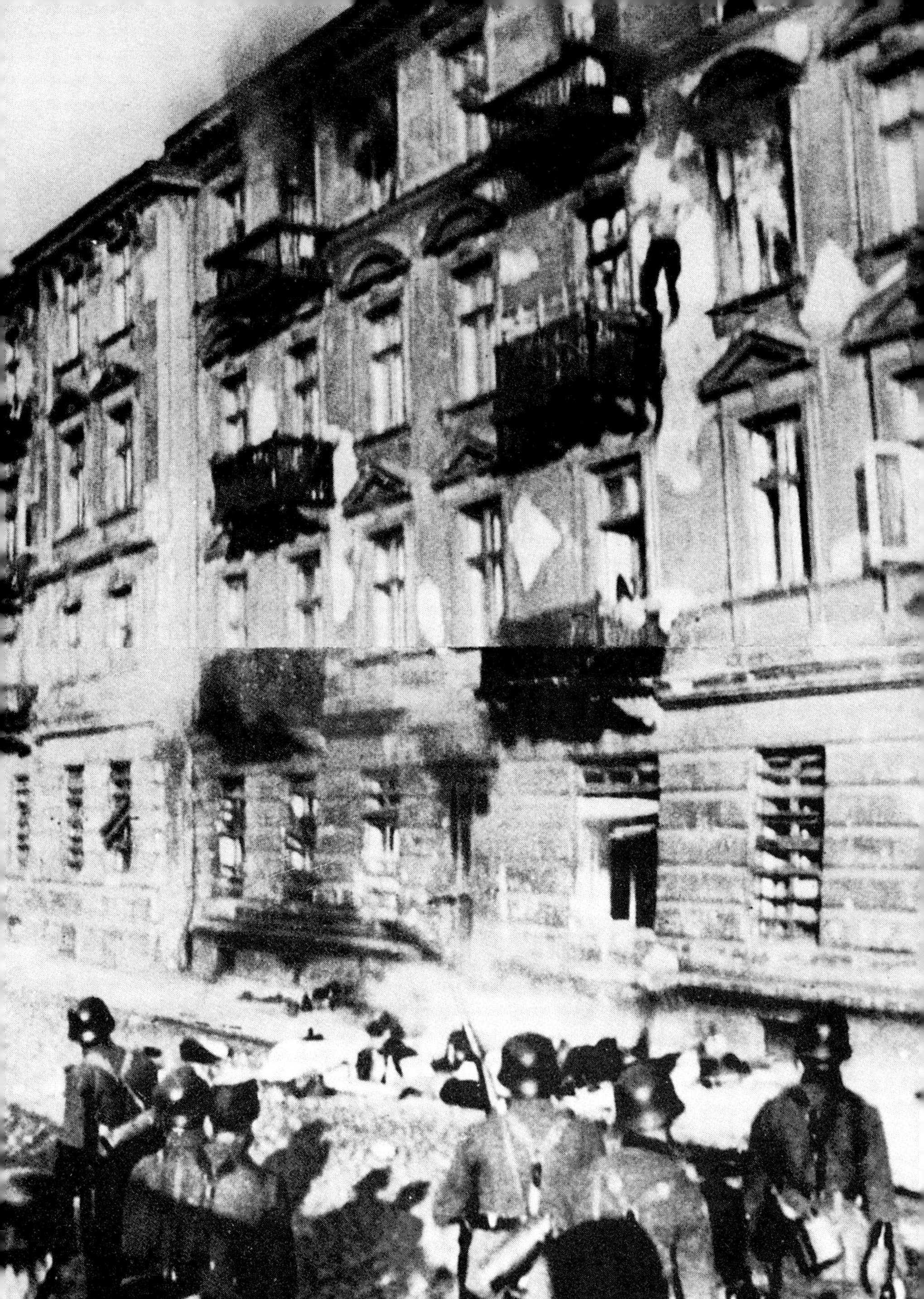

ユダヤ人どもは燃えさかる家の中にいつまでも立てこもることもめずらしくなかった。だが、いよいよ熱くて耐えられなくなり、焼け死ぬのが怖くなると、前もってマットレスやクッションのたぐいを焼けている家々から通りに投げだしたあとで、高いところから跳び降りもした。骨を折っても、彼らはなお這いずって通りを越え、まだ炎に包まれていない、あるいは所々しか火が廻っていない建物へ逃げこもうとしていた。

シュトロープ報告書

別の街角では、一歳の赤ん坊が横になっていた。この子は泣き声もあげなければ、うめき声もあげなかった。たぶんもうその力もなかったのだ。その小さな両腕も両足も焼け焦げていた。とうてい人間のものとは思えない苦痛に歪んだ表情を映していたこの子の顔を、わたしは決して忘れはしない。(中略)母親の顔と両腕はすっかり焼け焦げていた。彼女はあの子を腕に抱き取ることができなかったのだ。

P.エルスターの報告書

「大掃討作戦指揮官」SS将軍ユルゲン・シュトロープ

地下壕から引きずり出される

くすぶり続ける廃墟の下、春の陽とも無縁に、わたしたち何百人もの者が地下5メートルのところにある、暗闇に包まれた壕の床に横になっていた。一条の陽の光すらここには射しこんではこなかった。ただ時計だけが、外では陽が沈んだことをわたしたちに告げていた。(中略)毎夜、暗いむっとする地下壕から這

い出たユダヤ人たちは、自分の家族や友人たちを探し求めて通りをさ迷い歩いた。そして毎夜わたしたちは、仲間の数が急激に減っていくのを目のあたりにしていた。ゲットーは急速にしぼんでいった。ドイツ軍のパトロール隊によって次々と壕が発見され、飢えにも見舞われて、犠牲者が増えていった。

ツィヴィア・ルベトキン[訳注]の報告書

やつらの抵抗が長引くにつれて、武装SSや警察や国防軍の隊員たちの対応は容赦のないものになっていった。彼らはここでもまた真の戦友意識に結ばれて倦むことなく任務の遂行に邁進し、つねに模範的にして非のうちどころなくその任をはたした。出動が早朝から深夜に及ぶこともまれではなかった。

シュトロープ報告書

処刑場へ連れて行かれるゲットーの防衛者たち

　もう一週間も我々は生死を賭けた戦いのなかにいる。(中略)我が方の犠牲者、すなわち撃ち殺されたり焼き殺されたりして犠牲となった男や女や子どもの数はおびただしい。我々の最後の日が近づいてきた。だが、我々は手に武器をとることができるかぎりは、抵抗し戦いつづける。
　降伏を求めるドイツ軍の最後通牒を我々は拒否する。我々は自分たちの最後の日がやってきたのがわかるから、きみたちに頼む。なにひとつとして忘れてはならない。罪なくして流された我々の血に対して報復する日がきっと来るだろう。最後の瞬間に敵の手から逃れる者たちの救援に急ぎ向かってほしい。彼らがこの戦いを続けられるように。

1943年4月26日付、ZOBの報告書

処刑されたゲットー戦士たち

　全兵力の間断のない辛抱強い攻撃によってやっとのこと、しめて5万6065人のユダヤ人を捕捉ないし確実に始末することができた。（中略）この大掃討作戦は1943年5月16日、ワルシャワのシナゴーグを爆破して、20時15分に終了した。

シュトロープの最終報告書

最後の人たちの拘引

毅然として生き、毅然として死につく。これこそ我々のスローガンとするところであった。ゲットーでも収容所でもこのスローガンにかなうような生き方をしようと努めてきた。(中略)ひどいテロやつらい飢えにさらされ、辛酸もなめてきたが、それでも我々はこのスローガンを掲げ続け、ポーランドのユダヤ人の死を殉教にまで高めた。

ユダヤ人抵抗運動の報告書

「ワルシャワにはもはやユダヤ人居住区は存在しない」シュトロープ報告書の表題

VIII

解 放

1944年 7月、ソヴィエト軍がマイダネク強制収容所を解放する。同じ頃、なお50万人近いハンガリーのユダヤ人がアウシュヴィッツ・ビルケナウに移送される。焼却炉は6週間にわたり昼夜を分かたず燃え続ける。SSが焼却施設を爆破し、収容所の書類を処分するとともに、ガス室で殺された人たちの所持品を保管していた巨大な倉庫に火を放ったのは11月末になってからである。

　迫害の血塗られた歴史の最後の章を記すのは終戦である。ドイツでは多くの人間がこの最後の時を恐れ、迫り来る前線から死に物狂いで逃げようとする。けれどもヒトラー支配の崩壊を祈る思いで待ち望み、解放の時を待ち焦がれている人たちは、ヒムラーの命令でさらにドイツ本国内へと連れて行かれる。一人の囚人といえども、生きたまま連合軍の手に渡したくないのである。彼らの証言を恐れているのか、身も心も痛めつけられた人たちに生への帰還を許したくないのか、それとも、犠牲者の何人かが自分より長生きするかもしれないと考えただけで、虐待した者には我慢ならないのだろうか。

　連合軍はあらゆる方面からドイツに向かって進攻する。死との競走が始まるのである。東部の収容所は撤収する。囚人は無蓋のトロッコに乗せられ、毛布もコートもなく、凍てつく2月の寒さの中を運ばれていく。逃げるチャンスはあるが、痩せさらばえて衰弱した人たちには動く力さえもう残っていない。

　戦争終結までの数週間、崩壊する帝国の鉄道網を異様な列車が収容所から収容所へと走る。停車し、方向を換えたかと思うとまた止まり、そして再び走り出す。アウシュヴィッツからブーヘンヴァルトへ、ブーヘンヴァルトからダッハウへ、ダッハウからベルゼンへ。行く当ても運行計画もない。積み荷となっている人たちに生き残る最後のチャンスを与えない、それだけが目的である。何日にも及ぶ迷走の後、どこかの収容所の近くで引き込み線に止まり、ようやく木製の引き戸が開けられると、貨車がとっくに死体収容室になっていることもよくある。

　各方面で前線は加速度的に後退する。SSは多くの収容所をあわただし

く引き払わなければならない。自分で歩くことのできない囚人は間際になって射殺されるか、生きたまま焼かれる。監視兵たちは強行軍で、ショックを受けて立ちすくむドイツ人住民が見つめる中、惨めな姿の大群をチューリンゲンやメクレンブルクの街道を通ってシュレスヴィヒ・ホルシュタインへと追い立てて行く。倒れて動けなくなった者には、とどめの弾が撃ち込まれる。最後の囚人輸送を受け入れるベルゲン・ベルゼンは立錐の余地もない集団墓地と化す。それは飢餓とチフスが荒れ狂う死の世界である。

　強制収容所を解放した連合軍兵士の心臓は一瞬凍りつく。彼らは絞首台や木馬、焼却炉そして靴、衣類、メガネおよび人間の毛髪が詰まった倉庫を目にする。折り取られた金歯や結婚指輪が詰め込まれた箱がいくつもある。死亡記録があり、そして人間がいる。死んだ者と死にかかっている者である。筆舌に尽くしがたいこの状況を写した最初の写真と記事が世界に伝わると、心ある人たちは驚愕し、憤慨の叫びをあげた。
戦争終結まで生き延びたのはわずかな人々であった。しかし彼らにとっても多くの場合、終わるのが遅すぎた。彼らに人生をやり直す力はもう残っていない。解放直後の何週間かに、何千という囚人が亡くなる。どんな手当てももう手遅れである。まだ助けられたかも知れない人たちもおおぜい死亡した。それは声を出したり、手を挙げることさえできないほど衰弱していて、誰も死体の間にいる彼らに気づかなかったためである。連合軍の医師たちにこの恐ろしい事実がわかったのは、何日も経ってからである。

　こうしてヒトラーの第三帝国は終わった。

　連合軍の勝利によってナチは絶滅計画を完遂できなかった。結果はそれでも十分に恐ろしいものである。人口統計や発見された公文書、死の収容所での調査を比較検討して計算した結果は、500万から600万人のユダヤ人が殺害された、という点で一致している。100万をはるかに越える人々が餓死ないしは病死し、それとほぼ同じ数の人が処刑部隊によって銃殺された。その他の人たちはすべてガス室に送られた。

最後の日々

マウトハウゼン　ポールSS大将[訳注]がある日、事前の通告もなしに、10日のあいだ食料も支給せずに輸送の途上にあった6000人の女と子どもを私のところへ送ってよこしました。彼らは1944年12月の凍てつく冬に、毛布も与えられず、無蓋の石炭貨車に乗せられて運ばれてきました。子どもたちは、ベルリンからの命令で、ベルゲン・ベルゼンへ歩いていかせなければなりませんでした。思うに、みな死にました。(中略)

　ユダヤ人の徒歩移送について　大管区指導者ライナー、ユーバーライター博士、ユーリ博士、バルドゥル・フォン・シーラッハおよびその他の人々の立ち会いのもと、私はヒムラーから次のような命令を受け取りました。「南東」守備拠点のユダヤ人をすべての村から徒歩で移動させよ、目的地はマウトハウゼン。それによれば、6万人のユダヤ人がマウトハウゼンへ送られてくることになっていました。実際に到着したのは、そのうちのほんのひとにぎりにすぎませんでした。例としてあげれば、ある移送の場合には、4500人のユダヤ人で出発したのに、到着したときには180人しかいませんでした。この移送の出発地がどこであったのか、私は知りません。女や子どもは靴もはかず、ボロを身にまとい、虱だらけでした。移送の列のなかには、家族ぐるみというのが幾組もありました。そのうちのいくつもの家族が、衰弱したために途中で撃ち殺されました。

マウトハウゼン収容所司令官フランツ・ツィーライスの供述

ベルゲン・ベルゼン　たたかれて追い立てられると、彼らはときおりだしぬけに牛の群れのようにたがいに小突きあいながら前に歩み始めた。自分の名前を彼らの口から聞き出すことはできなかった。どんなに温かい言葉を投げかけたところで、彼らの口を開かせることはできなかった。彼らはただ長いことじっと無表情に見つめるだけだった。答えようとすると、彼らの舌はもつれて声にならなかった。気づかされたことといえば、彼らが吐く、毒に冒されているその息だけだった。それは、もうボロボロになっていた内臓からたち昇ってくるらしかった。1944年から45年にかけた冬の輸送の様子はこのようなものだった。その冬、我々が解放される直前の三ヶ月の間に、1万3000人という途方もない数の囚人たちが死の手におちた。

Dr.ゲオルク・シュトラカの報告

エーデラン　収容所のなかはすでにひどい興奮に包まれていた。というのは、午後3時にわたしたちは出発することになっていたからだ。命令の内容は次のようなものだった。囚人と看守は、敵が来る前に退避するゆえ、全員集合せよ。目的地は不明。8時頃、わたしたちのところにまですでに砲声が届いていた。どうせ出発なんてことにはならないだろうという希望がふくらんで、胸が激しく高鳴った。3時にわたしたちが整列したときには、窓ガラスは震え、足元では地面が揺れていた。わたしたち500人の女は収容所の中庭に立ち、またも苛酷な運命に従うことになった。わたしは友人と手をつないで、自分の所持品のいっぱいつまったバケツを持っていた。こうしたことは連合軍のすぐ目の前でおこなわれたのだった。連合軍の声がわたしたちのところに届いていた。なのに、わたしたちの熱い願いはかれらには届かなかった。武装した郷土防衛軍やヒトラー・ユーゲントの者たちに護られて、わたしたちは灰色の毛布に身を包み、輝くような春の陽射しのなかへ入っていった。いまだ囚われの身であった。そしてわたしたちはますます自由から遠ざかっていくような気がしていた。

グレーテ・ザールスの報告

ダッハウ　100人の司祭を含む、ロシア人やユダヤ人やドイツ人からなる8000人の人間が、黙々と夜をついて行進していた。そうしたわたしたちは1000人ほどのSS隊員と捜索犬に監視されていた。(中略)1時間もするともう、まず手荷物が数個、道の左右にころがっているのが目にはいる。各人が二枚ずつ持っていくことになっていた毛布が痩せ細った身にはすでに重荷なのだ。だがまもなくすると、今度は囚人たちのなかにさえ、疲れきって道端に横になるものが出始めた。夜の静寂をついてぴしっという銃弾の空気を引き裂く音がわたしたちの耳に聞こえてくる。アウシュヴィッツの囚人の運命はどうやら繰り返されることになっているらしい。ここまできてへたばってたまるものか。この夜、40キロもわたしたちは行進する。午前中に、最初の野営地であるシュタルンベルク湖畔のミュールタールに到着する。わたしは疲れきって森のなかの地面に倒れ伏し、眠りこむ。銃声に起こされ、続いて、犬係り！犬係り！と叫ぶ声が耳に飛びこんでくる。だれか逃げ出した者がいるのだ。どうか捕まりませんように。あとで聞いたところでは、それはミュンスター司教区の若い助任司祭だった。わたしたちのうちで首尾よく逃げた最初の人だ。(以下略)

トリアーのペレイラ S. J. 神父の報告

終局

　ベルゲン・ベルゼン　アメリカ軍がブーヘンヴァルトを占拠してから4日後に、デンプシー将軍の率いる第11機甲師団のイギリス軍部隊がベルゼン捕虜収容所（ハノーバーとブレーメンの中間に位置する）に達した。ここで彼らが目にしたものは、2万8000人の女性と1万1000人の男性と500人の子どもだった。ベルゼンでは飢えばかりでなくチフスも蔓延していた。
　幾多の巨大な炉が死体を火葬するために建てられていた。ベルゼンでもブーヘンヴァルトでも死者の数があまりに多かったので、焼却炉をフル稼働させたところで、毎日亡くなっていく人の数にはとうてい追いつかなかっただろう。そのうえここでもまた石炭が不足し始めていた。
　イギリス軍の軍医総監に提出された種々の報告書から、最後の数ヶ月間にベルゼンでは3万人もの人間が死んだことが判明する。イギリス軍が到着したとき、収容所には、炭化した骨でいっぱいになった大きな墓穴のかたわらに、まだいくつもの死体の山があった。どの死体の山にも、すでにひどく腐敗の始まっている、何ひとつ身につけていない死体が幾百とあった。ショベルカーを使って、デンプシー将軍配下の兵たちは長い墓穴をいくつも掘った。それらにはどれも500から1000体の死体を埋葬することができた。墓を掘ったあと、男女の元看守係たちに命じて、伝染病で死んだり、餓死したり、窒息死したり、あるいはまた射殺されたりした人たちの遺骸を運んで埋葬させた。
　一週間してやっと、死体の山がもうそれ以上は大きくならないというところにまでこぎつけることができた。というのはここにいたってやっと、亡くなった人たちをただちに共同の墓穴に埋葬することができるようになったからだ。

アメリカ情報局サービスセンターの写真報告書「KZ^{訳注}」

　ブーヘンヴァルト　12万人の最大収容能力を持つといえば、この収容所の規模を推し測ることができよう。本年の4月1日には収容所の収容人員は8万813人であった。アメリカ軍部隊が4月11日に到着する数日前には、ナチは推定で1万8000人から2万2000人にのぼる多数の囚人を始末した。「知りすぎている」がために、ナチが片づけてしまいたいと思っていた人たちのうちの何人かは身を隠すことができた。収容所にまだ残されていた人たちの国籍別人数に関しては、確認したうえで正確な数値をあ

げるというところまではできなかった。我々は多数のユダヤ人と非ユダヤ系ドイツ人を見つけだした。またポーランド人も、ハンガリー人も、チェコ人も、フランス人も、ベルギー人も、ロシア人などもいた。ある反ファシズム委員会の代表者たちが我々に差し出した詳細な報告書が述べるところでは、ブーヘンヴァルトで、あるいはそこから移されたあとすぐにいわゆる「絶滅収容所」で死んだり殺されたりした者の総数は5万1572人に達し、このうち少なくとも1万7000人は1945年1月1日以降に亡くなった人たちだ。収容所はいまでは出入りも自由だ。そこに収容されていた人のうちの一部の人たちはみずから収容所を出ていったにちがいない。人名リストを含む詳細な収容所のファイルをナチは残していったが、我々が視察した時点では、収容所にいる人たちのリストを作成し始めることができるような状況にはまだなかった。というのはアメリカの保健衛生担当機関が収容所の清掃消毒に追われていたし、収容者の栄養状態の問題や医療介護のことのほうが先決問題だったからだ。(中略)

　収容所の清掃消毒作業は我々が到着する1週間以上も前からもう始まっていたし、事態はすでに著しく改善されていたにちがいなかったのだが、我々の印象は最初からずっと、全般にわたって信じられないほど不潔だというものだった。この印象はまたいつまでも消えることがなかった。腐敗と病いの発する臭気が収容所全体になおもこびりついていた。我々が最初に視察した小屋のひとつはなかでももっともましなものだった。(中略)

　このバラックは、さしあたり重度の栄養失調患者を何人か収容するための仮設病院として利用されるものだった。喋ることのできない人たちがたくさんいた。この人たちは意識も朦朧とした状態で横になっていたり、目で我々のあとを追った。口も自由にきけて、自分が受けた大きな傷の痕やひどい擦り傷や打撲傷の痕をみせてくれる人もなかにはいた。そうした傷痕は、蹴られたり殴られたりしないかぎりできることのないものだった。彼らは横になっていた。地面のうえに、あるいは布団のうえに、あるいはまた布団にくるまって横になっていた。ひとり残らずだれもがすっかり痩せさらばえた状態だった。アメリカ軍当局が我々に伝えたところでは、アメリカ軍が到着してから、死者の数は日に約100人から30人に減ったとのことだ。身にまとっているものといえば、たいていぼろぼろの上着かベスト、または綿のジャケットで、その下には普通の人の手首の太さほどもない太股がのぞいていた。骸骨のようにやせ衰えた半裸の人

が、まるで竹馬にのってでもいるかのようによろよろと廊下を歩いてきて、我々の一行を見つけると、背筋をのばしてほほ笑み、挨拶をした。我々代表団の医療関係者たちはこう確信した。これらの人たちのうちの何割かは、いま施されている治療を受け続けたところで、恐らく生き残れはしないだろう、そしてまた生き残れる人たちの割合の方がそれよりずっと多いだろうが、その人たちも生き残ったところで、この先生涯にわたって病いに苦しみ、働くことはできないだろうと。

イギリス議会代表団の報告書

総決算

私ことヴィルヘルム・ヘットゥル[訳注]はここに宣誓して証言いたします。

　私の名前はヴィルヘルム・ヘットゥル、博士で、SS少佐です。ドイツ崩壊までの私の職責は国家保安本部第VI局の課長で、部長代理でした。(中略)
　1944年8月末に私は、1938年以来すでに面識のあったSS中佐アドルフ・アイヒマンと会談いたしました。この会談はブダペストの私のアパートでおこなわれました。
　アイヒマンはこの当時、私の知るところでは、国家保安本部第IV局(ゲシュタポ)の課長をしておりました。くわえてヒムラーから、ヨーロッパ全土においてユダヤ人を捕捉し、ドイツ本国へ輸送するようにとの任務を課せられていました。アイヒマンは当時、そのころ起こったルーマニアの戦線離脱に強い衝撃を受けていました。そのため彼は私のところへもやってきて、私がハンガリー・ホンヴェード(戦時)省とハンガリーに駐在する武装SSの指令官から毎日得ていた戦況についての情報を得ようとしました。
　彼は自分の確信するところを次のように言いました。この戦争はこれでもうドイツにとっては敗け戦となった。私個人とすれば、もはやこの先毛筋ほどの希望もない。私は自分が何百万人というユダヤ人の殺害の責を負っているのだから、連合国から一級戦犯のひとりとみなされるであろうことは承知している、と。私はアイヒマンに訊ねました。それは数にしてどのくらいかと。これに対して彼はこう答えました。その数は国家の一大機密ではあるが、君には教えておこう。君も歴史家としてこれには興味があるにちがいない。それに私は特命を得てルーマニアへ行くが、恐らくも

う二度と戻ることはあるまい。私は少し前にヒムラーにあてて報告書を書いた。ヒムラーは殺害したユダヤ人の正確な数を知りたがっていたからだ。私は自分が得た情報をもとに次のような結論にいたった。

　各地の絶滅収容所で約400万人のユダヤ人を殺した。その一方でさらに200万人のユダヤ人を別の方法で殺した。この200万人の大部分は保安警察の特別出動部隊が対ロシア戦の間に射殺したものだ、と。

　ヒムラーはこの報告には不満だったよ。というのもヒムラーは、殺害したユダヤ人の数は600万人を超えるはずだ、とみていたからだ。ヒムラーはこう話した。私は私のところの統計局の係官をアイヒマン君、君のところへ送るつもりだ。この者に君の資料をもとに新たに報告書を作成させ、正確な数値を洗い出させるつもりだ、と。

　私に示されたアイヒマンのこうした情報は、正しいものだったと思わざるをえません。というのは、アイヒマンは殺害されたユダヤ人の数について関係者のなかでももっともよくその全容を把握していたからです。第一に、彼はいわば特殊部隊を使ってユダヤ人を絶滅施設へ「引き渡し」ていました。ですから、こうした数値を正確につかんでいました。第二に、彼はユダヤ人問題を管轄していた国家保安本部第IV局の課長として、他の方法で殺害されたユダヤ人の数を一番よく知っていたことはまちがいありません。

　アイヒマンはこのとき、戦局の急変を受けて、私に嘘をつけるような心理的な余裕があったとはとうてい思えません。

　私自身がこの会談の一部始終をよく覚えているのも、この会談には当然のことながらひどく衝撃をうけましたし、私もまたすでにドイツが崩壊する前に、その当時コンタクトのあった、中立国にあるアメリカのさる機関にそのことについて詳細な報告をしていたからです。

　私は上記の供述をみずからの意思にもとづき、だれからも強要されることなくおこなったものであること、また上記の供述は私の知るところと良心に従って事実に相違しないものであることを誓います。

元SS少佐Dr.ヴィルヘルム・ヘットゥルの宣誓供述書
1945年11月26日、ニュルンベルク

ブルクハート中尉	最後にアイヒマンに会ったのはいつですか。
ヴィスリツェニー	最後に会ったのは1945年2月末でした。ベルリンでした。アイヒマンはそのころ、戦争に敗けたら自殺する、と言っていました。
ブルクハート中尉	そのとき、殺害されたユダヤ人の数について何か言っていましたか。
ヴィスリツェニー	ええ、アイヒマンはそのことではとりわけシニカルなもの言いをしていました。彼はこう言っていました。私は笑いながら死んでいくさ。なにしろ500万人もの人間を殺害した責任があるのだと思うと、このうえなく満ち足りた気分になるからね、と。

元SS大尉ディーター・ヴィスリツェニーの宣誓供述書
1946年1月3日、ニュルンベルク

1943年10月、ヴィテプスク地区リャディでの死体発掘

　1943年、国家保安本部は特殊部隊作業班1005を編成した。ユダヤ人の囚人たちは、ポーランドおよびソビエト連邦の占領地域にある集団墓地をふたたび暴いて、死体を焼却させられた。その後、彼らはこの秘密を知る者として射殺された。(中略)ところがソヴィエト軍の進攻が迅速であったために、SSには時間的な余裕がなく、大量殺戮の痕跡を残らず消し去ることはできなかった。そこで、ソヴィエトのいくつかの調査委員会が、まだ戦争が続いているにもかかわらず、多数の射殺現場で犠牲者の死体発掘を開始した。コーカサス地方のミネラーリヌィエ・ヴォードゥイで最初に発見された集団墓地には、キスロヴォーツク出身の6000人の犠牲者が埋められていた。1943年8月5日のプラウダ紙上にアレクセイ・トルストイの報告が掲載された。

爆破されたアウシュヴィッツのガス室

1944年7月24日、すなわちヒトラーを殺害してその政治体制を転覆しようとする最後の企てが不首尾に終わった4日後のこと、ソヴィエト軍部隊がルブリン近郊のマイダネク強制・絶滅収容所を解放する。ヨーロッパ全土から連れてこられた50万人もの人々がこの収容所に入れられた。25万人を超える囚人、なかでもポーランド人とユダヤ人とロシア人の囚人がここで死を迎えた。

1944年10月にはアウシュヴィッツ・ビルケナウの焼却施設の特殊部隊作業班では、なおもおよそ700人の囚人が昼夜交代制で働いている。11月初旬になってやっとガスによる殺害が中止される。同月末にヒムラーは焼却施設の破壊を命じる。

1945年1月27日、アウシュヴィッツ

病気の女性たち、アウシュヴィッツ収容所のバラック

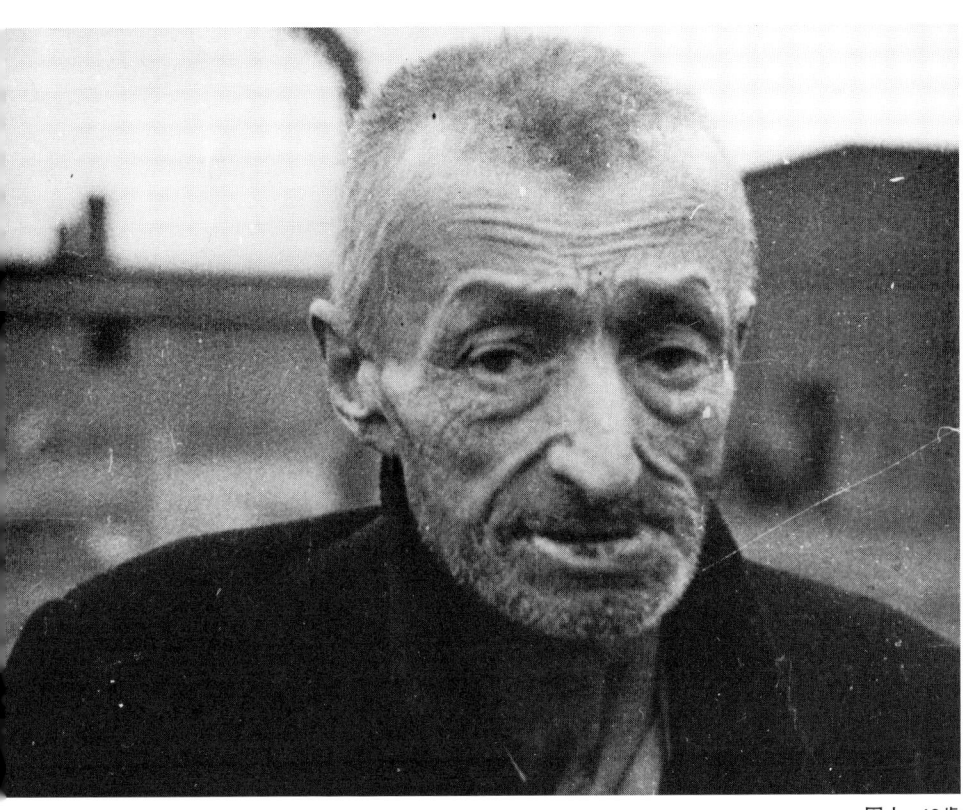

囚人、40歳

前線が迫ってきたとき、SSはアウシュヴィッツ収容所を「撤収し」、5万8000人の囚人たちを西に向けて死の行進に追い立てた。突如撤退することになったために、病人や行進に耐えられない者たちを射殺するいとまもなかった。1月27日、赤軍がアウシュヴィッツを解放した。このとき赤軍が見つけたものは、600人の死者と7650人の生存者たちだった。生存者たちのなかには彼らが医学実験用に生かしておいた181人の双生児たちがいた。子どもたちはすすんでロシア軍の写真班の者たちに腕に彫られた番号を見せた(279ページ下写真参照)。

ダッハウ、監視塔

　　SSはヒムラーの命を受けて、前線に近い強制収容所を次々と強制的に撤収させた。輸送列車の手当てがつかなかった場合は、衰弱した囚人たちは車で収容所から収容所へと運ばれた。列車であれ自動車であれ、どちらの場合も、これは多くの者にとって死を意味していた。

輸送の果て

ダッハウならびにフロッセンビュルク収容所所長殿
明け渡しなど論外である。収容所をただちに撤収せよ。囚人はひとりとして生きて敵の手に渡してはならない。

1945年4月14日、ハインリヒ・ヒムラー

ブーヘンヴァルト

ベルゲン・ベルゼン

進攻を続ける連合軍はドイツ本国内のすし詰めにされた強制収容所に到達した。そこでは病気と窮乏のせいで見るかげもなくなった大勢の人たちが絶望的な思いで解放を待ちわびていた。連合軍の医師団が到着するのが遅すぎたということも度々あった。大勢の囚人が解放直前の数日の間に死んだ。解放直後の数週間のうちに死んだ者も多数いた。

ベルゲン・ベルゼン収容所は撤収した収容所から送られてきた囚人たちであふれかえっていて、混乱をきわめていた。その混乱のなか、6万人の囚人が1945年の春に死んだ。イギリス軍部隊が到着する前のことだった。部隊到着の翌日、死者はなおも1万4000人にのぼった。

ベルゲン・ベルゼン

死体の山に眼を向けてみなさい、現代史を考察する人たちよ。ちょっと立ち止って、この哀れな肉と骨の残骸がきみの父であり、きみの子であり、きみの妻である、と想像してごらんなさい。それがきみの愛してやまぬひとである、と考えてみてごらんなさい。きみ自身と、きみが心にかけている、きみのもっとも身近なひとたちが、裸で泥のなかに投げ捨てられ、いためつけられ、飢えに苦しみながら殺されているのを見てごらんなさい。

オイゲン・コーゴン

そんな力はなかった、その勇気がなかった、のんきにかまえていた、だのと言って、それが言い訳になるでしょうか。罪には二種類あります。計画的に犯罪行為をなした罪と、犯罪を可能にし、それを許容する罪のふたつです。私たちはいずれの犯罪も望んだわけではないし、知ってもいませんでした。しかし何を望み、何を知るかは私たちにかかっているのです。むつかしいことだったかもしれません。でも、私たちはそうしなければならなかったのだと思うのです。

アルフレート・デーブリーン

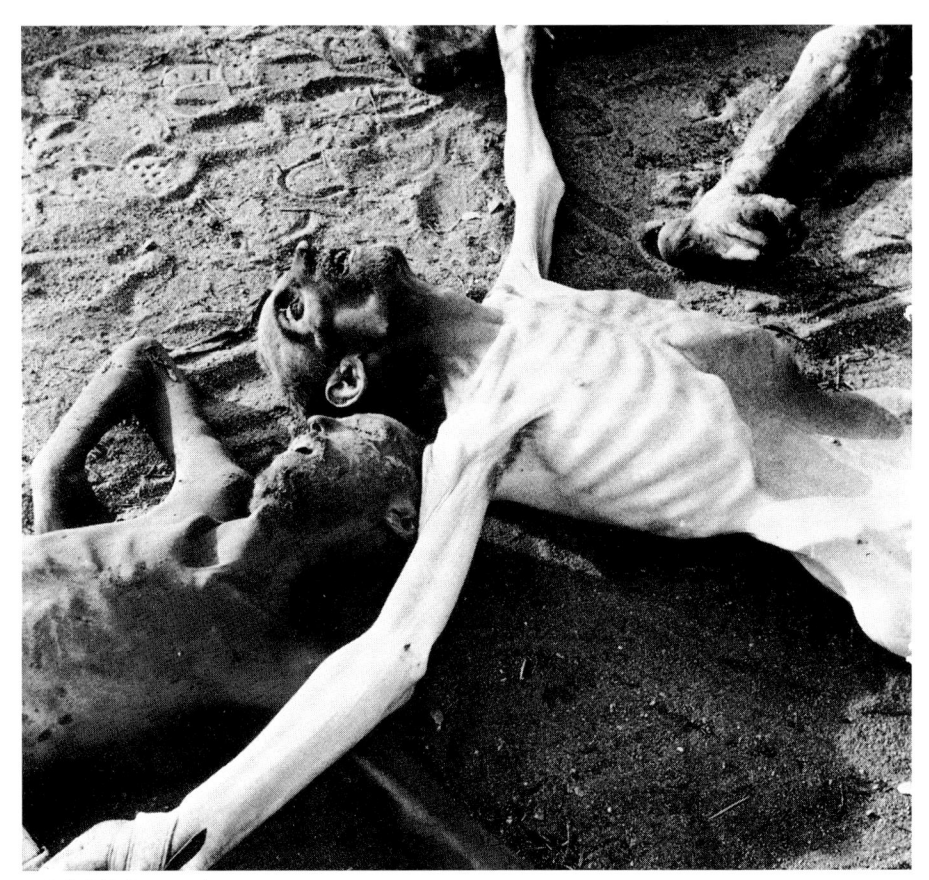

この人を見よ、1945年

　死体が、生きている人たちの間に混じったままころがっていた。すでに死んでしまっている者とまだ生きている者とを区別するのはむずかしかった。わたしたちはだれもかれもみな、それほどまでに似かよっていた。骨と皮だけの体、そして目にはあのなぞめいた、恐怖をにじませた表情を浮かべていた。死者たちを埋葬する者はだれもいなかった。まだ息のある者は奇跡を待っていた。その人たちの心のなかにはなおも一条の希望の灯がともっていた。だがたくさんの人が、必死で持ちこたえようとあれこれ努めたかいもなく倒れ、解放されるほんの数日前に死んだ。数時間前ということも少なくなかった。

ズデニカ・ヴァントローワの報告

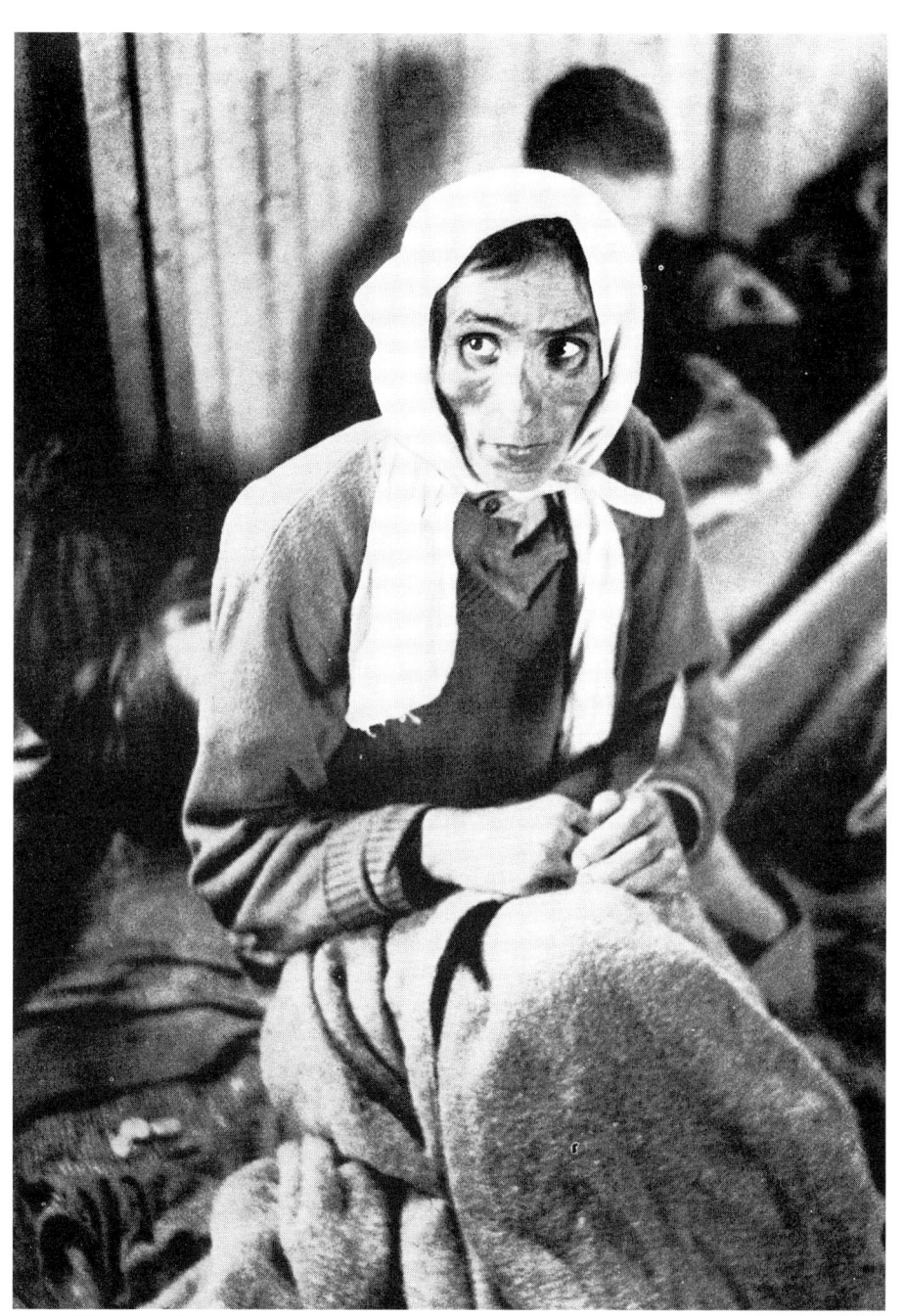

チフス病棟、ベルゼン

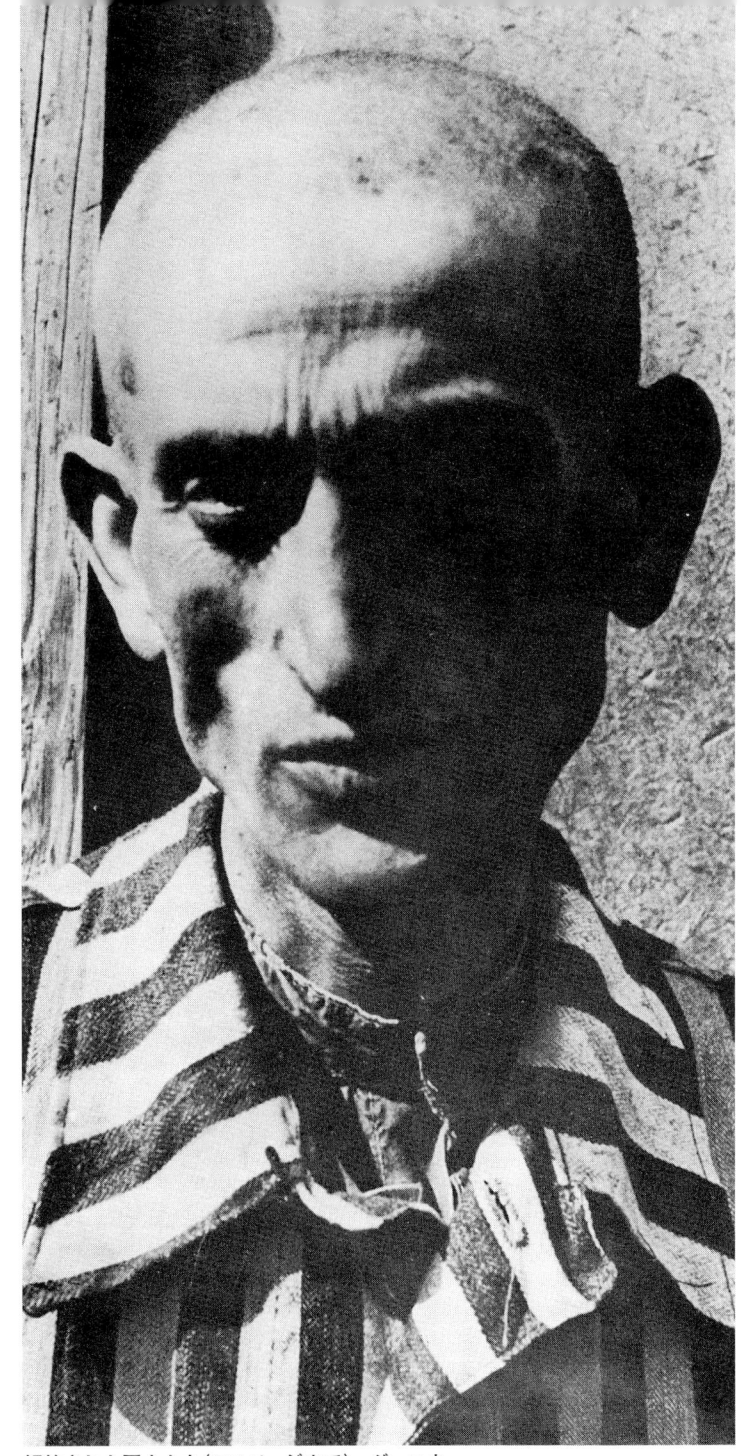

解放された囚人たち（293ページまで）、ダッハウ

ブーヘンヴァルト

　私たちはダッハウとブーヘンヴァルトのドイツの英雄たちをも讃えます。あのキリスト教徒たち、ユダヤ人たち、共産主義者たち、社会主義者たち、自由主義者たち、平和主義者たち、それにヒトラーが憎悪の矛先を向けながら、ついには打ち負かすことのできなかった普通の男や女たちを讃えます。神様はこうした人たちを、我が民族の殺された者たちの友として見ていると、私は信じています。歴史もこの人たちをそう見るようになるでしょう。

ヴィクター・ガランツ

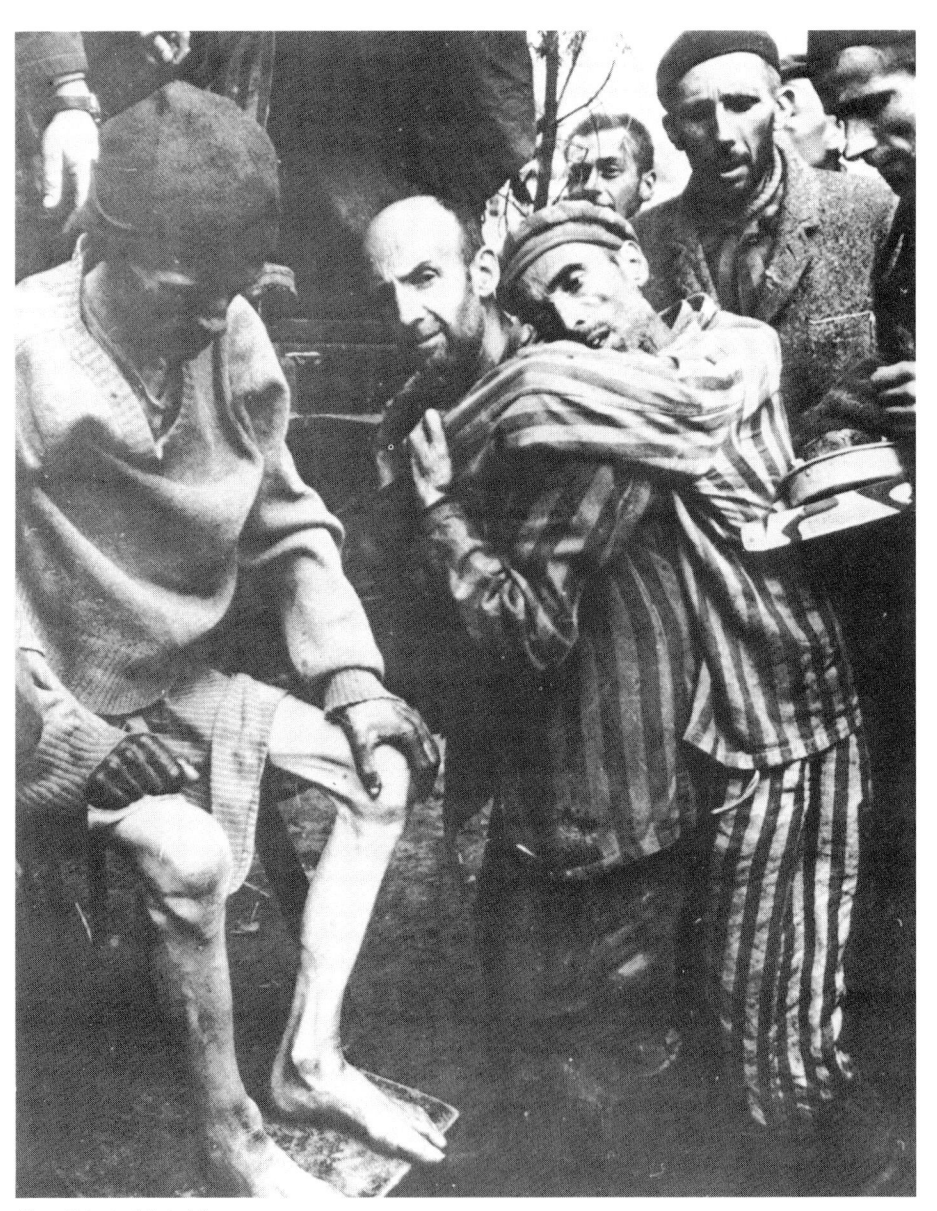

ヴェベリーン（上と右）

アメリカの医師団が確認したところでは、囚人たちの体重は平均して28キロから36キロのあいだであった。たいていの囚人が普段の体重の50パーセントから60パーセントを失い、背丈も縮んでいた。苛酷な拘留期間が、多くの場合、肉体的にも精神的にも回復不能な傷害をひき起こしていた。生き残った人たちの多くは、身を起こすだけの力ももはやなく、感情も失ってバラックにじっと横になっていた。わずかばかりの元気な人たちには、仲間の者たちを埋葬させ、伝染病の危険をくいとめるために、収容所の片付けを手伝わせた。

In der Nacht vom 20-21.1.44 aus der Wohnung CC-180 Promenade des Anglais, NYONS - Drôme von der Gestapo verhaftet und zum Fort Montluc - LYON transportiert vom 28.1.44 bis 3.2.44 Aufenthalt in Drancy bei PARIS ab 3.2.44 deportiert, ohne jede Nachricht. evtl. Nachrichten an Louis LAZAR, NYONS (Drôme) France

LAZAR Berthe née Salmon né le 5.2.1903

LAZAR Ruth né le 20.4.1926

LAZAR Günther né le 12.9.1927

LAZAR Kurt né le 27.3.1931

LAZAR Francine né le 23.6.1930

STRAUSS Werner né le 24.10.1929

訳者による図版解説　家族の消息を求める貼り紙。このラザール一家は1944年1月20日から21日にかけての夜間にフランス・ドローム県ニオン市にあるアパートをゲシュタポに急襲され、リヨン郊外へ輸送される。2月3日までパリ郊外のドランシーに留め置かれたのち移送されたことまではわかっているが、その後の消息が不明、とある。

家族はどこに

生き残った人たちはしばしば、大勢の家族のなかで生き残ったのは自分だけだと認めざるをえなかった。いつ、どこで家族の人たちが死んだのかを教えてくれる人は、多くの場合、ひとりとしていなかった。ひょっとしたら彼らは、もう何年も前にアウシュヴィッツで焼かれていたかもしれないし、あるいはイギリス軍の兵士たちがベルゼンでブルドーザーを使って大きな墓穴に押し込むようにして葬った、何千人もの名もない死者のなかに混じっていたかもしれない。(中略)ベルゼン収容所の医師であるクライン博士にとっては、これらの人たちはみな害虫にすぎなかった。

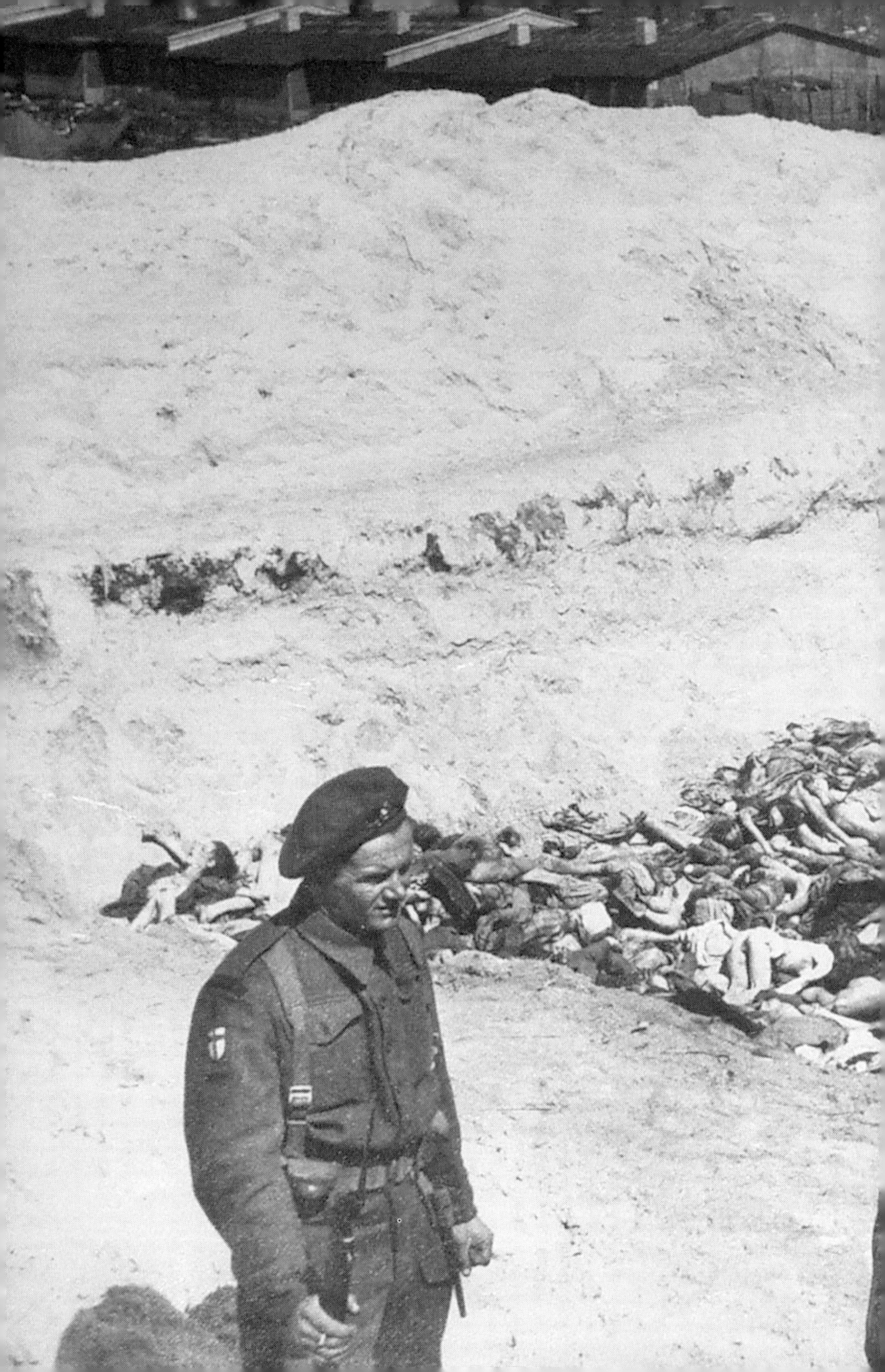

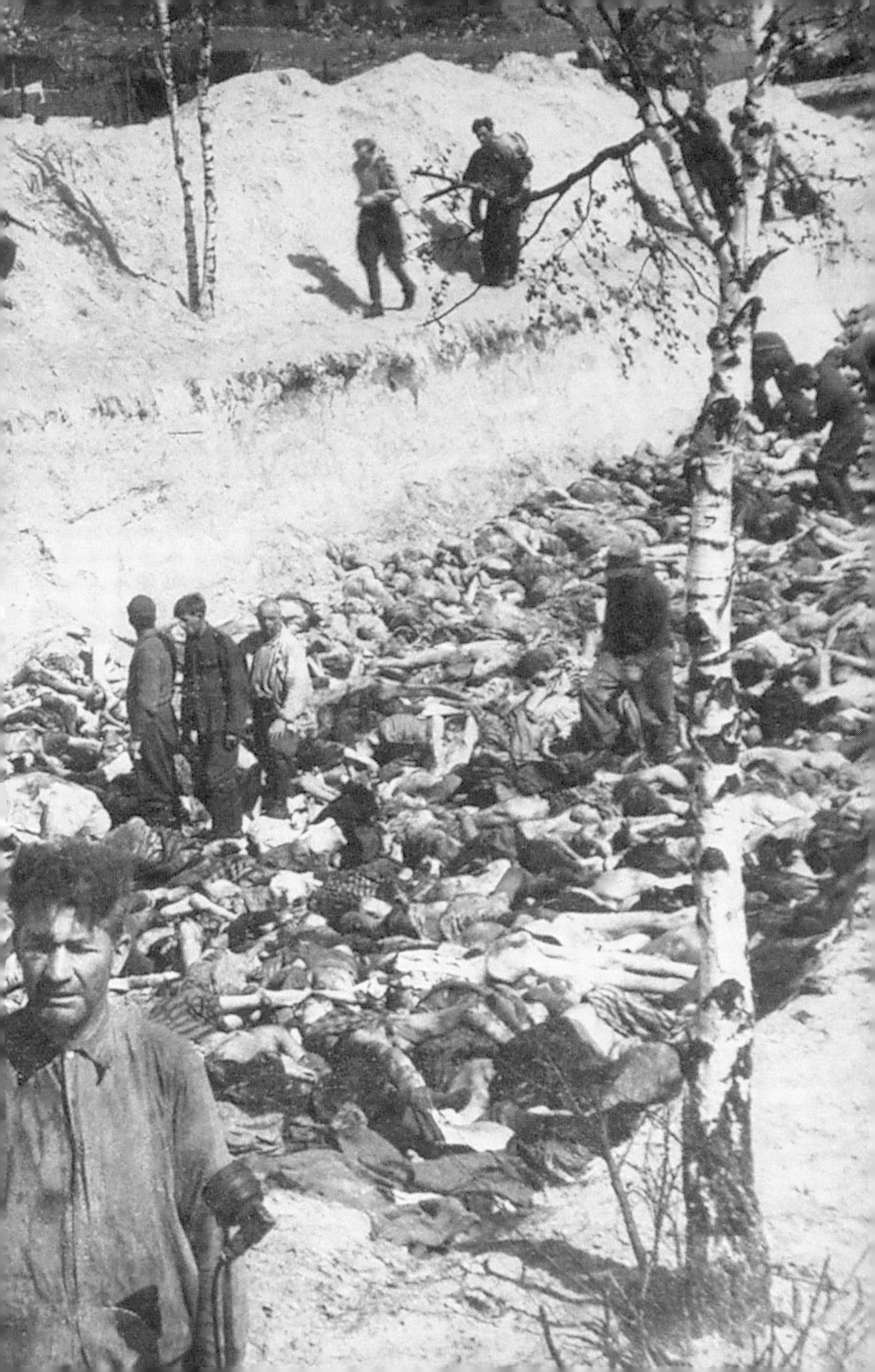

強制収容所の看守たちは、どこの収容所でもそうですが、まるで野獣です。そして次第に囚人たちも動物と化していきます。人間らしい思いやりなどそのような所ではまったく思いもよりません。

H. O. ル・ドリュイェネク、元ベルゲン・ベルゼン収容所囚人

ベルゼン収容所の女看守とその犠牲者

ニュルンベルク裁判での一級戦犯たち

　　　　責めを負うべきはだれなのか。殺害を命じた者か、殺害を実行した者か、それ
　　　によって利益を得た者か、それとも殺害を黙認した者か。死刑執行人たちは至
　　　上命令だと言う。だが第三帝国の指導者たちはなにひとつ覚えていないと言
　　　う。自殺によって裁判を免れる道を選ばなかった彼ら第三帝国の指導者たち
　　　はなんともぶざまな姿をさらした。長年にわたって、彼らは平気でどんな犯罪に
　　　も手を染めた。それがいまでは、だれもが自分は無関係だと主張した。「最終解
　　　決」を命じたゲーリングは、大量殺戮のことは知らないと言った。ハイドリヒの
　　　後任の国家保安本部長官カルテンブルンナー[訳注]は責任をすべて死んだヒム
　　　ラーにおしつけた。外務大臣リッベントロプ[訳注]は、自分はヒトラーの無力な使
　　　い走りにすぎないと言った。国防軍の最高司令部長官カイテル[訳注]は、自分は
　　　だまされていたと主張した。またシュトライヒャーは反ユダヤ主義者としてユダ
　　　ヤ人殺害を扇動したが、みずからをしがない物書きにすぎないと称した。

捕えられたSS看守たち、ベルゼン・ベルゼン収容所

この戦争でもそうだが、いつの戦争でも暴力行為や残虐行為がおこなわれたことは疑いのないことだ。それも、間違いなく両陣営でおこなわれていた。そうした暴力にさらされた人たちにとって、これらの行為はたしかにたいへんな恐怖だ。私はそれらの行為の口実探しも擁護もしない。そうした行為は偶発的なものであり、組織だっておこなわれたものではなく、単発的なものだ。だが、ここで私たちが問題としているのはまったく別種のものだ。つまり周到に準備され、練りに練っておこなわれた、組織的で、大規模な、しかも互いに関連しあった蛮行なのだ。こうした絶滅のやり方が残虐さにおいて空前の規模である集団に向けられた。私が言っているのはユダヤ人の根絶のことだ。たとえ被告たちがほかにいかなる犯罪にも手を染めていないとしても、彼ら全員が関わったこの一事だけで十分だろう。歴史上この驚愕すべき行為に比べうるものはない。

ニュルンベルク裁判イギリス首席検事ハートリー・ショークロス卿

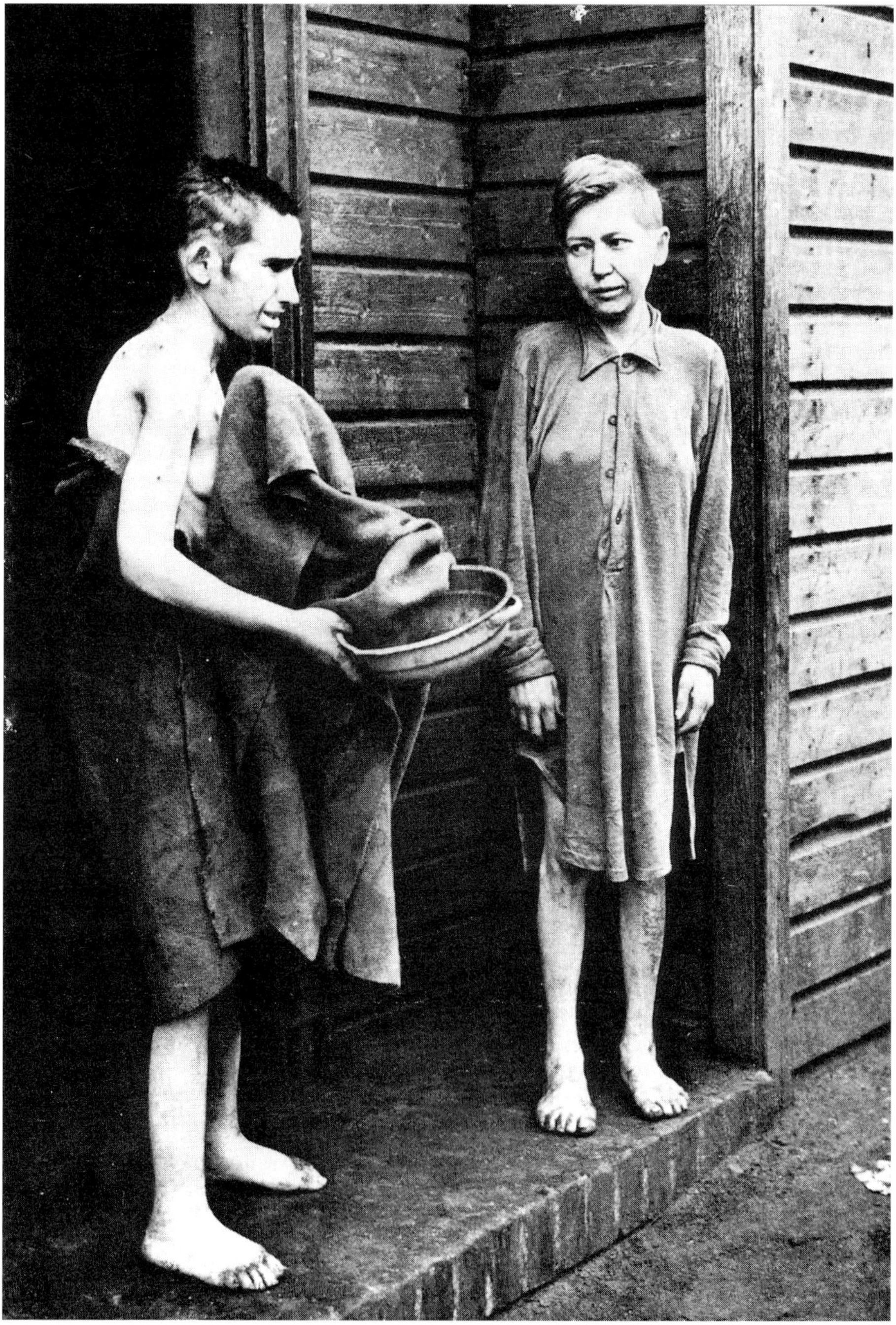

20世紀前半の40年間は、歴史書のなかで最も血塗られた時代に数えられるだろう。二度の世界大戦があとに遺したのは多くの死者であった。その数は、古代あるいは中世の最も大規模な戦いに加わった兵士すべてを合計したよりもずっと多かった。これほどまでの規模で虐殺がおこなわれ、これほどまでに残虐にして非人間的な行為がまかりとおり、これほどまでに大量にいくつかの民族が移送されて奴隷状態におとしめられ、これほどまでに少数民族が根こそぎにされた半世紀はかつてなかった。トルケマダの恐怖[訳注]もナチの異端審問の前では色褪せてしまう。

こうした行為は暗い歴史的事実であり、この歴史的事実によってのちの世代の人たちはこの10年間を記憶することになるだろう。我々がこの野蛮な出来事の原因を取り除き、こうしたことがふたたび繰り返されるのを防ぐことができなければ、そのときは、20世紀はこの先、文明にとって悪夢となるような事態を招来しかねない、という予言もあながち無責任なものではないだろう。

ニュルンベルク裁判アメリカ首席検事R. H. ジャクソン

わたしたちは、言葉こそ違え、苛酷で容赦のない戦いをともに戦い、多くの犠牲者をだしました。そしてこの戦いはまだ終わってはいません。ナチズムの根を断つこと、それがわたしたちの合言葉です。平和で自由な新しい世界を建設すること、それがわたしたちの目標です。わたしたちは、殺害された仲間やその家族の人たちに対してそうする責務があります。

ブーヘンヴァルトの囚人たちの誓い、1945年4月

日本の読者へのあとがき

　これは、ひとりのドイツ人によるドイツ人のための本です。彼らはみずから行動することで、あるいは何もしなかったことで、独裁的な政府に人類史上最大の犯罪行為のひとつを実行する権力を与えてしまいました。この本に描かれている組織的なジェノサイドがあまりに凄まじいために、道義的な責任という考えは善意の人にとっても耐え難いものです。したがって、ほかの国も共犯であるとか、ほかの国もするべきことをしなかったということを少しでも指摘しようものなら、ドイツ人読者はすぐに自分たちの良心を安堵させるための言い訳に腐心し、政治の問題として理解することが必要なのに、それが阻害されることになってしまったでしょう。そういうわけで、この本はドイツの罪だけに焦点を絞っています。

　時間的にまだ間に合ったのに、多くの連合国や中立国がヒトラー政権から逃れてきた人たちに国境を開けませんでした。スイスの役所はナチに対して、ユダヤ人のパスポートにJの文字を目印に付けるよう提案し、そのようなパスポートをもってスイスに逃れてきた何千というユダヤ人を無理やりドイツに追い返しました。ドイツに占領されたヨーロッパの国々では、警察機構がゲシュタポの完璧な執行機関としての役割を果たしました。1944年夏に50万人にのぼるハンガリーのユダヤ人がアウシュヴィッツに移送されたとき、ローマ法王は、ローマが解放された後であったにもかかわらず、この犯罪に対して公に批判の声を挙げる決心ができませんでした。アウシュヴィッツの殺戮施設の位置や機能が正確にわかっていたのに、これを空爆しようという試みはいっさいおこなわれませんでした。連合軍の側にも、ユダヤ人の運命に本気で関心を持った政治家はいませんでした。戦争の帰趨にとって重要ではないと思われたからです。このような事実とそれに類するものはこの本では触れられていません。しかし、悲痛な真実の全体を理解するためには、こうしたことについても語らなければなりません。

　外国にいると、ドイツ人であるという理由で、ドイツのような偉大な文化を持つ国でどうしてこんなことが起こり得たのか、どうしてこんなことがあり得たのかとよく聞かれます。これに答えるのは簡単なことではありません。ヒトラーの第三帝国の原因をドイツ人の国民性に求めることは、

逆向きの人種差別思想を主張することになり、集団的偏見をもうひとつ別の集団的偏見で置き換えているだけです。そのような人は、あの時代の教訓をよく理解していないのです。市民的・民主的な革命の挫折と何世紀にもわたるお上思考の伝統が特異な行動パターンを生み出し、それをナチの独裁体制が利用できたのですが、ドイツ民族が他の民族と比べて特に優れているとか、特に劣っているなどということはないはずです。

　国家の権威に対する盲目的な忠誠心、道徳的な鈍感さ、政治的日和見主義および面倒なことは避けようという態度、こういうものが、自分の身に危険が及ぶ心配がないときでさえ、人間的な援助のさまたげになるということはよくありました。犯罪を法だとし、人間性のある行為をすべて犯罪扱いする政治体制においては、ちっぽけな悪党になるか偉大な英雄になるしかないという状況に、個々人は陥りやすいものです。殉教者になるべく生まれついた人はそれほどいるものではありません。ですから、人間性を保つのに超人的な努力を必要としない社会を作り、それを維持すること、そこにすべてがかかっているのです。

　「これは特定の国の特定の時代だけのことだろうか」という、映画「夜と霧」でジャン・ケロルとアラン・レネが投げかける不吉な問いの答えは、とっくに見つかっています。「命令は命令だ」、「義務は果たさなければならない」というメンタリティーはドイツに特有のものではありませんし、1945年に消滅したわけでもありません。世界のいたるところで不正と暴力による政治がおこなわれています。

　今もなお、支配人種理論とテロによって既存の支配関係と所有関係が維持されています。特定の住民グループを出自を理由に社会から排除する法律や禁止事項を伝える掲示がいまだに存在します。強制収容所があり、囚人たちが悲惨な死を遂げています。電気ショックによる拷問をおこなっている警察の地下室があります。そして、独立を求めて戦う他民族を抑えつけようとして、焼土作戦が実行されています。

人間による人間の、民族による他民族の抑圧を永続させるために、平気で戦車やナパーム弾や炸裂弾が使われています。このようなことがおこなわれている限り、ヒトラーは敗北していないのです。

ドイツ語改訂版の発刊によせて

　1960年に「黄色い星」が西ドイツで出版されたとき、この本が指摘したのは西ドイツ社会の中で人々の意識から抜け落ちていた問題でした。過去は意識から無理やり排除され、「克服された」だけで、検討し直されてはきませんでした[訳注]。ユダヤ人墓地の塀や墓石に反ユダヤ的なスローガンが書かれたり、有力政治家や高級官僚がかつては第三帝国でよく知られた人物であったことが暴露されるに及んで、ようやくこの問題が広く知られるようになりました。そのときも、本当の意味で過去と向き合うということはおこなわれませんでした。ナチの独裁をきちんと説明することが必要であったのに、常軌を逸した悪魔の所業と片づけられ、忌まわしいことであるとされただけでした。犯罪そのものは断罪されましたが、犯罪者は裁きを受けませんでした。

　我々は悔い改めねばならない、我々はこの過去を真摯に恥じている、と建前の決まり文句が儀式的に言われるようになりました。しかしそれは記念日だけのことで、政策にはまったく何の影響も与えませんでした。それ自体は評価すべき反省の気持ちを正しい認識へと結びつけることもせず、何が原因で、このような誰もが嘆かわしいと思う事態になったのか語られることもありませんでした。その結果、問題は曖昧にされ、ヒトラーを生み出し、ヒトラー後も消滅しなかった社会システムは、何ら手を付けられないまま残りました。

　それ以来30年以上経ちましたが、豊かになった生活の甘い味に混じる苦み、よく手入れされた床に付いた血痕、そうしたものは残ったままです。再統一されたドイツもまた、過去の負の遺産を他人事だとするわけにはいきません。国粋主義的な詭弁も、極右の過激な動きも、この事実を変えることはできません。アウシュヴィッツを「世紀の嘘」として否定する。学校や行きつけの飲み屋で語られるユダヤ人やトルコ人についてのブラックユーモアを通して、本音はジェノサイドに賛成なのだとほのめかす。最近また、日常どこでも目にするようになったスプレー式の塗料で描いた鉤十字。ドイツ民族は1945年以降の実績により「アウシュヴィッツのことをこれ以上聞かされなくてもいい権利を得た」、という厚かましい主張。これらの反応はかえって、過去が依然としていかにアクチュアルであるかを証明しています。

ドイツの人たちの大多数は現在、ユダヤ人殺害をナチの政権が犯した罪であると思っています。しかし、この罪の本質は理解されていません。この最大の犯罪を商業的に利用することが流行となっていますが、これだけを他の犯罪行為から切り離して個別に扱うことは、もっと幅広い層の政治的理解を促すには適当ではありませんでした。

　この間に新しい世代が育ってきました。彼らにとって1933年から1945年という時期は、別の世紀と言っていいほど遠いものです。罪の問題は彼らには関わりがありませんし、ドイツ・ファシズムの学問的分析は学校教育には取り上げられませんでしたから、どうして何度も過去を振り返らなければならないのか、多くの人は理解できません。そして、わが民族の歴史を引き継ぐとは、そこにこの最も暗い部分も含まれるのであり、彼らもその責任を負わなければならない、という考えを受け入れることもまたできません。

　1945年以降おこなわれてきた戦争と人道に対する犯罪、平和時においても世界の大多数の人々の生存を脅かす宣戦布告なき戦争、さらに人類の自己破壊が早いか遅いかの選択肢しか残さない核戦争の危険と環境破壊。こうしたことを前にして、政治的な意識の高い多くの若者にとってさえアウシュヴィッツはもはや重要な問題ではありません。彼らは、利潤の追求がいくつかの大陸全体を貧困のゲットーにしてしまったのを見ています。そこでは、潔く餓死することを拒む者は殴り殺されるのです。若者たちは、過去の狂信的な人種差別の犠牲者が、今日起きている搾取と暴力の犠牲者よりも重要だとは考えません。生きている人間を守ることの方が緊急の課題ではないのか、と彼らは問うのです。私たちの目の前で起きている犯罪を問題にすべきではないのか、真実はいつもそれが歴史になって初めて認知され、理解されなければならないのか、と。

　本書の写真は、国家的に組織された大量殺人の映像記録を初めて紹介しました。それ以後、ベトナムからチリ、南アフリカまで、諸民族の闘いと彼らを抑圧する者たちの野蛮さは、何千という映像に記録されてきましたが、SS国家とガス室のシステムは依然として他に類例がありません。ところが、多くの国でまったく同じ問題に起因する類似の現象が見られます。

　この本が伝えるユダヤ民族の虐殺は、決して遠い時代に起きた、歴史的に特異な出来事ではありません。これは十分にアクチュアルな教訓です。その言わんとするところは単純です。迫害される側に立つという自分の立場をはっきりと表明し、出来事が歴史になる前に行動することは人間の義務である、ということです。

訳者あとがき

　本書は Gerhard Schoenberner : Der gelbe Stern. Die Judenverfolgung in Europa. 1933～1945（1998）の全訳である。ただ収められている写真資料については、編著者シェーンベルナー氏と緊密に連絡をとりながら、未公開写真を含め全体の約4分の1、50数枚に及ぶ追加と入れ替えを行った。本訳書とほぼ同時に刊行されるアメリカ版に合わせたのである。その結果、本訳書は底本とした上記のペーパーバック版に比べてより充実した最新の版となっている。この間の経緯については後に記すとして、まず本書の概要を紹介したい。

　本書はナチ体制下におけるユダヤ人迫害の全体像を確かな証拠によって再構成しようとするものである。そこで対象としているのは副題が示すように、空間的にはヨーロッパの全域、時間的にはヒトラーが政権を奪取した1933年から第二次大戦が終結する1945年までの全期間にわたる。自身ドイツ人である編著者は、これを動かぬ証拠によって同胞の前に示そうとした。本書の構成はその意図から工夫されたものである。
　つまり全8章は、ユダヤ人迫害の波が時を追うごとに高まり、広がるその行程に合わせて組み立てられた。中心となる証拠物件は、全部で226枚に及ぶ写真資料と、それらを裏づけるために選び出された70以上の公文書やビラ、私的な手紙などの文書資料である。われわれは、これらの文書が命令し、あるいは物語る事柄がどのように実現したのか、後続する写真資料によって目にすることになる。ときに脅迫的な言辞で、ときに抽象的な官庁用語で述べられた事柄は、信じがたい事実となって実現したのである。そして編著者はそれら証拠物件の前、各章の冒頭に簡潔な解説を加えて、文書と写真の示す事実がどのような脈絡にあったかを明らかにしている。

　原書初版が刊行された1960年には、ここに取り上げられた事実はすでに膨大な裁判資料や各種調査機関による報告書などによって証明されていた。その意味で本書の内容は未知の事実ではなく、証明された事実であった。しかし裁判資料などの膨大な情報の山は誰にでも手の届くものではない。またたとえそれらを閲覧できたとしても、ふつうの

人々がその資料の山から事柄の全貌と意味とを把握することはむずかしく、むしろその情報の膨大さの故に、そこにある人間の悲劇も犯罪もかえって見通しにくいものになっていた。

　さらにそれら資料の問題以上に、当時の西ドイツ社会には戦争の記憶やナチの過去と直面することを避けようとする雰囲気が濃厚だったということがある。ようやく軌道に乗った奇跡の経済復興、とりわけ冷戦の先鋭化がその雰囲気を醸成する根源だった。アメリカの世界戦略はソヴィエトに対抗する必要から西ドイツ社会に旧体制分子の復活を促すものとなったのである。ヒトラーは反共産主義者だった。旧ナチ党員は、アメリカから吹く反共産主義の風のなかで息を吹きかえしていた。そのドイツの状況について、編者シェーンベルナー氏は後述する本書姉妹篇のまえがき、「ドイツ人の過去——日本の読者へ」のなかで、率直な分析を示している。編者が200枚（初版）の写真資料と70以上の文書資料を軸に、本書を編んだ理由はここにある。曖昧のうちに過去を忘却させようとする流れに抗して、これと正面から向き合うためには、事実に忠実に、事件の全貌を、ふつうの人々に見せることが重要だったのである。

　だから編者はこれを同胞であるドイツ人読者に向けて刊行した。改訂版をペーパーバックの体裁で世に送り出したのも、若い人をはじめとして多くの人々にこれを届けたかったからだと氏は語っている。その意図は明白で、本書は歴史的事件に関する学術研究として公刊されたのではない。学術研究に劣らず本書には、事実を尊重する姿勢と全体像を求める強い意志とが一貫しているが、それはもっと直接的なもの、倫理的な使命感によって支えられている。あの後で生きていくために、あの時と同じようには生きないために、自分たちのしたことを、自分たちは知らねばならないからである。

　そこで本書は1933年から始まる。それはヒトラーが政権を奪取し、ユダヤ人の運命が恐ろしい軌道に乗せられた年だった。1942年、ヴァンゼー会議で「ヨーロッパにおけるユダヤ人問題の最終解決」が決定されると、迫害はいよいよ組織的プログラムに従うことになった。殺人工場はフル稼働を始め、大量殺害の過程は頂点に達する。この時、ドイツはすでに第二次大戦の戦端を開いて4年目に入っていた。戦争を遂行するうえで、ユダヤ人「絶滅計画」は大きな障害になるにもかかわらず、人種主義の妄想は動き出していたこの計画を中断させなかった。ようや

く1945年の軍事的敗北がそれを頓挫させたのである。強制収容所を管理していたSSは、迫りくる連合国軍の砲声を聞きながら、証拠の隠滅を図ろうと、慌てて収容所を整理した。だがSSが隠滅しきれずに残した収容所の惨状だけで、連合国軍の兵士たちを愕然とさせるに充分だったのである。本書にはこのすべての過程が8章に分けられて、目に見えるように記録されている。その写真資料は見るものを圧倒し、それを裏づける文書資料とともに、過去を忘却せよと唱える者たちの百万言の言いのがれを封ずる力をもっている。

　だがここに集められた写真の恐ろしさは、目に見える行為の恐ろしさだけではない。というのは、その多くが報道写真などではなく、加害者の立場にあったドイツ人素人撮影者の手になるものだからである。すなわち優越者の立場から、下等人種とみなした被害者たちのあさましい姿をとらえようとして撮られたものなのである。これを写した者たちは、「下等人種の劣等性」を仲間に見せ、自分らの作戦の手柄を記念するつもりだった。そのためのアルバムもたくさん作られた、と編著者は指摘している。縛り首の縄を首にかけられようとしている男、路上で全裸にされてしゃがみこむ娘、ガス室へ背中を丸めて歩く子どもたちと母親の後姿、集団銃殺のため衣服を脱いで順番を待つ女たちや、老人たち…。何という手柄なのだろう。被害者のまなざしがこちらを向いているとき、その目はもともと加害者を見ていた。恐怖と懇願をまじえたその視線をはじき返し、シャッターを押させたもの。それは撮影者の脳中を支配していた「人種理論」の妄想だろう。家に帰れば、よき夫、よき父だったふつうの人がこのような倒錯に冒されていたのである。それは写真に写らない。むしろこの妄想が写真を写したのである。こうした写真の由来を知れば、写された行為だけでなく、それを写した者の内面もここに証拠づけられている。

　ユダヤ人絶滅計画は、政策の要としてナチ国家により遂行された。計画はニュルンベルク人種法をはじめとする法律や行政命令により国家意志として正当化され、新聞、ラジオ、映画などを駆使した情報操作によって美化・喧伝され、SSなど党機関と警察および軍の暴力が背後を固めて実行された。近代国家がもつ力のすべてを結集した計画の前に、あの時、ふつうの人々はこの倒錯を受け容れてしまったのである。日本と同じく国民国家への移行が遅れたドイツは、国民が政治的に充分成熟する前に未曾有の危機に出会った。そのため国民は国家の意志

の前にあまりに従順な臣民でありすぎたのである。しかし「お上」の犯罪の責任は、国民がこれを負わねばならない。「ドイツ人の過去」に直面しようとする本書は、その痛切な認識から編まれている。

　声なき犠牲者たちの姿を編者は本書で提示した。さらに本書初版の2年後、1962年に編者は証言集『われわれは見た』を刊行し、本書と同じくユダヤ人迫害のすべての過程をヨーロッパの全域から、その始まりから終わりまで、出所の確認された文章によって再構成した。集められた証言は、被害者と加害者、その場に居合わせた目撃者の手になる文章であり、年齢も性別も職業や教育もさまざまな人々の声である。突然の家宅捜査の記憶を幼い文章で綴る少女、絶滅収容所へ運ばれる途中、貨車から飛び降り逃亡に成功した青年、集団銃殺に遭い、頭部を撃たれながら奇跡的に死体の山から這い出した男。また他方では、信じられぬ鈍感さで命令し、報告する加害者の声、息を呑んで犠牲者を見つめる目撃者の声がそこには集められている。ときに耳を塞ぎたくなるこれらの証言を編者が集めたのは、本書を編んだのと同じ使命感からである。その使命を編者は元西ドイツ首相、ヴィリー・ブラントの言葉を引いて表現している。「我々は国民的遺産はそのすべてを引き受けなければならない。歴史という本から気に入らない章を破ってしまうことはできない。」

　ここで簡単に編著者シェーンベルナー氏の仕事を紹介しておきたい。上記の2冊はユダヤ人迫害に関するスタンダードワークとして広く認められているが、氏はそれだけでなく講演、展示会、ドキュメント・フィルムの製作をとおして活発に活動してきた。またベルリン中心部にある旧ゲシュタポ本部建物に「アクティヴ・ミュージアム」を設立し、ユダヤ人迫害に関わる事実の発掘と公開を継続的に行おうとする市民運動に加わり、協会の設立に尽力、その会長を勤めた。ヴァンゼー会議の行われたベルリン郊外の建物に「ヴァンゼー会議資料館」が設立された際も、氏は初代館長に任じられている。さらにイスラエルの「テル・アビヴ・ドイツ文化センター」所長、西ドイツ（当時）P.E.N.クラブ副会長、「ドイツ・フィルムライブラリー友の会」会長代行を勤め、さまざまな形で一貫してドイツの過去の問題を広く社会に訴えつづけてきた。

　最後に本書刊行の経緯と翻訳作業について記しておきたい。前述の

ように、原書の初版は1960年、西ドイツで刊行された。底本としたペーパーバック版（1998年）はその改訂版である。改訂に際しては小規模の変更がなされた。25枚の写真資料の追加と18枚の割愛である。それに伴う文章上の変更は無視できるほどのものであり、原書の2版の間には、大きな違いはない。

一方、日本語版について言うと、1979年、旧版が自由都市社（名古屋）から『黄色い星』として翻訳出版されている。本訳書はその改訂版といえる。しかし旧版『黄色い星』が刊行されてすでに25年、その間に日本でもナチ研究は大きな進展をみせており、現在の研究水準にふさわしい形で刊行するには全面的な見直しが避けられなかった。同時に本書のアメリカ版の出版を機に、編著者が今回底本としたペーパーバック版に写真の追加と入れ替えを行い、さらにいくつかの文書資料も入れ替えたため、全文を新たに訳し直した。「新版」とした理由である。

なお5人の訳者は次のように仕事を分担した。まず編著者の手になる各章冒頭の解説、「まえがき」、「日本の読者へのあとがき」は、文体の統一を考えて浜島昭二が担当した。第1・3章の文書資料および年表は土屋洋二、第2・6章の文書資料は山本淳、第4・5章の文書資料は森田明、第7・8章の文書資料は日野安昭が担当し、すべての訳稿を互いに検討しあって、訳文の正確、用語と表記の統一に努めた。またロシア語、ポーランド語、フランス語などの地名と人名の表記について、河原畑浩一郎、松本照男、坂井宏樹、森田マリ・アニエスの諸氏に教示を乞うたことを記して、ここに感謝の意を表したい。5名は本書と対をなす『証言「第三帝国」のユダヤ人迫害』（柏書房）の翻訳にもあたっている。これは『われわれは見た』の改訂版 "Zeugen sagen aus" (1998) の全訳である。前にふれたナチの過去をめぐるドイツの状況分析「ドイツ人の過去——日本の読者へ」はここに収められている。この姉妹篇が絶版になる前に、本書を読者に届けるというシェーンベルナー氏への約束を辛うじて果たせたことは、われわれ訳者には小さからぬ喜びである。

1979年に刊行された旧版『黄色い星』は池田芳一氏を中心としてなされた仕事であるが、今回の訳者のうち2名もその翻訳作業に加わった。それまで西ドイツ政府はショッキングな内容のために一部の写真資料について国外で刊行することを禁じていたが、この頃、ようやくその規制を解除したばかりであり、日本語版が最初の国外での出版であったという。はじめわれわれは池田氏の了解を得て、長く絶版となっていた旧版を復刻

することを考えたが、上述の理由から改訂版を新たに翻訳することとした。翻訳に当っては当然、初版も参考にしている。しかしそれ以上にシェーンベルナー氏の仕事との出会いを作ってくれた池田氏には心から感謝している。また今回の出版を快諾されただけでなく、途中からかなりの数の写真を入れ替えるというはなはだ面倒な事態にも快く協力してくださった松柏社の森信久氏、また素晴しい本文の写真と文字のレイアウト及びカバー等をデザインしていただいたパワーハウスの熊澤正人氏、中村聡氏には、たいへんお世話になったことを記しておきたい。

土屋洋二

追記
文献リストは編著者の希望により、最新のものであるアメリカ版のために編まれたものを載せることにした。

謝　辞

　この本は1945年以来いくつかの大きな研究所によって進められた第三帝国に関する包括的な歴史的研究の成果があってこそ、日の目を見ることが出来た。これらの研究所は、編者が収蔵資料を利用するにあたって便宜を図り、この企画の実現にあらゆる援助を惜しまなかった。協力いただいたのは以下の機関である。

- *Centre de Documentation Juive Contemporaine,* Paris
  (Dr. Léon Czertok氏、Dr. Michel Mazor氏、Ulrich Hessel氏)(「現代ユダヤ資料センター」、パリ)
- *Institut für Zeitgeschichte,* München
  (Prof. Dr. Helmut Krausnick氏)(「現代史研究所」、ミュンヘン)
- *Rijksinstituut voor Oorlogsdocumentatie,* Amsterdam
  (Dr. Louis de Jong氏、Dr. A.H.Paape氏)(「オランダ国立戦時資料研究所」、アムステルダム)
- *Panstwowe Muzeum Oswiecim-Brzezinka*
  (Mgr. Kazimierz Smolen氏)(「国立オシフィエンチム・ビルケナウ博物館」、オシフィエンチム)
- *Statni zidovske muzeum,* Prag
  (Dr. Hana Volavkova女史)(「国立ユダヤ博物館」、プラハ)
- *The Wiener Library,* London
  (Dr. Alfred Wiener氏、Ilse R. Wolff女史、Dr. Leo Kahn氏)(「ウィーナー・ライブラリー」、ロンドン)
- *Zydowski Instytut Historyczny,* Warschau
  (Prof. Dr. Bernard Marks氏)(「ユダヤ歴史研究所」、ワルシャワ)

こうした人たちの心優しい協力があって初めてこの本はできた。謝意を表する次第である。

パリのOlga WormserさんとUlrich Hesselさん、ロンドンのDr. Leo Kahnさん、アムステルダムのDrs. A. H. Paapeさんにはこの本の準備にあたりいろいろと無くてはならない協力をいただいた。彼らとここには名前を挙げていないすべての友人、研究所内外の協力者の方々にもここに記して心より感謝したい。

ポーランドではユダヤ歴史委員会により、ドイツではLéon Poliakov氏とJoseph Wulf氏の二人により公刊された膨大な資料集は、部分的にはそれまで知られていなかったものを含む資料の宝庫であった。

「黄色い星」初版の編集顧問はRolf Hochhuth氏であった。

この本を1960年にドイツ連邦共和国で出版することは勇気のいることであったが、それを引き受けてくれた当時のRütten & Loening社のKarl Ludwig Leonhardt社長に感謝申し上げる。

『黄色い星』はすでに1979年に一度、池田芳一先生の大変なお骨折りにより日本で刊行されている。この新版は同書の増補改訂版である。本書にはそれ以降に発見された写真や資料が少なからず紹介されている。解説文、年表、出典一覧の校訂も行われた。また文献リストも最新の水準に合わせた。

新版は土屋洋二、浜島昭二、日野安昭、森田明、山本淳の五人の方により翻訳され、最終的な編集は山本氏と浜島氏の手により行われた。

書物の刊行にあたり注意深さや正確さがほとんど伝説になろうとしている今日、上記の方々の作業はテキストの翻訳という枠をはるかに越えるもので、倦むことを知らない熱意、資料への関心、細心の厳密さの手本とも言えるものであった。五人の方々への私の謝意は言い尽くしがたい。

年表

1933年
1月	ヒンデンブルク大統領、ヒトラーを首相に任命
2月	デモ行為の全面的禁止
	SSとSAおよび鉄兜団が「補助警察」となる
	国会議事堂放火事件、最初の大弾圧
	「民族と国家を防衛するため」の大統領緊急令。民主的基本権の停止
3月	最後の国会選挙。ナチ党の得票率は44パーセント。ユダヤ人市民に対する最初の「個別行動」
	国会は社民党の反対をおして「全権委任法」を議決。最初の強制収容所を設置
4月	SA、全国のユダヤ人商店に対し不買運動を展開
	公務員制度再編に関する法律、「非アーリア人」公務員の排除
	ゲシュタポの創設
5月	労働組合の解体
	焚書事件、民主的な文学の禁止
7月	一党独裁体制の樹立。帰化の撤回とドイツ市民権の剥奪に関する法律
9月	帝国文化院法、ユダヤ人を文化・芸術組織から締め出す
10月	編集責任者法、ユダヤ人を新聞報道の活動から排除
11月	一党独裁体制下での最初の国会選挙。ナチ党の得票率は92パーセント

1934年
2月	国防会議、経済面での戦争準備を決議
6〜7月	「レーム一揆」の鎮圧による7月の虐殺
7月	SSがSAから独立した組織となる
	ウィーンでナチ党によるクーデタ、オーストリア首相ドルフスを暗殺
8月	ヒンデンブルク死去。ヒトラー、国家元首および国防軍総司令官となる

1935年
1月	ザール地方、ドイツへの帰属を問う住民投票
3月	一般兵役義務の再導入
5月	国防法、「アーリアの血統」を兵役の前提条件とする
夏	「ユダヤ人お断り」の看板、町村の入り口や商店・レストランに増加
9月	ナチ党「全国党大会」。臨時国会で反ユダヤ的なニュルンベルク諸法「公民法」、「ドイツの血と名誉保護法」を議決

1936年
3月	ラインラント地方の再軍備
	国民投票。99パーセントの票がヒトラーの政策を支持
7月	スペインで共和国政府に対するファシストの軍事クーデタ、内戦勃発
8月	ベルリン・オリンピック開催、反ユダヤ・ポスター等を一時的に撤去
10月	ローマ・ベルリン「枢軸」の形成
11月	日独防共協定の調印

1937年
	経済の「アーリア化」開始、ユダヤ人所有の店舗・企業の売却を命令

	6月	ハイドリヒ、刑期を終了した「人種汚濁者」を強制収容所に送るよう極秘に指令
	11月	総統府での秘密会議、ヒトラーが戦争計画を明言
		イタリア、日独防共協定に参加

1938年

	3月	オーストリア「併合」
		ユダヤ人共同体、法人格を失い、私的結社となる
	4月	「ユダヤ人企業の隠蔽工作」防止のための行政命令
		ユダヤ人資産の届け出に関する行政命令、経済活動から排除する準備
	6月	ユダヤ人企業の登録と標章に関する行政命令
		「非社会的人間作戦」、交通違反を含む「前科ある」ユダヤ人全員を逮捕
		エヴィアン会議、ヒトラー・ドイツからの難民の移住割り当てを協議
		1939年1月1日よりユダヤ人用の身分証明書の導入を決定
		ユダヤ人医師、1938年9月30日付けで免許取り消し
	8月	ユダヤ人に対し「ユダヤ名」(女はサラ、男はイスラエル)使用を命令
	9月	ユダヤ人弁護士、11月30日付けで免許取り消し
		ミュンヘン会談、ズデーテン地方の割譲を承認
	10月	ユダヤ人のパスポートに"J"の押印
		1万7000人の「無国籍」ユダヤ人をドイツからポーランドへ追放
	11月	両親がこの措置にあったヘルシェル・グリンスパン、この不当措置に抗議してパリでドイツ大使館員を射殺
		「水晶の夜」、国家主導でおこなわれたユダヤ人に対するポグロム
		ゲーリング会議、「ユダヤ人の償い」として10億マルクの賠償金、経済活動からの排除、全文化行事からの排除を決定
		2万6000人以上のユダヤ人男子の逮捕
		ユダヤ人学童、学校から全面的に締め出される
		ユダヤ人に対する居住制限を導入
	12月	ユダヤ人企業・商店の強制売却(「アーリア化」)に関する行政命令

1939年

	1月	ユダヤ人に対し借家人保護を撤廃
		「ユダヤ人の国外移住のための全国センター」設立
		ヒトラー、戦争があれば「ヨーロッパのユダヤ人種を絶滅する」と国会で予言
	3月	ドイツ軍、チェコスロヴァキアに侵攻、「ボヘミア・モラヴィア保護領」を設置
		ドイツ軍、メーメル地方に侵攻
	4月	ゲシュタポの秘密報告書、第三帝国内の政治犯を30万2535人と記録、1933年以来の総数は100万人
	5月	『突撃兵』紙、ソ連のユダヤ人の殺害を求める
	8月	独ソ不可侵条約の締結
	9月	ドイツ、ポーランドに侵攻、第二次世界大戦の勃発。強制収容所に収監歴のある全員を逮捕
		SSと国防軍、ポーランドで多数のポグロムを組織
		イギリスとフランス、ドイツに対し宣戦布告

	ソ連、ポーランド東部を占領
	ワルシャワ降伏
10月	オーストリア、モラヴィアからポーランドへの最初のユダヤ人移送
	ポーランド・ヴォツワフでユダヤの星を初めて導入
11月	ハンス・フランク、総督府長官に任命
	ミュンヘンでヒトラーに対する暗殺未遂事件
	総督府(ポーランド)全域でユダヤの星を導入

1940年

2月	シュテッティン、シュトラールズンド、シュナイデミュールからポーランド・ルブリンへ最初の移送
4月	ドイツ軍、デンマークとノルウェーに侵攻
	ウッジに最初のゲットーを設置
5月	ドイツ軍、オランダ、ベルギー、ルクセンブルクに侵攻。フランスを攻撃
	オランダ降伏
	ベルギー降伏
6月	イタリア参戦
	フランス降伏
8月	アイヒマン、マダガスカル計画を提起
9月	日独伊三国同盟の成立
10月	ワルシャワ・ゲットー設置の命令が出る
	「ビュルケル作戦」、バーデン、プファルツ、ザールラントから南フランスへユダヤ人を移送、42年末からはアウシュヴィッツへ
11月	ワルシャワ・ゲットー、外部から完全に遮断

1941年

2〜4月	7万2000人のユダヤ人、ワルシャワ・ゲットーへ移送
2月	400人のユダヤ人、アムステルダムからマウトハウゼンへ移送
	アムステルダムほかオランダ諸都市で大規模なストライキ
3月	ブルガリア参戦
	ドイツのユダヤ人、強制労働に投入される
	ドイツ、アフリカで攻勢
4月	ドイツ、ユーゴスラヴィアとギリシャに侵攻
	ユーゴスラヴィア降伏
	ギリシャ降伏
5月	パリのユダヤ人3600人が逮捕される
	特別行動大隊の設置
6月	ドイツ、ソ連に侵攻。再びドイツ全土で大量逮捕
	ルーマニアでユダヤ人虐殺が始まる
	リトアニア・コヴノでポグロム(犠牲者3800人)
7月	レンベルクでポグロム(犠牲者7000人)
	バルト諸国でユダヤの星を導入
	ビャウィストクの虐殺
	ゲーリング、ハイドリヒにヨーロッパのユダヤ人の疎開を指令、「最終

		解決」の始まり
	9月	ドイツ全土で6歳以上のユダヤ人全員に対しユダヤの星を導入
		アウシュヴィッツでガス室の実験開始
		ウクライナ、シトミル・ゲットーの抹消（犠牲者1万8000人）
		ハイドリヒ、ボヘミア・モラヴィア総督に就任
		キエフで虐殺（犠牲者3万4000人）
	10月	ドニエプロペトロフスクで虐殺（犠牲者1万1000人）
		ドイツのユダヤ人をウッジへ連行する命令。ドイツ本国からの全面的な移送の開始
		オデッサで虐殺（犠牲者2万6000人）
		リガ、ヴィルナ、コヴノ、ドヴィンスクで虐殺
	11月	ロヴノで大量銃殺（犠牲者1万5000人）
		ドイツのユダヤ人、初めてリガ、ミンスク、コヴノに送られ、銃殺
		移送されたユダヤ人の資産の没収に関する行政命令
		ロストフでの最初の虐殺
	12月	日本軍、真珠湾を攻撃し、連合国および合衆国に対して開戦
		リガで虐殺（犠牲者2万7000人）
		ヘウムノに絶滅収容所を設置
		ドイツ、合衆国に宣戦布告
		ヴィルナで虐殺（犠牲者3万2000人）
		クリミア・シンフェロポルで虐殺（犠牲者1万人）
1942年		
	1月	ウッジ・ゲットーで「移住作戦」開始、ヘウムノへ移送
		ハイドリヒ、ヨーロッパの「ユダヤ人問題の最終解決」についてヴァンゼー会議を開く
		特別行動大隊A、バルト諸国で22万9052名のユダヤ人を抹殺したと報告
		テレージエンシュタットへの移送開始
	2〜3月	ハリコフでユダヤ人虐殺（犠牲者1万4000人）
	3月	ベウジェツ絶滅収容所の設置、「ラインハルト作戦」開始
		ルブリン・ゲットーの「移住」、ベウジェツ、マイダネクほかの収容所へ移送（2万6000人）
		アウシュヴィッツ・ビルケナウ収容所に最初のスロヴァキア・ユダヤ人が入所
		パリ発アウシュヴィッツ行きの最初の輸送
	4〜7月	「移住作戦」、ポーランド全土に拡大
		ドイツ本国からポーランドの死の収容所へ新たなユダヤ人輸送が始まる
	4月	国会、ヒトラーによる法秩序の停止を承認
	5月	ルブリン地区ソビブルに絶滅収容所を設置
		プラハでチェコの愛国者によるハイドリヒ襲撃
	6月	フランスとオランダでユダヤの星を導入
		ドイツのユダヤ人、テレージエンシュタットへの移送開始
	7月	ミンスク、リダ、スウォニム、ロヴノで虐殺
		トレブリンカに絶滅収容所を設置

	アウシュヴィッツで最初の毒ガスによる大量殺害
	オランダ発アウシュヴィッツ行きの最初の移送列車
	パリで大規模な捜索活動
	ワルシャワからの「移住」開始、ベウジェツ、トレブリンカ絶滅収容所へ移送
8月	ベルギー発アウシュヴィッツ行きの最初の移送
	レンベルク・ゲットーからの「移住」
	ドイツ軍、コーカサスへ侵攻
	フランス非占領地域で7000人の「無国籍」ユダヤ人を逮捕
8〜9月	クロアチア・ザグレブからアウシュヴィッツへ移送
	白ロシア・ミンスク近郊でテレージエンシュタットから移送したユダヤ人を毒ガスで殺害
	コーカサス、キスロヴォツクで虐殺
	ウッジ・ゲットーの第一次大「移住」終了（犠牲者5万5000人）
	ヒトラー、ユダヤ人の絶滅を再度公言する
10月	ワルシャワ・ゲットーの第一次大「移住」終了（犠牲者31万人）
	ドイツの強制収容所「ユダヤ人ゼロ」になる。ユダヤ人囚人は全員アウシュヴィッツへ移送
	法務省、国内のユダヤ人および「東方市民」に関する権限をゲシュタポに委託
	「ラインハルト作戦」前半が終了。ポーランドのゲットーは50を超える
	白ロシア・ピンスクでユダヤ人の大量処刑（犠牲者1万6000人）
11月	連合軍、北アフリカに上陸
	ソ連の反撃が始まる
	ノルウェー発アウシュヴィッツ行きの最初のユダヤ人移送
12月	連合国、ユダヤ人根絶政策に対し贖罪させることを公約
1943年	
1月	ワルシャワ・ゲットーで移送に対する最初の抵抗運動が起きる
	テレージエンシュタットのゲットーよりアウシュヴィッツへ移送
2月	ドイツ第六軍、スターリングラード近郊で降伏
	ビャウィストクで最初の「移住」始まる
	ベルリンからユダヤ人軍需工場労働者をアウシュヴィッツへ移送
3月	オランダからソビブルへの移送。プラハ、ウィーン、ルクセンブルク、マケドニアからトレブリンカへの移送
3〜4月	クロアチアで2回目の「移住」
3月	クラカウのゲットー、解消
	ソ連でドイツ中部方面軍所属の将校によるヒトラー暗殺の試み
	サロニキとトラキアからの移送
	アウシュヴィッツ・ビルケナウで新型の焼却炉が稼動を開始
4月	バーミューダ会談、ヨーロッパ被占領地域からの亡命者の流入に関する協議
4〜5月	ワルシャワ・ゲットーの蜂起と壊滅
5月	北アフリカに最後まで残った独・伊軍、降伏
6月	ヒムラー、ポーランド内の全ゲットーの掃滅を命令、後にソ連に拡張される
	レンベルク・ゲットー、掃滅（2万人）

		チェンストハウ・ゲットーの蜂起と壊滅
	7月	連合軍、シシリアに上陸
	8月	トレブリンカで蜂起
		ソ連軍の進攻によりユダヤ人の集団墓地が発見される
		ビャウィストク・ゲットーの蜂起と壊滅
	9月	イタリア、連合国と休戦協定
		ドイツ軍、中部および北部イタリアを占領
		ニースでユダヤ人に対する大規模な捜索活動を開始
		ミンスクとリダのゲットーを掃滅
		テレージエンシュタットからアウシュヴィッツへ「家族移送」
		ヴィルナ・ゲットーを掃滅
		スモレンスク、ソ連軍に奪回される
		白ロシアの全ゲットーを掃滅
	10月	イタリア、ドイツに宣戦布告
		ソビブルで蜂起
		ローマからアウシュヴィッツへの最初のユダヤ人移送
	11月	リガ・ゲットーを掃滅
		マイダネク強制収容所に残っていたユダヤ人を殺害（犠牲者1万7000人）
		ソ連軍、キエフを奪回
		テヘラン会談
	12月	ハリコフでドイツの戦争犯罪に対する最初の裁判
1944年		
	3月	ソ連軍、ブーク川を渡河
		ソ連軍、ガリシアに到達
	4月	トランスニストリア、ブコヴィナ、ベッサラビア解放される
		アテネからアウシュヴィッツへの最初のユダヤ人移送
	5〜6月	ハンガリーからアウシュヴィッツへ47万6000人のユダヤ人を移送
	6月	連合軍、ローマに進軍
		ノルマンディーへ連合軍の進攻開始
		ソ連軍、第二波の攻勢を開始
	7月	ヒトラー暗殺未遂事件、170人が処刑、7000人が逮捕される
		ソ連軍、マイダネク強制収容所を解放
		コヴノ・ゲットー、疎開
	8月	ワルシャワ蜂起、始まる
		ヴァイクセル川以東の収容所から2万7000人のユダヤ人をドイツ国内に移送
		パリ解放される。ルーマニア降伏
	9月	ウッジ・ゲットー、疎開
		イギリス軍、オランダに到達
		ソ連軍、スロヴァキア国境に到達
		オランダ内の収容所からユダヤ人全員をドイツ国内に移送、テレージエンシュタットからアウシュヴィッツへ新たな移送、フランスからアウシュヴィッツへ最後の移送

	アメリカ軍、ドイツ国境に到達
	エストニア・クルーガ収容所で虐殺
	バンスカ・ビストリカの蜂起後、再びスロヴァキアから移送開始
10月	アウシュヴィッツ・ビルケナウで脱走の試み
	ヒトラー、国民突撃隊の結成を命令
	プラショフ（クラカウ）強制収容所の生存者、アウシュヴィッツへ移送
	アウシュヴィッツで最後の毒ガスによる殺害
11月	ルブリンのマイダネク絶滅収容所司令部に対する裁判が始まる
	ソ連軍、ブダペストに迫る
	アイヒマン、ブダペストのユダヤ人3万8000人をブーヘンヴァルト、ラーヴェンスブリュックその他の強制収容所に移送
	ヒムラー、アウシュヴィッツ・ビルケナウの焼却炉の破壊を命令

1945年

1月	ソ連軍、チェンストハウで800人、ウッジで870人のユダヤ人を解放
	ブダペストで8万人のユダヤ人を解放
	アウシュヴィッツから6万6000人の囚人を移転する
	アウシュヴィッツで歩行困難な囚人5000人がソ連軍により解放
2月	クリミアのヤルタで会談
3月	アメリカ軍、ライン川に到達
	ヒトラー、ドイツ全土の破壊を命令
4月	1万5000人のユダヤ人をブーヘンヴァルトから移転する
	アメリカ軍、ブーヘンヴァルトを解放
	イギリス軍、ベルゲン・ベルゼン強制収容所を解放
	アメリカ軍、ニュルンベルクに到達
	ソ連軍、ベルリンに迫る
4〜5月	ザクセンハウゼン（ベルリン近郊）とラーヴェンスブリュックの囚人を移転、SS監視隊員による最後の虐殺
4月	アメリカ軍とソ連軍、エルベで出会う
	アメリカ軍、ダッハウを解放
	ヒトラー自殺
5月	ベルリン降伏
	マウトハウゼン解放
	ドイツの無条件降伏、ヨーロッパにおける戦争の終結
	テレージエンシュタット解放
	ヒムラー自殺
6月	国際連合の結成
8月	広島に史上初の原爆投下
	日本の降伏、第二次世界大戦の終結
11月	ニュルンベルク裁判、始まる

出 典 一 覧

資料の選択にあたっては、読みやすさを重視し、限られた頁数でそれぞれの問題についてできる限り全体像が伝わることを考慮して、基本的なものに限定した。したがって、この本で取り上げた公務文書や証言は、とくに説明がない限り、すべて抜粋である。
資料の出典および収蔵機関は以下の通りである。資料を保管している機関については以下の略号を使った。

＊この出典一覧は原則としてアメリカ版のものをそのまま採用したが、ドイツ語資料については出版地、巻数、月名などはドイツ語表記とした。ページはp.で統一した。(訳者)

CDJC：Centre de Documentation Juive Contemporaine, Paris (「現代ユダヤ資料センター」、パリ)
NIOD：Nederlandse Instituut vor Oorlogsdocumentatie, Amsterdam (「オランダ戦争文書研究所」、アムステルダム)
RGWA：(Российский Государственый Военный Архив (「ロシア国立軍事資料館」、モスクワ)
WL：The Wiener Library, London(「ウィーナー・ライブラリー」、ロンドン)
YV：Yad Vashem, Jerusalem(「ヤド・ヴァシェム・ホロコースト・メモリアル」、エルサレム)
ZIH：Zydowski Instytut Historyczny, Warschau(「ユダヤ歴史研究所」、ワルシャワ)

14 1.*Der Stürmer, Januar* 1935, Nr. 2, p. 5
15 *Reichsgesetzblatt.* Jg. 1935, Teil I, Nr.100, p. 1146f.
16 Stuckart / Globke, *Kommentare zur deutschen Rassegesetzgebung*, Bd.I, München und Berlin 1936, p. 9ff.
17 *Der Stürmer*, September 1935, Nr. 39, p. 8
18 1.Secret teleprinter message from the Gestapo dated 9. 11. 1938; *Dokumente zur Reichskristallnacht*, Beilage zur Wochenzeitung «Das Parlament», p. 581
    2. Report of execution of order by *SA-Brigade* 50, Darmstadt, dated 11. 11. 1938, PS-1721; International Military Tribunal=IMT, *The Trial of the Major War Criminals before the International Military Tribunal*, Nuremberg 1947-49, Vol. XXVII, p. 487
19 Report of execution of order by *SS-Sturm* 10 / 25, Geldern, dated 14. 11. 1938; N. Blumental (ed.), *Slowa niewinne*, Centralna Zydowska Komisja Hitoryczna w Polsce, Crakow-Lodz-Warsaw 1947, p. 37
22 Alfred Rosenberg, *Der Mythus des 20. Jahrhunderts*, München 1930, p. 670
29 *Völkischer Beobachter*, 3. 4. 1933, in: *Das Schwarzbuch, Facts and documents. The position of Jews in Germany 1933*, ed. by Comité des Délégations Juives, Paris 1934, p. 65
30 1. Heinirich Heine, *Almansor*, in: Ernst Elster (Hrsg.), *Heines Werke*. Bibliographisches Institut Leipzig, o.J., Bd. III, p. 197
    2. *Frankfarter Zeitung*, in: *Das Schwarzbuch* (see p. 29), S. 438
32 *Westdeutscher Beobachter*, 17. 8. 1935 (WL)
37 PS-1816; *Dokumente zur Reichskristallnacht* (see p.18), p. 587
50 Express letter from the Chief of the SIPO and SD dated 21. 9. 1939, PS-3363; (Bundesarchiv Berlin, R58 / 954); T. Berenstein, A. Eisenbach, A. Rutkowski (ed.),

Eksterminacja Zydow na Ziemiach Polskich, Zydowski Instytut Historyczny, Warsaw 1957, p.21f.
52   Introduction of Compulsory Identification of Jews in Crakow, dated 18. 11. 1939; poster (ZIH)
53   NO-3011, CDJC CXXXVI-15
54   David Rubinowicz, Diary, *in: Polen von heute*, No. 4-6 / 1960, p. 15
57   Adolf Hitler, *Mein Kampf*, 40. Auflage, München 1933, p. 742
60   Lecture note, 6. 2. 1940, (CDJC); see also Poliakov / Wulf II (ed.), *Das Dritte Reich und seine Diener*, Berlin 1956, p. 516
66   Teleprinter message No. 161 dated 10. 3. 1942, Dr. J. Kermisz (ed.), *Dokumenty i Materialy do Dziejow Okupacji Niemieckiej w Polsce*, Vol. II, *"Akcje" i "Wysiedlenia"*, Centralna Zydowska Komisja Historyczna w Polsce, Warsaw-Lodz-Crakow 1946, p. 24
67   Teleprinter message No. 258 dated 13. 3. 1942, Kermisz (see above), p. 28
68   Order dated 3. 3. 1941 (ZIH, Poster No. 78); Berenstein inter alia (see p. 50), p. 111
69   Order dated 2. 10. 1940; Berenstein inter alia, p. 95
70   The Rev. G. Schedler, *Ein Ghetto im Schatten, in: Friede über Israel*, München, Nr. 3, Juli 1951
72   Josef Wulf, *Vom Leben, Kampf und Tod im Ghetto Warschau*, Beilage zur Wochenzeitung »*Das Parlament*«, p. 167
76   1. Circular letter dated 10. 12. 1939, Berenstein inter alia (see p. 50), p. 77ff.
     2. Report dated 20. 1. 1941, Stroop Trial, Vol. 2, 209ff.; Berenstein inter alia, p. 102ff.
77   Report dated 26. 9. 1941(ZIH, K-0100); Berenstein inter alia, p. 131ff.
78   Ludwik Hirszfeld, *Die Stadt des Todes*, Ms. (WL)
80   1. Blumental (see p. 19), p. 179
     2. Blumental, p. 180
81   A.Eisenbach (ed.), *Dokumenty i Materialy*, Vol. III, *Ghetto Lodzkie*, Centralna Zydowska Komisja Historyczna w Polsce, Warsaw-Lodz-Crakow 1946, p. 86f.
82   1. Telegram dated 24. 12. 1941 (ZIH K-2600); Berenstein inter alia, p. 167f.
     2. Kermisz (see p.66), p. 194
     3.Blumental, p. 83
83   1. Kermisz, p. 169
     2. Blumental, p. 80
     3. Berenstein, p. 186
84   1. Sworn affidavit of building engineer Hermann Friedrich Gräbe in Wiedbaden on 10. 11. 1945, PS-2992; IMT (see p.18), Vol. XXXI, pp. 443-4
     2. Bernard Goldstein, *The Stars bear Witness*, New York 1949, p. 145
85   Nichel Mazor, *La citè engloutie. Souvnirs du ghetto de Varsovie*, Paris 1955, p. 133
87   Announcement No. 428 concerning the beginning of the evacuation of Lodz Ghetto, dated 22. 8. 1944; Poster (WL)

88   Letter from M. Tennenbaum, commander of the ghetto uprising in Bialystok; Wulf (see p.72), p. 147

89   2. *The Black Book of Polish Jewry*, pub. by the American Federation of polish Jews, New York 1943, p. 134

91   1. Circular letter, dated 10. 12. 1939; Berenstein *inter alia* (see p. 50), p. 80
     2. Report, dated 20. 1. 1941; Berenstein *inter alia*, p. 104

92   Report, dated 1. 12. 1941; Archiwum Panstwowe Lodz (Sign.GV2180)

95   Goldstein (see 84), p. 99

99   Dr. Freiherr du Prel, *Das deutsche Generalgouvernement Polen*, Crakow 1940, p. 143, in: Poliakov / Wulf II (see p. 60), p. 384

102 W. Szpilman, in: Wulf (see p.72), p. 168

110 Blumental, p. 181

111 Appeal "*An die Einwohner des jüdischen Wohnbezirks*" on 1. 8. 1942; T. Berenstein, A. Eisenbach, B. Mark, a. Rutkowski (ed.), *Fschismus—Ghetto—Massenmord*, Berlin 1960, p. 309

112 Poster (ZIH)

113 Michel Mazor, *La citè engloutie. Souvenirs du ghetto de Varsovie*, Editions du Centre, Paris 1955, p. 130f.

115 Report dated 24. 9. 1942; Blumental, p. 137

117 Trial IV, p. 2184f. of the German transcript, in: Gerald Reitlinger, *Die Endlösung*, Berlin 1956, p. 288

118 *Goebbels-Tagebücher*, Zürich 1948, p. 142f.

122 1. Report to General Thomas dated 2. 12. 1941, PS-3257; Poliakov / Wulf II (see p. 99), p. 521
     2. Secret Progress report of Einsatzgruppe A for the period 16. 10. 1941 to 31. 1. 1942, PS-2273; IMT (see p. 18 / 2), Vol. XXX, p. 72ff.

123 Report to the Reichskommissar für das Ostland, Hinrich Lohse, Riga, dated 31. 7. 1942 (photostat WL)

124 Affidavit Gräbe (see 84 / 1). Vol. XIX, pp. 507-9

126 Affidavit Metzner NO-5558 (WL)

129 Poliakov / Wulf II (see p. 99), p. 405

130 Telex letter by Reinhard Heydrich to the Einsatzgurppen, 29. 6. 1941 (RGWA, 500-1-25, p. 391)

133 Einsatzgurppe A, Final Report on the period until 15. 10. 1941(Nbg. Dokument 180-L) (RGWA, 500-4-93)

136 Himmler's speech in Poznan on 14. 10. 1943, PS-1919: *Das Urteil im Wilhelmstraßen-Prozeß*, Schwäbisch-Gmünd 1950, p. 114

139 Jewish Museum, Belgrade

143 Letter by the local commander of SS and Police at Lijepaia, Dr. Dietrich, 3. 1. 1942. Zentrale Stelle der Landesjustizverwaltungen, Ludwigsburg (UdssR 245 Ac., sheet 64a)

144 Announcement to the jewish inhabitants of Lubny / Ukraine, Archives of the Hamburger Institut für Sozialforschung (Hähle Collection)

148 R-135; Poliakov / Wulf I (ed.), *Das Dritte Reich und die Juden*, Berlin 1955, p. 192
152 1. NG-2586-E (photostat NIOD)
     2. Transcript dated 20. 1. 1942, NG-2586-G (photostat NIOD)
154 Circular letter dated 20. 3. 1942, Düsseldorf Gestapo papers (photostat WL)
156 Report, dated 26. 12. 1941, Düsseldorf Gestapo papers (photostat WL)
158 上: Proclamation on the registration of the Jews in The Hague, Holland, dated 31. 1. 1941; poster(photo NIOD)
     中: Proclamation on the registration of the Jews in Belgrade, Yugoslavia, dated 16. 4. 1941; poster (photo Jewish Museum, Belgrade)
     下: Proclamation on the registration of the Jews in Vichy, France, dated 24. 7. 1941; poster (photo Stephane Richter, Paris)
159 NG-2631 (photostat NIOD)
162 1-4. CDJC
163 Georges Wellers, *De Drancy à Auschwitz*, Paris 1946, p. 58
164 photostat NIOD
165 1. Ossavatore Romano No. 250, 25. / 26. 10. 1943
165 Poliakov / Wulf II, p. 85
167 Dutch underground leaflet of February 1941 (NIOD)
171 *Reichsgesetzblatt*, Vol. 1941, Part 1, No. 100, p. 547
172 Express letter dated 22. 6. 1942 (photostat NIOD)
174 Dutch underground leaflet of July 1942 (NIOD)
176 Report by Police Inspector Stecker dated 9. 3. 1942 on an meeting in the RSHA, Dept.IV B4, on 6. 3. 1942, Düsseldorf Gestapo papers (photostat WL)
178 David Kranzler, *The Man Who Stopped the Trains to Auschwitz*, Syracuse University Press 2000, p. 19-20
180 *Commandant of Auschwitz*. The Autobiography of Rudolf Hoess, London 1959, p.184 (Rudol Höß, *Kommandant in Auschwitz*, Stuttgart 1958)
182 Letter dated 30. 7. 1942 (CDJC)
183 Telex by the commander of SIPO an SD Lyon, *SS-Obersturmführer* Klaus Barbie, to the Head Office of SIPO and SD in occupied France, 6. 4. 1944; CDJC (3479 N). See also Serge Klarsfeld: *The Children of Izieu*, Harry N. Abramas, New York 1985, p. 95
185 Györgi Konrad, *Vom Reden bis zum Waggon*. Manuscript of a memorial lecture at the Berlin Jewish Community, 9. 11. 1997; Academy of Fine Arts, Berlin (Archives)
192 The Reichsfuehrer SS to the Chief of the SIPO and the SD on 19. 4. 1943 (photostat NIOD)
196 *Vierteljahreshefte für Zeitgeschichte*, 1. Jg. 1953, 2. Heft, April, p. 185ff.
200 PS-3868; IMT (see p. 18 / 2), Vol. XXXIII, pp. 275-8
202 Diary of *SS-Hauptsturmführer* Prof. Dr. med. Johann Kremer (Auschwitz Museum)
204 Statement of former prisoner, mathematics student Kai Feinberg, Oslo, at the Nuremberg Trial; *SS im Einsatz*, Berlin 1957, p. 464
205 1. Statement of former prisoner Prof. Marc Klein, Strassburg; Poliakov / Wulf I (see p. 148), p. 235f.

2. Statement of former prisoner Marie Claude Vaillant-Couturier, Deputy, Paris, at the Nuremberg Trial; IMT, Vol. VI, p. 206f.

206 1. Statement of former prisoner Noack Treister, Prague, at the Nuremberg Trial; *SS im Einsatz* (see p.204), p. 472

2. Statement of former prisoner Grégoire Afrine, Paris, at the Nuremberg Trial; *SS im Einsatz*, p. 458

3. Statement of former prisoner Dr. Robert Levy, Strassburg; Poliakov / Wulf I, p. 264

4. NI-11118; Reimund Schnabel, *Macht ohne Moral*, Frankfurt 1957, p. 227

207 1. NI-4033; see also Helwig Dreicke, *Ein Tagebuch für Anne Frank*, Berlin, no date

2. *SS im Einsatz*, p. 466f.

208 1. *SS im Einsatz*, p. 455

2. *SS im Einsatz*, p. 469

209 Teleprinter message dated 16. 12. 1942, PS-1472; IMT, Vol. XXVII, p. 251

210 1. CDJC

2. N. Blumental (ed.), *Dokumenty i Materialy*, vol I, *Obozy*, Centralna Zydowska Komisja Historyczna w. Polsce, Lodz 1946, p. 110

3. *SS im Einsatz*, p. 460

214 Giza Landau, *Im Lager*; Poliakov / Wulf I, p. 286

215 Statement at the Nuremberg Trial; *SS im Einsatz*, p. 286

218 Hoess (see p. 200)

219 Teleprinter message dated 29. 4. 1943(CDJC)

220 Hoess (see p.180), p. 194f.

223 Dr. Ella Lingens-Reiner, *Prisoner of Fear*, London 1948, p. 70

233 Letter of *SS-Hauptsturmführer* Dr. Med. Sigmund Rascher, München, to *Reichführer SS*, Heinrich Himmler, 17. 2. 1943; Bundesarchiv, Berlin (NS 19 / A580)

236 *SS-Untersturmführer* Schwarz, Auschwitz, to the *Hauptamt Haushalt und Bauten*, Berlin; Blumental (see p. 19), p. 181

238 Clandestine message by the Resistance Organisation in Auschwitz-Birkenau from summer 1944; Panstwowe Muzeum Oswiecim

240 Hitler speech on 8. 11. 1942, in: *Deutschland im zweiten Weltkrieg*, original recordings from the years 1939 to 1945 (2 long-playing records) Ariloa, Gütersloh

244 Daily reports of *SS-Brigadeführer und Generalleutnant der Polizei* Jürgen Stroop, to the *Höhere SS- und Polizeiführer Ost*, Crakow, in "*Es gibt keinen jüdischen Wohnbezirk in Waschau mehr*", report on the liquidation of the Warsaw Ghetto dated 16. 5. 1943, PS-1061; IMT(see p. 18 / 2), Vol. XXXVI, p. 628ff.

251 Bernard Mark, *Der Aufstand im Warschauer Ghetto*, Berlin 1959, p. 384

252 Appeal of the ZZW (Jewish Fighter Organization) dated 22. 1. 1943 (ZIH, *Archiv Ringelblum* II No. 333 / 3); Mark, p. 171

254 Appeal by the Jewish Fighting Organization (ZOB), 23. 4. 1943; ZIH, Warsaw

256 Introduction to the Stroop Report, p. 9

257 Mark, p. 316

259 1. Introduction to the Stroop Report, p. 9

2. P. Elster, Notes; Mark, p. 317
260 Cywia Lubetkin, *Die letzten Tage des Warschauer Ghettos; Commentary*, New York, May 1947
262 Introduction to the Stroop Report, p. 10
263 Last report received from the ZOB dated 26. 4. 1943; Mark, p. 337
264 Introduction to the Stroop Report, p. 10f.
265 Letter dated 1. 3. 1944 to New York; Wulf (see p. 72), p. 171
270 1. *SS im Einsatz* (see p. 204), p. 235f.
2. *Témoignages Strasbourgeois*, Paris 1954, p. 90
271 1. Grete Salus, *Eine Frau erzählt*, series of the *Bundeszentrale für politische Bildung*, Heft 36, Bonn 1958, p. 77
2. *SS im Einsatz*, p. 232
272 1. *SS im Einsatz*, p. 250
2. *SS im Einsatz*, p. 190
274 PS-2738; Poliakov / Wulf I (see p. 148), p. 99
276 IMT (see p. 18 / 2), Vol. IV, p. 371
282 Order from the *Reichsführer SS* dated 14. 4. 1945 to the Camp Commandants of Dachau and Flossenbürg; Blumental (see p. 19), p. 236
286 Eugen Kogon, *Heute*, Munich 1946, No. 3
287 Hans Fiedeler (d.i. Alfred Döblin), *Der Nürnberger Lernprozess*, Neuer Bücherdienst, Baden-Baden 1946, p. 32
288 Zdenka Vantlova, *Modernes Mittelalter*, Ms.(YV E / 1-4-1)
291 Victor Gollancz, *What Buchenwald really means*, Gollancz Publishers, London 1945, p.15
298 Sworn affidavit by the former prisoner Harold Osmond Le Druillenec; *Trial of Josepf Kramer and Forty four Others*, ed. by Raymond Philipps, London 1949, pp. 57-63
300 Concluding speech by prosecution at the Nuremberg Trial; IMT, Vol. XIX, pp. 467 and 501
303 Concluding speech by prosecution at the Nuremberg Trial; IMT, Vol. XIX, p. 397
304 *Buchenwald — Mahnung und Verpflichtung*, Berlin 1960, p. 563

写 真 ・ 図 版 出 典

　収録写真の大半は、ナチ当局の指示または許可にもとづいて撮影されたものである。ワルシャワ・ゲットーの写真の一部とオデッサにおけるロシア・ユダヤ人登録の様子を写した写真は、「プロパガンダ中隊」のメンバーによって撮影された一連の公式記録写真から採ったものである。ラトビアにおける集団処刑の写真はアマチュア・カメラマンの撮影で、放置されたゲシュタポのオフィスで見つかったものである。オランダにおける移送の写真は、現地の保安警察と保安情報部司令官が撮影させたものである。移送された人々のアウシュヴィッツ・ビルケナウでの到着と選別の映像は、ハンガリーからの大量輸送が到着した1944年の夏に撮影された185枚の写真から選んだものである。

　ワルシャワゲットーの蜂起の様子を写した写真は、SSが作成したこの事件に関する図解入り報告書の中で使われていた53枚の一部である。その他は個人の撮影による。以上の写真と性格を異にするのは、強制収容所解放の後に連合軍の従軍カメラマンによって撮影されたものである。

　＊出典または収蔵機関はアルファベット順。ローマ数字は章、ハイフンの後の数字はページ、かっこ内は枚数を示す。(訳者)

Allgemeine Wochenzeitung der Juden in Deutschland, Düsseldorf: IV-130 (2)
Associated Press(AP), Frankfurt: I-29, VI-237(4), VIII-284
Archiv Helmut Eschwege, Dresden: III-109; VI-224 / 225
Archiv Wolfgang Scheffler, Berlin: III-105
Archiv Günther Schwaberg (Serie Heinrich Jöst), Seevetal: III-106, 107
Berliner Illustrierte Zeitung (BIZ): I-38 / 39
Bundesarchiv, Koblenz: I-27; III-92, 93, 101, 104, 112, 113; IV-131; V-184, 185
Bundesarchiv / Filmarchiv, Berlin: III-102〜103 (10)
Centre de Documentation Juive Contemporaine (CDJC), Paris: II-58, 60, 62下, 64〜69 (7) ; III-108上, 114下, 116下, 117上, 137下, 146 ; V-166, 176 / 177, 183, 186 / 187, 188 ; VI-232〜233, VIII-294
Copress, München: II-70, 71
Deutsche Presse-Agentur (DPA), Frankfurt: VIII-282
Deutsches Historisches Museum (DHM), Berlin: IV-134 / 135
France Soir, Paris: V-182
Gedenkstätte Deutscher Widerstand, Berlin: I-20 / 21
Glowna Komisja Badania Zrbrodni Hitlerwoskich w Polsce, Warsaw: VII-251〜266
Glavnoje arhivnoje upravlenije (G.A.U.), Moskau: IV-132, 133, 140 (2), 141, 142〜143 (5), 147, 148; VIII-277
Hessisches Hauptstaatsarchiv, Wiesbaden: IV-145
The Imperial War Museum, London: VI-236, 237 (5); VIII-283, 285〜291 (7), 295〜299 (4), 301〜304 (4)
Jewish Museum, Belgrade: VIII-300

Jüdisches Museum, Berlin: I-42 / 43
Jüdisches Museum, Frankfurt: III-115, 118
Keystone, München: III-95; VI-237 (2)
Kongreß-Verlag, Berlin: I-24, 25; II-62 t.; III-98 t., 99
Landesbildstelle Berlin (Berliner Landesinstitut für Schule und Medien): I-28
Alfred Merges, Zittau: I-26
National Archives, Washington D.C.: VIII-292, 293
Nederlandse Instituut voor Oorlogsdocumentatie (NIOD), Amsterdam: I-32 / 33, 41; V-167-167 (9), 170~175 (7), 189~192 (6)
Niedersächsisches Staatsarchiv (Sammlung Günter Schwickert), Aurich: I-35 (2)
Panstwowe muzeum Oswiecim-Brzezinka, Auschwitz: VI-212 / 213, 226 / 227, 229~231 (5), 238~240 (3); VIII-278~281 (7)
Röderberg Verlag, Frankfurt: IV-138~139 (4)
Stadtarchiv Euskirchen (Sammlung Otto Mertens): I-36
Stadtarchiv Stuttgart: V-178, 179
Statni zidovske muzeum, Prag: VI-214~223 (9), 228
stern, Henri Nannen Verlag, Hamburg: VI-237 (3)
Ullstein, Berlin: I-22 / 23, 30 / 31, 42 / 43, 44, 45
The Wiener Library / Institute for Contemporary History, London: I-34, 37, 40, 46
Yad Vashem, Jerusalem: III-97; IV-128 / 129, 144
Zydowsky Instytut Historyczny, Warsaw: II-57, 59, 61, 62 t. 63 (2), 72; III-91, 94, 96, 98 f., 100, 108 f., 110~111, 114 t., 116 t., 117 f.; IV / 136, 137 t.; V-180 / 181 (4); VI-234, 235, 237

参 考 文 献

この文献一覧は、ここで底本とした1998年版および当訳と並行して刊行の準備が進められているアメリカ版のために編者が作成した文献一覧を整理したものである。前者はすべてドイツ語またはドイツ語訳であり、後者は英語・英訳が中心になっている。表記に関してはそれぞれの言語に合わせたが、ページ数はpp.に統一した。出版社名は省略した。一部の文献には邦訳もあるが、不完全な調査になることは避けられないため採りあげなかった。(訳者)

反ユダヤ主義の歴史と分析

Jean-Paul Sartre: *Betrachtungen zur Judenfrage. Psychoanalyse des Antisemitismus*, Zürich 1948, 135 pp.

Paul W. Massing: *Rehearsal for Destruction*. A Study of Political Anti-Semitism in Imperial Germany (1870−1918), New York 1949, 341 pp.

Theodor W. Adorno and others: *The Authoritarian Personality*, New York 1950, 990 pp. (Theodor W. Adorno: *Studien zum autoritären Charakter*, Frankfurt 1973, 482 pp.)

Eva G. Reichmann: *Hostages of Civilisation*. The Social Sources of National Socialist Anti-semitism, London 1950, 281 pp. (*Die Flucht in den Haß*. Die Ursachen der deutschen Juden-Katastrophe, Frankfurt 1956, 324 pp.)

Friedrich Pollock u. a.: *Gruppenexperiment*, Frankfurt 1955, 560 pp.

Eleonore Sterling: *Er ist wie Du*. Aus der Frühgeschichte des Antisemitismus in Deutschland (1815−1850), München 1956, 235 pp.

Hannah Arendt: *Elemente und Ursprünge totaler Herrschaft*, Frankfurt 1955, 782 pp. (*The Origins of Totalitarianism*, London 1958, 520 pp.)

Cyril Bibby: *Race, Prejudice and Education*, London 1959, 90 pp.

Walter Mohrmann; *Antisemitismus*. Ideologie und Geschichte im Kaiserreich und in der Weimarer Republik, Berlin (DDR) 1972, 220 pp.

Reinhard Rürup: *Emanzipation und Antisemitismus*. Studien zur >Judenfrage< der bürgerlichen Gesellschaft, Göttingen 1975, 220 pp.

Léon Poliakov: *Geschichte des Antisemitismus*. Bd. I-IV, Worms 1977−1981, 761 pp.

Monika Richarz (Hrsg.) : *Jüdisches Leben in Deutschland*. Selbstzeugnisse zur Sozialgeschichte, Stuttgart 1976−1982, 3 Bde.

Johannes Hoffmann: *Stereotypen, Vorurteile, Völkerbilder in Ost und West — in Wissenschaft und Unterricht*. Eine Bibliografie, Wiesbaden 1986, 318 pp.

Rudolf Hirsch / Rosemarie Schuder: *Der gelbe Fleck*. Wurzeln und Wirkungen des Judenhasses in der deutschen Geschichte, Berlin (DDR) 1987, 748 pp.

ナチズム体制

Franz Neumann: *Behemoth. The Structure and Practice of National Socialism 1933—1944*, London-New York-Toronto 1942, 532 pp. (*Behemoth. Struktur und Praxis des Nationalsozialismus 1933–1944*, Frankfurt 1984, 805 pp.)
Ermenhild Neusüss-Hunkel: *Die SS*, Hannover 1956, 143 pp.
Walther Hofer: *Der Nationalsozialismus. Dokumente 1933 bis 1945*, Frankfurt 1957, 385 pp.
Reimund Schnabel: *Macht ohne Moral*. Eine Dokumentation über die SS, Frankfurt 1957, 580 pp.
Eugen Kogon: *Der SS-Staat*. Das System der deutschen Konzentrationslager, Frankfurt a. M. 1958, 419 pp.
Edward Crankshaw: *Die Gestapo*, Berlin 1959, 160 pp.
Alexander Mitscherlich / Fred Mielke: *Medizin ohne Menschlichkeit*, Frankfurt 1960, 296 pp.
Martin Broszat: *Der Nationalsozialismus — Weltanschauung, Programm und Wirklichkeit*, Stuttgart 1960, 84 pp.
Primo Levi: *Ist das ein Mensch?*, Frankfurt 1961, 179 pp.
H. G. Adler u. a.: *Auschwitz*. Zeugnisse und Berichte, Frankfurt 1962, 423 pp.
Reinhard Henkys: *Die nationalsozialistischen Gewaltverbrechen*. Geschichte und Gericht, Stuttgart / Berlin 1964, 392 pp.
Hans Buchheim u. a.: *Anatomie des SS-Staates*. Olten 1965, 2 Bde.
Karl Dietrich Bracher: *Die deutsche Diktatur*. Entstehung, Struktur, Folgen des Nationalsozialismus, Köln 1969, 588 pp. (*The German Dictatorship. The Origins, Structure, and Effects of National Socialism*, London 1991, 685 pp.)
Alan Bullock: *Hitler. A Study in Tyranny*, London 1964, 848 pp. (*Hitler. Eine Studie über Tyrannei*, Düsseldorf 1971, 885 pp.)
George L. Mosse: *Der nationalsozialistische Alltag*. So lebte man unter Hitler, Königstein /Ts. 1978, 389 pp.
Ebbo Demant: *Auschwitz — »Direkt von der Rampe weg...«*. Kaduk, Erber, Klehr: Drei Täter geben zu Protokoll, Reinbek 1979, 143 pp.
Eberhard Jäckel: *Hitlers Weltanschauung*. Entwurf einer Herrschaft, München 1981, 175 pp.
Helmut Krausnick / Hans-Heinrich Wilhelm: *Die Truppe des Weltanschauungskrieges*. Die Einsatzgruppen der Sicherheitspolizei und des SD 1938—1942, Stuttgart 1981, 688 pp.
Joseph Wulf (Hrsg.) : *Kultur im Dritten Reich*, Berlin 1983, 5 Bde.
Eugen Kogon u. a. (Hrsg.) : *Nationalsozialistische Massentötungen durch Giftgas*. Eine Dokumentation, Frankfurt 1983, 350 pp.
William L. Schirer: *The Rise and Fall of the Third Reich*: A History of Nazi Germany, London 1984, 1245 pp.
Benno Müller-Hill: *Tödliche Wissenschaft*. Die Aussonderung von Juden, Zigeunern und Geisteskranken 1933—1945, Reinbek 1984, 187 pp.
Reinhard Rürup (Hrsg.) : *Topographie des Terrors*. Gestapo, SS und RSHA auf dem »Prinz Albrecht-Gelände«, Berlin 1987, 2000, 237 pp. (*Topography of Terror. Gestapo, SS and Reichssicherheitshauptamt on the "Prinz-Albrecht-Terrain" A Documentation*, Berlin 1989, 1999, 237 pp.)
Helmut Krausnick: *Hitlers Einsatzgruppen*, 1989, 396 pp.
Robert Wistrich: *Wer war wer im Dritten Reich?* Ein biographisches Handbuch, Frankfurt 1989, 398 pp.
Wolfgang Benz (Hrsg.) : *Herrschaft und Gesellschaft im nationalsozialistischen Staat*, Frankfurt 1990, 215 pp.

George L. Mosse: *Die Geschichte des Rassismus in Europa*, Frankfurt 1990, 280 pp.

Walter H. Pehle (Hrsg.): *Der historische Ort des Nationalsozialismus*. Annäherungen, Frankfurt 1990, 250 pp.

Benjamin Sax: *Inside Hitlers Germany*. A Documentary History of Life in the Third Reich, Lexington, Mass., 1992, 522 pp.

Michael Burleigh: *The Third Reich*. A New History, New York 2000, 963 pp.

Ian Kershaw: Hitler 1936–45: Nemesis, London 2000, 1115pp.

Richard J. Evans: *The Coming of the Third Reich*, London 2003, 622 pp.

ユダヤ人迫害と民族虐殺

a. 総説

Wolfgang Scheffler: *Judenverfolgung im Dritten Reich 1933 bis 1945*, Frankfurt 1961, 245 pp.

Bruno Blau: *Das Ausnahmerecht für die Juden in Deutschland 1933–1945*, Düsseldorf 1954, 125 pp.

H. G. Adler: *Theresienstadt 1941–1945*. Das Antlitz einer Zwangsgemeinschaft, Tübingen 1955, 773 pp.

Gerald Reitlinger: *The Final Solution*. The Attempt to Exterminate the Jews of Europe 1939–1945, London 1953, 1968, 668 pp. (*Die Endlösung* – Hitlers Versuch der Ausrottung der Juden Europas 1939–1945, Berlin 1956, 698 pp.)

Uwe Dietrich Adam: *Judenpolitik im Dritten Reich*, Düsseldorf 1972, 382 pp.

Klaus Drobisch u. a.: *Juden unterm Hakenkreuz*. Verfolgung und Ausrottung der deutschen Juden 1933–1945, Berlin (DDR) / Frankfurt 1973, 437 pp.

H. G. Adler: *Der verwaltete Mensch*. Studien zur Deportation der Juden aus Deutschland, Tübingen 1974, XXXII / 1076 pp.

Joseph Walk (Hrsg.): *Das Sonderrecht für die Juden im NS-Staat*. Eine Sammlung der gesetzlichen Maßnahmen, Heidelberg / Karlsruhe 1981, 452 pp.

Raul Hilberg: *Sonderzüge nach Auschwitz*, Mainz 1981, 276 pp.

Martin Gilbert: *Endlösung*. Die Vertreibung und Vernichtung der Juden. Ein Atlas, Reinbek 1982, 264 pp.

Kurt Pätzold (Hrsg.): *Verfolgung, Vertreibung, Vernichtung*. Dokumente des faschistischen Antisemitismus 1933–1942, Leipzig (DDR) 1983, Frankfurt 1984, 364 pp.

Martin Gilbert: *The Holocaust*: A History of the Jews of Europe during the Second World War, New York 1985, 959 pp.

Arnold Paucker, Sylbia Gilchrist, Barbara Suchy (Hrsg.): *Die Juden im nationalsozialistischen Deutschland 1933–1945*, Tübingen 1986, 426 pp.

Raul Hilberg: *The Destruction of European Jews*, New York 1985, 3 vols.

Raul Hilberg:*Perpetrators,Victims,Bystanders*.The Jewish Catastrophe 1933–1945,London 1992, 340pp.

Avraham Barkai: *Vom Boykott zur ›Entjudung‹* Der wirtschaftliche Existenzkampf der Juden im Dritten Reich, Frankfurt 1988, 235 pp.

Wolfgang Benz (Hrsg.): *Die Juden in Deutschland 1933–1945*. Leben unter nationalsozialistischer Herrschaft, München 1988, 779 pp.

Christopher R. Browning: *Ordinary men*: Reserve Police Battalion 101 and the Final Solution in Poland, New York 1992, 231 pp.

Michael Berenbaum: *The World Must Know*. The History of the Holocaust as Told in the United States Holocaust Memorial Museum, Boston 1993, 240 pp.

Henry Friedlander: *The Origins of Nazi Genocide*: From Euthanasia to the Final Solution, Chapel Hill 1995, 421 pp.

Dieter Pohl: *Nationalsozialistische Judenverfolgungen in Galizien 1941 bis 1944*. Organisation und Durchführung eines staatlichen Massenverbrechens, München 1996, 455 pp.

Saul Friedländer: *Nazi Germany and the Jews*. Volume 1: The Years of Persecution 1933−1939, New York 1997, 436 pp.

Götz Aly: *Endlösung*. Völkerverschiebung und der Mord an den europäischen Juden, Frankfurt 1995, 1998 (*"Final Solution"* . Nazi Population Policy and the Murder of the European Jews, London 1999, 384 pp.)

Christopher R. Browning: *The Origins of the Final Solution*: The Evolution of Nazi Jewish Policy, September 1939−March 1942, Lincoln 2004, 640 pp.

b. ドキュメント

Léon Poliakov / Joseph Wulf (Hrsg.): *Das Dritte Reich und die Juden*. Dokumente und Aufsätze, Berlin 1955, 457 pp.

Léon Poliakov / Joseph Wulf (Hrsg.): *Das Dritte Reich und seine Diener*. Dokumente, Berlin 1956, 540 pp.

Léon Poliakov / Joseph Wulf (Hrsg,): *Das Dritte Reich und seine Denker*. Dokumente, Berlin 1955−1959, 560 pp.

Joseph Wulf (Hrsg.): *Das Dritte Reich und seine Vollstrecker*, Berlin 1961, 383 pp.

H. G. Adler (Hrsg.): *Die verheimlichte Wahrheit*. Theresienstädter Dokumente, Tübingen 1958, 372 pp.

Rudolf Höß: *Kommandant in Auschwitz*. Autobiographische Aufzeichnungen, München 1963 (Rudolf Hoess: *Commandant of Auschwitz*. The Autobiographyof Rudolf Hoess, London 1959, 252 pp.)

Alexander Mitscherlich / Fred Mielke (eds.): *The Death Doctors*, London 1962, 367 pp.

Helmut Eschwege: *Kennzeichen J*. Bilder, Dokumente, Berichte zur Geschichte der Verbrechen des Hitlerfaschismus an den deutschen Juden 1933 bis 1945, Berlin (DDR) 1966, Frankfurt 1979, 378 pp.

Peter Longerich (Hrsg.): *Die Ermordung der europäischen Juden*. Eine Dokumentation, München / Zürich 1989, 479 pp.

Michael Berenbaum: *Witness to the Holocaust*, New York 1997, 364 pp.

c. 目撃証言

The Black Book. The Nazi crime against the Jewish People, The Jewish Black Book Committee, New York 1946, 560 pp.

Eric H. Boehm (ed.): *We survived*. The stories of fourteen of the hidden and hunted of Nazi Germany, New Haven 1949, 308 pp.

Philip Friedman (ed.): *Martyrs and Fighters* The Epic of the Warsaw Ghetto, New York 1954, 254 pp.
De l'Université aux Camps de Concentration. Témoignages Strasbourgeois, Paris 1954, 560 pp.
Olga Wormser / Henri Michel (eds.) : *Tragédie de la déportation 1940—1945*. Témoignages de survivants des camps de concentration allemands, Paris 1955, 511 pp.
Rahel Auerbach: *Im Feuer vergangen* — Tagebücher aus dem Ghetto, Berlin (DDR) 1958 / München 1963, 608 pp.
Gerhard Schoenberner (Hrsg.) : *Zeugen sagen aus*. Berichte und Dokumente über die Judenverfolgung im "Dritten Reich", Hamburg 1962ff., Berlin 1998, 448 pp.

抵抗運動

Günther Weisenborn: *Der lautlose Aufstand.* Bericht über die Widerstandsbewegung des deutschen Volkes 1933 bis 1945, Hamburg 1953, 348 pp. / Frankfurt 1974
Helmut Gollwitzer (Hrsg.): *Du hast mich heimgesucht bei Nacht*. Abschiedsbriefe und Aufzeichnungen des Widerstandes 1933—1945, München 1954, 466 pp. (*Dying we live*. The final messages and records of the Resistance, New York 1956, 285 pp.)
Piero Malvezzi: *Und die Flamme soll euch nicht versengen*. Letzte Briefe zum Tode Verurteilter aus dem europäischen Widerstand, Zürich 1955, 554 pp.
Kurt R. Grossmann: *Die unbesungenen Helden*. Menschen in Deutschlands dunkelsten Tagen, Berlin 1957, 388 pp.
Philip Friedman: *Their Brothers' Keepers*. The Christian heroes and heroines who helped the oppressed escape the Nazi terror, New York 1957, 224 pp.
Annedore Leber: *Conscience in Revolt*. Sixty-four stories of resistance in Germany 1933—1945, London 1957, 270 pp.
Richard Löwenthal / Patrick von zur Mühlen: *Widerstand und Verweigerung in Deutschland 1933 bis 1945*, Hannover 1982, 319 pp.
Jürgen Schmädeke / Peter Steinbach (Hrsg.): *Der Widerstand gegen den Nationalsozialismus*, München 1986, 1185 pp.

連合国および中立国の対応

Norman Bentwich: *They found refuge*. An account of British Jewry's work for victims of Nazi oppression, London 1956, 227 pp.
Carl Ludwig: *Die Flüchtlingspolitik der Schweiz in den Jahren 1933 bis 1945*. Bericht an den Bundesrat zuhanden der eidgenössischen Räte, no publisher stated, 1957, 416 pp.
Leni Yahil: *Test of a Democracy*. The rescue of Danish Jewry in World War II, Jerusalem 1966, 332 pp.
Alfred A. Häsler: *Das Boot ist voll*. Die Schweiz und die Flüchtlinge 1933—1945, Zürich / Stuttgart 1967, 364 pp.
Arther D. Morse: *While Six Million died*. London 1968, 420 pp.
Walter Laqueur: *Was niemand wissen wollte*. Die Unterdrückung der Nachrichten über

Hitlers ›Endlösung‹, Berlin 1982, 327 pp.

戦犯裁判

Trial of German Major Criminals before the International Military Tribunal, Nuremberg 1947 (42 vols) Internationales Militärtribunal: *Der Prozeß gegen die Hauptkriegsverbrecher*, Nürnberg 1947–1949, 42 Bde.
Ralph Giordano / H. G. Van Dam: *KZ-Verbrechen vor deutschen Gerichten*. Frankfurt a.M. 1962, Bd. I, 583 pp.; 1968, Bd. II, 514 pp.
Hannah Arendt: *Eichmann in Jerusalem*, New York 1963, 312 pp.
Gideon Hausner: *Justice in Jerusalem*, London 1967, 528 pp.
Bernd Naumann: *Auschwitz*. Bericht vom Prozeß vor dem Schwurgericht Frankfurt, Frankfurt 1965, 552 pp.
Adalbert Rückerl: *NS-Vernichtungslager im Spiegel deutscher Strafprozesse*, München 1977, 359 pp.
Adalbert Rückerl: *NS-Verbrechen vor Gericht*. Versuch einer Vergangenheitsbewältigung, Heidelberg 1982, 343 pp.
Jörg Friedrich: *Die kalte Amnestie*. NS-Täter in der Bundesrepublik, Frankfurt 1984, 431 pp.
C. F. Rüter / W. de Mildt (Hrsg.): *Justiz und Verbrechen*. Sammlung deutscher Strafurteile wegen nationalsozialistischer Tötungsverbrechen 1945– 1999, Amsterdam 1968– 1981; München 1998ff., 29 Bde. (continued)

ファシズムの分析と批判

David Schoenbaum: *Die braune Revolution*. Eine Sozialgeschichte des Dritten Reiches, Köln 1968, 389 pp.
Wolfgang Schieder (Hrsg.): *Faschismus als soziale Bewegung*, Hamburg 1976, 211 pp.
Tim W. Mason: *Sozialpolitik im Dritten Reich*. Arbeiterklasse und Volksgemeinschaft, Opladen 1977, 474 pp.
Reinhard Kühnl: *Der deutsche Faschismus in Quellen und Dokumenten*, Köln 1977, 530 pp.
Eike Hennig: *Bürgerliche Gesellschaft und Faschismus*. Ein Forschungsbericht, Frankfurt 1977, 424 pp.
Ernst Nolte: *Der Faschismus in seiner Epoche*, München 1979, XIV / 625 pp.
Wolfgang Wippermann: *Faschismustheorien*. Zum Stand der gegenwärtigen Diskussion, Darmstadt 1980, X / 183 pp.
Manfred Behrens u. a.: *Faschismus und Ideologie*, argument-Sonderbände 60 / 62, Berlin 1980, 383 pp.
Ulrich Herbert: *Biografische Studien über Radikalismus, Weltanschauung und Vernunft 1903–1989*, Bonn 1996, 691 pp.

書誌

Jacob Robinson / Philip Friedman: *Guide to Jewish History under Nazi Impact*, New York 1960, 425 pp.
Michael Ruck: *Bibliografie zum Nationalsozialismus*, Köln 1995, 1428 pp.

第三帝国における主要な強制収容所と絶滅収容所および大ゲットー所在地

- キール
- コペンハーゲン
- ロストック
- エムデン
- ハンブルク
- ▲ノイエンガメ
- シュテッティン
- ▲パーペンブルク
- ブレーメン
- ベルゲン・ベルゼン ▲
- ラーヴェンスブリュック ▲
- アムステルダム
- ザクセンハウゼン ▲
- ハノーヴァー
- ベルリン
- ミュンスター
- マグデブルク
- ドーラ・ノルトハウゼン ▲
- ケルン
- ブーヘンヴァルト ▲
- ライプツィヒ
- ボン
- エアフルト
- ドレスデン
- フランクフルト
- テレージエンシュタット
- プラハ
- ザールブリュッケン
- フロッセンビュルク ▲
- ニュルンベルク
- メッツ
- ナンシー
- シュトラースブルク
- ▲ナツヴァイラー
- ウルム
- フライブルク
- ダッハウ ▲
- ミュンヘン
- マウトハウゼン
- リンツ
- ザルツブルク
- バーゼル
- チューリッヒ
- インスブルック
- ベルン
- ジュネーブ

○リガ

○メーメル川
○ケーニヒスベルク ○カウエン
○ヴィルナ

ダンチヒ
▲シュトゥットホーフ

○バラノヴィチ
○スウォニム

ヴィスクセル川
○ポーゼン
●トレブリンカ
ヘウムノ
★ ワルシャワ○ ○ブレスト
★ウッジ
ソビブル●
○ブレスラウ ルブリン○
●マイダネク
グロース・ローゼン
プラゾフ
▲ ベウジェツ●
アウシュヴィッツ● ○クラカウ
○リヴォフ
★

○ブリュン

ドナウ川
○ブダペスト

★ 大ゲットー所在地
▲ 強制収容所
● 絶滅収容所
○ 町
--- 国境(1937年)
〰〰 第三帝国領(1942年)

本書関連地図

地図上の地名（抜粋）:

- レニングラード
- レヴァル
- リガ
- サラスピルス
- スモレンスク
- カウエン
- ケーニヒスベルク
- ヴィルナ
- ミンスク
- ソヴィエト連邦
- スウォニム
- バラノヴィチ
- ブレスト
- ワルシャワ
- ポーランド
- バジェフ
- ラドームスコ
- ラドム
- ルブリン
- チェンストハウ
- クラカウ
- ジェシュフ
- キエフ
- ベルディチェフ
- タルヌフ
- ザコパネ
- カシャウ
- ミシュコルツ
- ジェンジェシュ
- デブレツェン
- ブダペスト
- ンガリー
- ルーマニア

国境線は1937年現在

訳 注

まえがき

003 クラブント：ドイツの詩人、小説家、劇作家。戦争批判の詩を多く書いた。1928年没。

シナゴーグ：集会および会堂を意味する語から転じてユダヤ教会の意。礼拝の場であると同時に、ユダヤ教徒としての学習の場。ユダヤ人共同体の中心でもある。

ゲットー：他の居住区から隔離されたユダヤ人街をいう。ナチはユダヤ人絶滅のため主として東欧占領地域にゲットーを設置した。最大のゲットーはワルシャワにあり、人口約45万人。ウッジのゲットーは人口15万人であった。

特別措置：絶滅収容所では、労働不能と判断された人々は即座に殺害された。その殺害のことをいう。

国民社会主義：いわゆるナチ党の思想および支配体制のこと。なお、正式の党名はNationalsozialistische Deutsche Arbeiterpartei（国民社会主義ドイツ労働者党）といい、NSDAPと略称した。

006 ヒムラー、ハインリヒ：SSのトップである全国指導者および警察総監として治安機構の頂点にあった。1943年からは内務大臣も兼任。

007 ドクロ隊：SSの下部組織、武装SSに直属する。VI章のヘスの証言にあるように、収容所監視部隊の通称。

騎士団の城：ナチ党とくにSSの幹部養成所。

008 SS：親衛隊の略称。ナチ党の護衛組織として結成（1925）。ヒムラーが最後まで長を務める。党内競合組織のSA粛正（1934）後、各種組織の統合により国の機関として強力化する。保安警察、保安情報部、特別行動大隊を統括する国家保安本部のほか、国営企業、収容所を管理する経済管理本部、武装SSなどの軍事組織を統轄する作戦本部など、多くの下部組織からなるナチ国家の中枢機関。

ゲシュタポ：秘密国家警察の略称。1933年に設置され、ナチ体制の暴力装置の中核となった。1936年刑事警察とともに保安警察に統合され、SS保安情報部を統括していたハイドリヒの指揮下に置かれた。

I

012 SA：シュトルム・アプタイルング（突撃隊）の略称。1921年にヒトラーにならぶナチ党指導者のひとり、エルンスト・レームが結成した党護衛隊。1933年には隊員数が50万人を超え、ナチ党や国防軍との権力争いが激しくなる。34年のレーム粛正で無力化する。

013　NSDAP：003ページの訳注の「国民社会主義」の訳注参照。
　　　ポグロム：語源はロシア語で、特定の集団、民族の迫害、虐殺を意味する。
　　　国家逃亡税：1931年の大統領令に盛り込まれた規定で、資本の国外流出防止と財政の均衡を目的とした。1933年以降は主に出国するユダヤ人が対象。
014　『突撃兵』：シュトライヒャーが発行した週間紙。過激な反ユダヤ主義の主張と煽情的な内容を特徴とした。低俗な新聞だったが、最盛期には50万部の発行部数を誇っていた。
　　　シュトライヒャー、ユリウス：上部バイエルン出身のフランケン大管区指導者で、古参ナチ党員。典型的な大衆煽動家。『突撃兵』の発行者。戦後、ニュルンベルク裁判で有罪、1946年10月、処刑。
015　国旗と国民旗および旧国旗：ニュルンベルク諸法は国旗の改正を含み、ナチ党旗だった鉤十字旗を国旗および国民旗と規定。第二帝政期の国旗（黒白赤の三色旗）をそれに準ずるものとした。
018　水晶の夜：1938年11月9日から10日にかけての夜、ハイドリヒの指揮によりドイツ各地で一斉におこなわれたユダヤ人襲撃事件。大量の窓ガラスが飛散する様子から「水晶の夜」と呼ばれた。ユダヤ人への攻撃が個別的なものから国策へ変化する転換点となった。
022　ローゼンベルク、アルフレート：主著『20世紀の神話』により、人種理論の公認「哲学者」。ナチ党機関紙の編集長。「退廃芸術」の排除、「ローゼンベルク特捜隊」によるユダヤ人所有の図書や美術品の略奪を指揮した。ニュルンベルク裁判で有罪、1946年に処刑。
031　ヒトラー・ユーゲント：ナチ党の青少年組織で、15歳から18歳までの若者を対象とした。
037　ゲーリング、ヘルマン：古参ナチ党員でヒトラーに次ぐ実力者。ゲシュタポを創設し、強制収容所の拡充をはかる。ドイツ空軍司令官、四ヶ年計画庁長官などを歴任、軍と経済界をたばねて戦争遂行に積極的に関与した。ニュルンベルク裁判で死刑の判決を受けたが、自殺。
　　　ハイドリヒ、ラインハルト：国家保安本部長官として、ゲシュタポ、刑事警察、保安情報部を指揮下に収めた。1942年ヴァンゼー会議を開き、ユダヤ人絶滅計画「ヨーロッパのユダヤ人問題の最終解決」を策定。1942年5月、チェコで抵抗組織に襲撃され、死亡。
　　　ゲッベルス、ヨーゼフ：1933年から宣伝相を務めたナチの煽動家。文化活動の全領域を支配し、映画、ラジオなどを通じて強力な宣伝活動を展開した。ヒトラー自殺の翌日、自死。

II

049　ユダヤ人評議会：ユダヤ人絶滅政策の前段階であるゲットーの設置にともない、人口1万人以上のユダヤ人共同体には24人、それ以下の共同体には12人からなる評議会の形成が命令された。

フランク、ハンス：弁護士で最初期からのナチ党員。1933年から34年までバイエルンの法務大臣。39年から45年までポーランド総督。46年、ニュルンベルク裁判で死刑判決を受け、処刑。

050 特別行動大隊：SSの下部組織。国家保安本部に組織されたA隊からD隊まである殺戮部隊。各大隊は特別出動部隊で構成されるが、さらに特殊部隊を有しているものもある。

ユダヤ人共同体：他民族の中で生活するユダヤ教徒の宗教的、文化的、政治的組織。その中で発言権の強い長老たちの会議をユダヤ人長老会議という。ナチはこれらの組織をユダヤ人に対する支配と迫害に利用した。

ユダヤ人長老会議：ユダヤ人共同体の注を参照。

051 保安警察：SSの下部組織。1936年にゲシュタポと刑事警察を統括する組織として作られる。初代長官は保安情報部長ハイドリヒ。ハイドリヒ暗殺後の後任はカルテンブルンナー。

保安情報部：SSの下部組織。ナチ党の諜報機関。ヒムラーが1931年に創設し、ハイドリヒが部長となる。ここでも後任はカルテンブルンナー。

052 ダビデの星：もしくはユダヤの星。黄色い星ともいう。伝統的なユダヤ教のシンボルマーク。ユダヤ人は黄色や青色のこのマークを衣服などにつけることを強いられた。

III

075 絶滅収容所：強制収容所の一種で、ヴァンゼー会議の後、囚人の大量殺害を目的にポーランドなど東部地域に設置された。ベウジェツ、ソビブル、トレブリンカ、マイダネク、アウシュヴィッツなど。地図参照。

リッツマンシュタット：これはドイツ名で、ウッジがポーランド名。

082 SS全国指導者：SSの長であるハインリヒ・ヒムラーのこと。

083 ナチ国民福祉団：ナチの福祉政策を担った大衆組織。1943年には1700万人の会員を擁した。活動の中心は保健衛生、予防と疾病看護である。

冬季貧民救済事業：ナチによる大規模な慈善事業。制服のSS隊員が貧困者のために路上で募金活動などをおこなった。

ラインハルト作戦：ポーランドにおけるユダヤ人絶滅作戦のコード名。グロボツニクが作戦を担当し、ユダヤ人の絶滅、労働力の搾取、資産の強奪をおこない、1943年に完了した。

102 シュピルマン、ウワディスワフ：ユダヤ人ピアニスト。ここに引用されている箇所は、映画「戦場のピアニスト」の原作である彼の自伝からとっており、映画の一場面ともなっている。

118 グロボツニク、オディロ：SS中将で、ヒムラーによりラインハルト作戦の計画推進者に選ばれた。ベウジェツ等に絶滅収容所を作り、約300万人のユダヤ人を殺戮。終戦後、逃亡先で服毒自殺をしたとい

われるが不明。

IV

122 オストラント：オストラント帝国弁務官領のこと。ドイツ軍が占領後、植民地に指定したエストニア、ラトヴィア、リトアニア、白ルテニア（現ベラルーシ）の地域を総合して称す。
白ルテニア：ルテニアはウクライナを指す古語。白ルテニアはだいたい現在の白ロシア（ベラルーシ）に相当する地域。

V

151 イスラエルの子：ユダヤ人のこと。
国家保安本部：党の諜報機関である保安情報部と国家機関である保安警察を統括して1939年に設置され、7つの部局から構成されていた。その第Ⅳ局がゲシュタポである。長官はハイドリヒ、後任はカルテンブルンナー。
アイヒマン、アドルフ：絶滅収容所へのユダヤ人移送を企画・実行した中心人物。戦後はアルゼンチンに逃れたが、60年にイスラエルの特務機関に逮捕された。同国法廷によって絞首刑を宣告、処刑された。

160 混合婚：ナチ時代にはとくにアーリア人（ドイツ人）とユダヤ人の婚姻関係を意味した。

162 無国籍ユダヤ人：ドイツのユダヤ人は「ニュルンベルク諸法」によりドイツ国籍を剥奪された。

165 ヴァイツゼッカー、エルンスト・フォン：ドイツの外交官。ヴァチカン駐在大使を務める。ニュルンベルク裁判で7年の禁固刑を宣告されるが、翌年釈放。ヴァイツゼッカー元大統領の父。

176 オストマルクおよび保護領：オストマルクは1938年の併合後、オーストリアの呼称となる。保護領はほぼかつてのチェコスロバキアと重なる。

187 治外法権：ドイツ軍が占領したハンガリーではユダヤ人の迫害が本格化する。スエーデン人ヴァルデマル・ラングレーは赤十字の名の下に、治外法権を利用し多くの命を救った。そのほか、スエーデン公使館のラウル・ヴァレンベリの救済活動も有名。

VI

194 安楽死：ナチ政権では精神・身体障害者の組織的殺人を隠蔽する言葉として使われた。
木馬：テーブル状の木製の台で、その上に囚人を腹這いにし、頭を下げ、尻を高く上げた姿勢で、ベルトで固定した拷問台。

196 武装SS：武装SSはSS組織内の軍隊で、最盛期には40個師団を数える。戦闘部隊と強制収容所の監視にあたるドクロ部隊に分かれていた。
特殊部隊：主に収容所の監視、死体処理をおこなった特別行動大隊

の部隊。ユダヤ人も部隊に組み込まれ、死体処理などをさせられた。
200 ヘス、ルドルフ・フェルディナント：SS隊員で、強制収容所管理にあたる。アウシュヴィッツ収容所の司令官。
201 チクロンB：シアン化水素を成分とする毒ガスで、本来はドイツで害虫駆除剤として製造された製品名。アウシュヴィッツなどで使われた強力な致死剤。
202 特別選別：絶滅収容所の医師が、収容者を労働可能か不能か判断すること。不能と判断されれば、それは死を意味した。「特別措置」(003ページ)の訳注参照。
203 イスラムもどきの連中：原語は本来イスラム教徒を意味する。強制収容所では、強制された極限状態の中で精神的にまったくの無感覚状態に陥り、生きる屍と化した囚人たちのことを指した。
207 モノヴィッツ強制収容所：アウシュヴィッツの第三収容所であり、収容者を労働力として利用したイー・ゲー・ファルベンのブーナ工場があったことで知られる。
210 ミュラー、ハインリヒ：1936年の就任以来、ゲシュタポの長官。終戦直前に失踪。生死、没年などは不明。
経済管理本部：SS内組織。強制収容所を統括した。D局は強制収容所を所轄する局で、その第II課は労働配置を担当する。

VII

243 シュミット、アントン：国防軍曹長。リトアニアのヴィルナで多くのユダヤ人を救った。ポーランドのゲットー内外におけるユダヤ人抵抗運動の組織化にも重要な役割を果たし、武器の調達もおこなった。42年に逮捕、銃殺された。
シンドラー、オスカー：工場経営者。グロース・ローゼンおよびアウシュヴィッツのユダヤ人囚人を多数雇用し、彼らの命を救った。映画「シンドラーのリスト」はこれを題材としたもの。
リヒテンベルク、ベルンハルト：カトリック中央党の市会議員としても活動し、ユダヤ人差別を批判し続けた。1941年に逮捕。2年の刑期終了後、ダッハウの強制収容所へ移送される途中に病死。
244 シュトロープ、ユルゲン：SS少将。ワルシャワ・ゲットー蜂起の鎮圧指揮官として1943年4月19日着任。ドイツ側の死者は300、負傷者は1000とも伝えられる。1951年、ワルシャワで処刑される。『シュトロープ報告』は1960年にワルシャワで出版され、1976年にドイツ版が出版された。
251 ZOB（ユダヤ人戦闘組織）：ワルシャワ・ゲットー内最大のユダヤ人武力抵抗組織。1942年7月設立。政治的立場やイデオロギーの異なるさまざまなグループを糾合する。指揮官はモルデハイ・アニェレヴィチ。合流を拒んだシオニストの「ユダヤ人戦闘同盟」ZZWとと

もに1943年春のワルシャワ・ゲットー蜂起に加わる。
261 ルベトキン、ツィヴィア：ZOB創設者で指導者のひとり。ゲットー内でのレジスタンス運動の組織化に最初期より奔走する。武装蜂起が鎮圧された後、地下水路を抜けアーリア人地区に脱出して生き延びる。

VIII

270 ポール、オスヴァルト：1942年SS経済管理本部の長官となる。「ユダヤ人問題の最終解決」のうちの経済部門を担当。強制収容所の監察や囚人使役に関わる全権を握り、囚人の資産等の利用を図る。1951年に処刑される。

272 KZ：強制収容所のこと。

274 ヘットゥル、ヴィルヘルム：国家保安本部に属し、アイヒマンとハンガリーで協力して働く。戦中より連合軍側と接触し、情報を流す。ニュルンベルク裁判での彼のこの証言にもとづいて、殺害されたユダヤ人の総数は600万人という数字が広く流布されることになった。1997年オーストリアにて死亡。

300 カルテンブルンナー、エルンスト：ハイドリヒ暗殺後の国家保安本部長官。アイヒマンとは少年時代の友人。オーストリア・ナチ。ニュルンベルク裁判で絞首刑。

リッベントロプ、ヨアヒム・フォン：外務大臣。1936年、日本と防共協定を締結し、のちの日独伊三国同盟への道を開く。「最終解決」に積極的に関与する。ニュルンベルク裁判で絞首刑。

カイテル、ヴィルヘルム：国防軍最高司令部長官。1941年12月「夜と霧」の布告を出し、第三帝国にとって危険分子とされる者の抹殺を図る。ニュルンベルク裁判で死刑。

303 トルケマダの恐怖：15世紀末スペインの宗教裁判所初代長官トルケマダの名にちなむ。スペインでは国家が組織的にユダヤ人、イスラム教徒、新教徒への苛烈な迫害、弾圧をおこなった。

ドイツ語改訂版の発刊によせて

307 過去の克服：この「克服」という言葉の曖昧さに対し、哲学者のアドルノは「検討し直す」という表現を提案した。

索 引

地 名

アウシュヴィッツ	003, 005, 151, 159, 162 f., 172, 180 ff., 191 f., 6章, 243, 268, 271, 278 ff., 295
アウシュヴィッツ・ビルケナウ	194, 212, 243, 268
ウッジ(＝リッツマンシュタット)	003,065,070 f.,075 f., 091,115,180,191
オラーニエンブルク	210
カリッシュ	076, 091
クラカウ(＝クラクフ)	052, 066 ff., 110 , 112, 243
コヴノ	130, 133, 140
ザクセンハウゼン	040, 046, 194, 200
シュテティン	204
スウォニム	123, 126 f.
ソビブル	110, 194, 243
ダッハウ	040, 194, 200, 232, 234, 268, 271, 282 f.
チェンストハウ	053
テレージエンシュタット	109, 191, 209
ドゥブノ	124 f.
ドランシー	162 f., 182 f., 294
トレブリンカ	056, 075, 086, 088, 110, 191, 194, 199, 201 f., 242 f.
ビャウィストク	209, 243
ビルケナウ(＝アウシュヴィッツ・ビルケナウ)	009, 204 ff., 214
ブーヘンヴァルト	040, 169, 194, 268, 272 f., 284, 291, 304
フロッセンビュルク	283
ベウジェツ	075, 110, 194, 196 ff., 201
ヘウムノ	194
ベルゲン・ベルゼン(＝ベルゼン)	018,022,029 f.,032,037,043 f.,050,123, 150 ff.,156,159,162,199 f.,202,204, 209 ff.,243,268 f.,272,285 f.,289,295, 299,301
ベルリン	270, 276
ポーゼン(＝ポズナニ)	083
マイダネク	194, 268
マウトハウゼン	169, 194, 234, 270
ミンスク	099, 122 f., 147, 191
メーメル	041, 048
モノヴィッツ	207 ff.
ラーヴェンスブリュック	194

ラトヴィア	143, 157
リガ	156 f., 191
リッツマンシュタット（＝ウッジ）	075, 080 ff., 087, 092
リトアニア	041, 121, 157
ルブリン	061, 066 f., 083, 110, 118, 196
レンベルク	099, 196
ワルシャワ	007, 069, 072, 074 ff., 088 ff., 099, 105, 109, 110 f., 113, 146, 199, 201, 204, 7章

人名

アイヒマン、アドルフ	151, 162, 172, 176, 180f., 237, 274 ff.
ヴィルト、クリスティアン	196 ff.
ヴェヒター、オットー	052, 068
カイテル、ヴィルヘルム	300
カルテンブルンナー、エルンスト	300
クラーマー、ヨーゼフ	237
グロボツニク、オディロ	118, 196
ゲッベルス、ヨーゼフ	037, 118
ゲーリング、ヘルマン	037, 150, 152, 300
シュトライヒャー、ユリウス	014, 032, 300
シュトロープ、ユルゲン	7章
ハイドリヒ、ラインハルト	037, 048, 050 f., 131, 150, 152, 237, 300
ヒトラー、アドルフ	006, 010, 012 f., 014 f., 026, 046, 048, 057, 074, 089, 120, 190, 194, 237, 240, 268 f., 300
ヒムラー、ハインリヒ	006, 169, 192, 199, 231, 233, 242, 269 f., 274 f., 282 f., 300
フランク、ハンス	049
ヘス、ルドルフ・フェルディナンド	200 ff., 218, 220, 237
ヘットゥル、ヴィルヘルム	275 f.
ポール、オスヴァルト	270
ミュラー、ハインリヒ	018, 210
ユーベルヘーア、フリードリヒ	076, 091
リッベントロプ、ヨアヒム・フォン	300
ルベトキン、ツィヴィア	261
ローゼンベルク、アルフレート	022

事　項	
SA	012, 018, 020, 026, 031, 041
SS	008, 018 f.,082, 084,112,123 f.,127,151, 157,162,176,181,195 ff.,200,202 ff.,205 f.,208ff.,228,231ff.,242,244,251,259,262, 268,270 f.,274 ff.,282,301
ガス室	003f.,008f.,049,056,075,086,109,150,191, 194 f.,198 f.,201 f.,205 ff.,214,218, 222, 225,228, 231, 238, 242 f., 268 f., 278
黄色い星（＝ダビデの星、ユダヤの星）	052 f.,058,079,083,150,171,196,210,243
強制移住	083 ff., 111 f., 115
経済管理本部	210
ゲシュタポ（＝秘密国家警察）	008, 018, 080, 087, 115, 143, 154, 186, 195, 237, 274, 294
国民社会主義（＝NSDAP、ナチ）	003, 005, 007, 012 f., 016 f., 018, 033, 048, 057, 083, 121, 167, 200, 269, 272 f., 303 f.
国家保安本部	151,155,162,172,177,182,209,274f.,300
最終解決	127, 150, 152 f., 194, 201, 300
人種汚濁	033 ff.
水晶の夜	018 f., 048
選別	194, 202 ff., 206, 208, 210, 215, 219, 228
総督府	069, 201
特殊部隊作業班	121, 222
特殊部隊	196, 201, 250, 275
特別行動大隊	050 f., 120 ff., 131, 133, 158
特別措置	003, 210
ドクロ隊	007, 200
突撃兵	014 f., 017 f., 034
ニュルンベルク諸法	013, 015 f., 044
ヒトラー・ユーゲント	271
保安警察	050 f., 082, 115, 120, 122, 150, 152 f., 158, 161, 163, 192, 201, 210, 237, 275
保安情報部	051, 082, 110, 115, 122 f., 127, 150, 152 f., 158, 163, 201, 210, 237
ポグロム	013, 040, 048, 187
ユダヤ人共同体	050, 070, 210
ユダヤ人戦闘組織（ZOB）	251, 257, 263
ユダヤ人戦闘同盟（ZZW）	252
ユダヤ人評議会	049, 051, 072, 075 f.
ラインハルト作戦	083

編著者

ゲルハルト・シェーンベルナー
Gerhard Schoenberner
1931年ドイツ生まれ。大学で政治学、ジャーナリズム学などを学ぶ。卒業後はジャーナリストとして活動、ユダヤ人迫害のテーマに取り組む。1960年『黄色い星』、1962年『証言「第三帝国」のユダヤ人迫害』(邦訳は2001年、柏書房)を出版。ゲシュタポ本部建物跡に作られた「アクティヴ・ミュージアム」協会会長、ヴァンゼー会議会場跡に開設された「ヴァンゼー会議資料館」館長などを歴任。

土屋洋二 TSUCHIYA Yoji
1945年静岡県生まれ。京都大学大学院修士課程修了。現在、愛知大学文学部教授(近代ドイツ文学)。訳書にG・シェーンベルナー『黄色い星』(共訳、自由都市社)、H・プレスナー『遅れてきた国民──ドイツ・ナショナリズムの精神史』(名古屋大学出版会)など。

浜島昭二 HAMAJIMA Shoji
1948年愛知県生まれ。マールブルク大学近代ドイツ文学修士修了。豊橋技術科学大学教授(近代ドイツ文学)。著書に*Nebenfiguren-Schimmer und Schatten*(共著、韓国独文学会)など。

日野安昭 HINO Yasuaki
1947年東京都生まれ。東北大学大学院文学研究科修士課程修了。現在、名古屋工業大学教授(現代オーストリア文学)。訳書にG・シェーンベルナー『黄色い星』(共訳、自由都市社)、著書に『カレイドスコープ』(共著、中村志朗教授退官記念論集刊行会)など。

森田明 MORITA Akira
1942年旧満州生まれ。東京大学大学院人文科学研究科修士課程修了。現在、名古屋市立大学人文社会学部教授(ドイツ文学)。訳書にG・クライトナー『東洋紀行』全三巻(共訳、平凡社)など。

山本淳 YAMAMOTO Jun
1947年東京都生まれ。ベルリン自由大学宗教哲学科修了。Dr.Phil. 現在、豊橋技術科学大学教授(哲学)。著書に*Die Struktur der Selbstzerstörung*(Studienverlag Dr.N.Brockmeyer)、*Literarische Problematisierung der Moderne*(共著、Iudicium Verlag)など。

新版 黄色い星

2004年7月31日　初版発行

編著者	ゲルハルト・シェーンベルナー
訳　者	土屋洋二　浜島昭二　日野安昭 森田 明　山本 淳
発行者	森 信久
発行所	株式会社 松柏社 〒102-0072 東京都千代田区飯田橋1-6-1 TEL 03 (3230) 4813 (代表) FAX 03 (3230) 4857 e-mail:info@shohakusha.com
図書設計	熊澤正人+中村 聡 (パワーハウス)
印刷・製本	(株) 平河工業社

ISBN4-7754-0059-2
ⓒ Y. Tsuchiya, S. Hamajima, Y. Hino, A. Morita, & J. Yamamoto 2004　Printed in Japan

本書を無断で複写・複製することを禁じます。
落丁・乱丁は送料小社負担にてお取り替え致します。